公司理财

主　编◎王宪祥　刘志强　高世强

副主编◎孙小丽　王晓彤　刘菁范　祖玉波　张娃丽

清华大学出版社

北　京

内 容 简 介

本书结合高职高专人才培养目标,面向公司理财实际工作岗位,以工作项目为导向,以工作过程为主线,以任务为驱动编写而成。本书以理论够用、突出技能为原则,从公司理财目标、内容和环境分析入手,结合企业资金管理实际,对资金筹集、项目投资、资金营运及利润分配按工作项目展开,融入财务预算和财务分析等基本财务工作工具。

本书可作为高职高专经济类与管理类专业教学用书,也可作为管理、财会、证券、金融等实务工作者系统学习公司理财知识的参考书,还可成为职业经理人的"良师益友"。

图书在版编目(CIP)数据

公司理财 / 王宪祥,刘志强,高世强主编. —北京:清华大学出版社,2022.2(2025.1重印)
ISBN 978-7-302-60100-5

Ⅰ. ①公… Ⅱ. ①王… ②刘… ③高… Ⅲ. ①公司-财务管理-高等职业教育-教材 Ⅳ. ①F276.6

中国版本图书馆 CIP 数据核字(2022)第 020294 号

责任编辑:杜春杰
封面设计:刘 超
版式设计:楠竹文化
责任校对:马军令
责任印制:曹婉颖

出版发行:清华大学出版社
　　　网　　　址:https://www.tup.com.cn,https://www.wqxuetang.com
　　　地　　　址:北京清华大学学研大厦 A 座　　　　邮　　编:100084
　　　社　总　机:010-83470000　　　　　　　　　　邮　　购:010-62786544
　　　投稿与读者服务:010-62776969,c-service@tup.tsinghua.edu.cn
　　　质量反馈:010-62772015,zhiliang@tup.tsinghua.edu.cn
印　装　者:三河市天利华印刷装订有限公司
经　　　销:全国新华书店
开　　　本:185mm×260mm　　　　印　　张:13.5　　　　字　　数:340 千字
版　　　次:2022 年 4 月第 1 版　　　　　　　　　　印　　次:2025 年 1 月第 3 次印刷
定　　　价:49.00 元

产品编号:090989-01

前　　言

公司理财又称公司制企业财务管理,是高职院校会计、金融管理等管理类专业的必修课程。本书以公司理财的基本理论为基础,以公司制企业资本运动为研究主体,课程内容按企业资金运动过程展开,涵盖筹资管理、投资管理、资金营运管理及利润分配等内容。课程教学目标为在熟记基本概念、理解理财基本理念、掌握基本理财方法的基础上,提高学生职业判断、财务分析等综合财务能力。

本书采用校企合作开发模式,为完成编写,我们组建了由企业会计人员和高职院校"双师型"教师共同参与的教材开发团队。通过对企业财务管理典型工作任务的分析、归纳,我们力求开发出符合企业财务管理工作实际的项目导向、任务驱动、工学结合、学做一体、专创融合的教材。本书的主要特点如下。

(1)项目化编写体系,教、学、做一体。本书以大学生创业需要面对的财务问题为课程导入点,将课程内容分解为认知公司理财、制订筹资方案、评价项目投资方案、制订资金营运管理策略、企业预算管理、制订利润分配方案、撰写财务分析报告七大工作项目,每个项目分解为若干工作学习任务。教学内容即工作任务,教学过程即工作过程,学习评价即工作评价。

(2)信息化教学资源丰富。本书具有较完善的教学资源,完全可以满足教师信息化教学的需要,同时也可满足全日制学生和社会学习者的学习需要。

(3)本书实现了课程内容与创新创业教育的适度融合。在教材内容组织上,本书结合课程内容适时穿插了与创新创业有关的知识,并在教学组织上要求学生模拟成立创业公司,结合教学进度,完成创业计划书的编写,并将此纳入课程评价。

(4)书中内容与"1+X"财务数字化应用职业技能等级证书相衔接,并通过案例分析和拓展阅读融入与课程内容相联系的思政元素,希望为教师在专业思政教学方面起到抛砖引玉的作用。

(5)结构安排新颖。"课程导入"是本书教学活动的起点,也是总工作项目。本书以创业者小秦在创业过程中遇到的实际问题为切入点设计全书内容,体例由项目导入、任务描述、知识准备、案例分析、拓展阅读、课证融通、岗位能力检测和小试牛刀等模块组成。"项目导入"说明本工作项目的主要内容及对完成工作任务所需掌握知识的要求。"任务描述"是对本工作任务所学内容的说明与概括,也是对完成该工作任务所应具备知识的引入。"知识准备"是对完成该工作任务所应掌握知识和技能的详细介绍。"案例分析"提供了该项目内容在实际工作中的经典案例,给学生以启迪。"拓展阅读"是关于创新创业项目所涉及的相关知识的延伸介绍。"课证融通"是对课程内容基础知识及"1+X"证书考试内容掌握程度的自我检验。"岗位能力检测"是对学生职业岗位胜任能力或岗位技能的综合评估。"小试牛刀"则要求学生通过对理财知识技能的学习,模拟创业运营,从而锻炼学生的创新创业能力。

本书由德州职业技术学院王宪祥、刘志强、高世强主编,编写过程中得到了德州海兰舍材料有限责任公司、德城区财政局、德州大正会计师事务所、德州职教集团有关企事业单位及德州职业技术学院有关领导、教师及财务工作者的大力支持。同时,本书的编写借鉴、参考了大量有关学者和专家公开发表的资料和书籍,在此一并表示衷心感谢。

由于时间仓促,水平有限,书中疏漏和不足之处在所难免,敬请各位专家、学者、广大师生批评指正。

编　者

"1+X"财务数字化应用职业技能等级证书解读

一、财务数字化应用职业技能等级证书是什么

财务数字化应用职业技能等级证书是由新道科技股份有限公司联合数字化企业依据新型财务工作能力要求而设立的递进式职业技能等级证书。新道"1+X"证书对标专业教学标准,实现课证融通、书证互补。财务数字化应用职业技能等级证书对标高职会计专业和会计信息化管理专业教学标准,与学历教育人才培养方案的课程内容互补,体现了"1+X"证书的强化、补充、拓展作用。初、中、高三级证书共覆盖财务共享、智能财务、财务大数据等企业财务数字化技术及财务管理模式。

二、财务数字化应用职业技能等级证书学什么

【初级】共享模式企业的业财税资智能化基础核算。
【中级】共享模式企业基于银企与税企直连的业财税资协同及管理报表。
【高级】共享模式企业的流程优化、管理会计与财务大数据分析。

三、财务数字化应用职业技能等级证书考什么

【初级】财务共享智能核算、费用智能报销、增值税智能开票申报、银企直连智能支付、系统初始信息维护、电子档案管理等内容。
【中级】财务共享核算与服务、智能商旅服务与费用管理、税务云管理及风险控制、资金计划与监控、经营预算与报表分析、系统参数设置与权限管理。
【高级】财务共享服务与运营、全面预算管理、税务云筹划与汇算清缴、资金分析及投融资管理、企业数据采集与数据处理、财务大数据分析、财务共享流程设计。

四、财务数字化应用职业技能等级证书做什么

【初级】面向企业财务会计核算岗位群。
【中级】面向企业财务会计管理岗位群。
【高级】面向企业财务管埋(决策)辅助岗位群。

【课程导入】

　　小秦是刚刚毕业的餐旅专业大学生,她决定自主创业。根据在大学学到的知识,以及利用假期参与各类实习所积累的工作经验,在反复进行可行性论证后,小秦准备在新城区开设一家兼营咖啡、茶叶销售与休闲会所的店。

　　万事开头难,小秦一时间千头万绪。在对项目进行 SWOT 分析的基础上,她确定了项目选址、装修设计风格等前期问题,而接下来的几个问题却让她大费脑筋:

　　(1) 企业的组织形式是注册为个人独资企业、合伙制企业还是公司制企业?

　　(2) 企业需要多少资金? 该到哪里筹集所需资金? 取得的资金是否需要付出代价? 如果需要付出代价,其代价大小该怎么确定呢?

　　(3) 如何从财务的角度评价自己投资项目的可行性呢?

　　(4) 经营过程中,如何管理现金、存货、应收款等流动资产呢?

　　(5) 项目的盈亏怎么处理呢?

　　(6) 要做一个守法、诚信的经营者,自己该学哪些相关知识呢?

　　对于非财经类专业的小秦来说,与资金有关的问题非常伤脑筋。带着这些问题,我们将与小秦一起,开启公司理财的学习之旅。

目　　录

项目一　认知公司理财

【项目导入】

小秦在创业过程中遇到的公司形式、资金来源、项目投资评价、资金营运活动安排及收益分配问题，都是公司理财课程涉及的相关知识。对创业者来说，学习必要的理财知识是创业成功的基础。本项目主要介绍公司理财的概念、目标、理财环节、理财环境及理财价值观念等理财基础知识。

任务一　理解公司理财的基本内涵

【任务描述】

本任务主要介绍公司理财的概念、目标、理财环节、理财环境。

企业是以盈利为目的的社会组织，应依法经工商注册而成立。企业的主要目的是为投资人带来财富，但同时也应承担相应的社会责任。企业组织形式主要有个人独资企业、合伙企业、公司制企业。公司制企业是指按照法律规定，由法定人数以上的投资者（或股东）出资建立、自主经营、自负盈亏、具有法人资格的经济组织。在我国公司制企业主要有股份有限公司和有限责任公司。

【知识准备】

一、公司理财的内容

理财是企业管理的重要组成部分。公司理财的基本工作环节包括预测、计划、决策、控制、分析与评价等。公司理财的基本活动包括筹资、投资、运营和分配。公司理财的研究对象是资金及其运动。公司理财的内容包括组织财务活动、处理财务关系两方面。

（一）财务活动

财务活动是以现金收支为主的企业资金收支活动的总称。财务活动与企业生产经营活动的其他方面有着密切的联系，一方面，财务活动是生产经营活动其他方面的前提和保证，主要表现在，只有筹集一定的经营资金，生产经营其他方面才能得以进行；只有资金周转顺畅，生产经营活动才能顺畅。另一方面，财务活动是生产经营活动其他方面的集中体现，表现在只有产品规格、品种对路,质量有保证,营销工作得力,资金才能及时收回并顺利周转;只有合理组织生产经营、严格管理、责任明确,成本才能降低,利润目标才能实现。图 1-1 是制造业资金循环示意图。

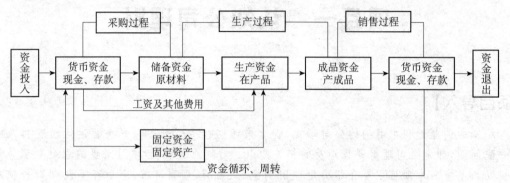

图 1-1　制造业资金循环示意图

公司的财务活动可以分为筹资活动、投资活动、资金营运活动和收益分配活动 4 个方面。

1. 筹资活动

筹资是企业为满足需要而取得资金的活动。筹资活动是企业进行生产经营活动的前提,是资金运动的起点。企业筹资分为权益资金筹集和负债资金筹集。企业取得资金可以是货币,也可以是非货币;可以是有形的,也可以是无形的。

2. 投资活动

投资就是企业把所筹集的资金投放于特定的项目或用途,实现资金增值的活动。企业投资包括企业内部投资活动和对外投资活动。企业投资形成的资产可以是流动资产,也可以是非流动资产;可以是股权,也可以是债权。

3. 资金营运活动

资金营运活动是指企业日常生产经营中发生的一系列资金收付行为,如采购材料或商品、从事生产和销售活动、支付工资和其他营业费用等。营运资金管理就是对企业流动资产及流动负债的管理。财务上称流动资产与流动负债的差为营运资金,一个企业要维持正常的运转就必须要拥有适量的营运资金。

4. 收益分配活动

收益分配是对资本运用成果的分配。资本运用的成果表现为企业取得的各种收入扣除各种成本费用后所实现的利润。广义的分配是指对收入和利润进行分割和分派的过程,而狭义的分配仅指对税后利润的分配。

收益分配是企业资本运动过程的终点,也是下一次资本运动的起点。

(二) 财务关系

财务关系是指企业在组织财务活动的过程中与有关各方面发生的经济利益关系。

1. 企业与国家之间

作为社会管理者,国家担负着维护社会正常秩序、保卫国家安全、组织和管理社会活动等任务,为企业生产经营活动提供公平竞争的经营环境和公共设施等条件。国家以收缴各种税费的形式,与企业之间产生财务关系。作为一种强制性分配关系,企业应依法经营,履行社会责任,照章纳税。

2. 企业与投资人之间

企业与投资人之间的经济利益关系是指投资者向企业投入资金,企业向投资者支付投资报酬所形成的经济关系。企业的所有者要按照投资合同、协议、章程约定履行出资义务,形成企业的资本;同时取得股东资格,有权参与或监督企业经营、按一定比例参与企业剩余收益分配,并承担一定的风险。因此,企业与所有者之间是经营权与所有权的关系。

3. 企业与债权人之间

企业与债权人之间的经济利益关系是指企业向债权人借入资金,并按借款合同的规定按时支付利息和归还本金所形成的经济关系。因此,企业与债权人之间的关系是建立在契约之上的债务－债权关系。

4. 企业与受资者之间

企业与受资者之间的经济利益关系是企业以购买股票或直接投资的形式向其他企业投资形成的经济利益关系,是体现所有权性质的投资与受资的关系。

5. 企业与债务人之间

企业与债务人之间的经济利益关系是指企业将其资金以购买债券、提供借款或商业信用等形式出借给其他企业所形成的经济关系。企业将资金借出后,有权要求其债务人按约定的条件支付利息和归还本金。企业与债务人之间的关系也就是债权－债务关系。

6. 企业内部各部门单位之间

企业内部各部门单位之间的经济利益关系是指企业内部供、产、销各个部门以及各个生产单位之间,相互提供劳务和产品需要计价结算而形成的利益关系。

7. 企业与职工之间

企业与职工之间的经济利益关系是指企业接受职工服务,向职工支付劳动报酬过程中所形成的经济关系。

二、公司理财目标

理财目标是指企业进行理财活动所要达到的根本目的,它决定着企业公司理财的基本方向。理财目标是一切财务活动的出发点和归宿,是评价企业理财活动是否合理的基本标准。理财目标是企业经营目标在财务上的具体体现。

公司理财目标有如下几种具有代表性的观点。

(一) 利润最大化

利润是收入与支出的差额,是企业取得的财务成果。利润最大化就是假定公司理财以实现利润最大化为目标。

利润最大化这一目标的主要优点是计量简单,容易理解。同时,企业追求利润最大化,就必须讲求经济核算,加强管理,改进技术,提高劳动生产率,降低产品成本。这些措施都有利于企业资源的合理配置,有利于企业整体经济效益的提高。

以利润最大化作为公司理财目标存在以下缺陷。

(1) 没有考虑资金时间价值因素。比如,今年100万利润和10年以后同等数量的利润其实际价值是不一样的,10年间还会有时间价值的增加,而且这一数值会随着贴现率的不同而有所不同。

(2) 没有考虑风险因素。企业经营具有一定的不确定性,不同行业具有不同的风险,同等利润值在不同行业中的意义也不相同,比如,风险较高的高科技企业和风险相对较小的制造业无法简单比较。

(3) 没有反映创造的利润与投入资本之间的关系。

(4) 简单追求利润最大可能导致企业财务决策短期行为,影响企业长远发展。

(5) 利润作为一个会计指标,受会计政策、估计变更的影响。

利润最大化的另一种表现形式是资本利润率最大化或每股收益最大化。

资本利润率是企业在一定时期的税后净利润与资本额的比率;每股收益也叫每股利润或称每股盈余,是一定时期税后利润与普通股股数的比值。这两种提法实际就是在利润最大化的基础上考虑到了收益与投入的关系。

(二) 股东财富最大化

股东财富最大化是指公司理财以实现股东财富最大化为目标。在上市公司,股东财富是由其所拥有的股票数量和股票市场价格两方面决定的。在股票数量一定时,股票价格达到最高,股东财富也就达到最大。

与利润最大化相比,股东财富最大化的主要优点如下:

(1) 考虑了风险因素,因为通常股价会对风险做出较敏感的反应。

(2) 在一定程度上能避免企业短期行为,因为不仅目前的利润会影响股票价格,预期未来的利润同样会对股价产生重要影响。

(3) 对上市公司而言,股东财富最大化目标比较容易量化,便于考核。

以股东财富最大化作为公司理财目标存在以下缺点:

(1) 对非上市公司难以应用,因为非上市公司无法像上市公司一样随时准确获得公司股价。

(2) 股价不能完全准确地反映公司理财状况,如有的上市公司处于破产的边缘,但由于可能存在某些机会,其股票市价可能还在走高。

(3) 该观点更多强调股东利益,而弱化了其他相关者的利益。

(三) 企业价值最大化

企业价值最大化是指公司理财以实现企业的价值最大化为目标。企业价值可以理解为企业所有者权益和债权人权益的市场价值,或者是企业所能创造的预计未来现金流量的现值。现金流量的现值是以资金的时间价值为基础对现金流量进行折现计算得出的。以公司价值最大化作为公司理财目标,具有以下优点。

(1) 考虑了取得报酬的时间,并用时间价值原理进行了计量。

（2）考虑了风险与报酬的关系。

（3）将企业长期、稳定的发展和持续的获利能力放在首位，能克服企业在追求利润上的短期行为。用价值代替价格，避免了过多外界市场因素的干扰，有效地规避了企业的短期行为。

但是，以企业价值最大化作为公司理财目标过于理论化，不易操作。对于非上市公司而言，只有对企业进行专门的评估才能确定其价值，而在评估企业的资产时，由于受评估标准和评估方式的影响，很难做到客观和准确。

（四）相关者利益最大化

公司制企业是多边契约关系的总和，在市场经济中，对企业发展产生影响的利益主体更加多元化。股东、债权人、员工、企业经营者、客户、供应商和政府都为企业承担着风险。因此，企业发展应综合考虑包括股东、债权人、企业经营者、客户、供应商、员工、政府等相关者的利益，而不能片面强调某一方或几方的利益。

相关者利益最大化目标的具体内容包括如下几个方面：

（1）强调风险与报酬的均衡，将风险限制在企业可以承受的范围内。

（2）强调股东的首要地位，并强调企业与股东之间的协调关系。

（3）强调对代理人监督和控制，建立有效的激励机制以便企业战略目标的顺利实施。

（4）关心本企业普通职工的利益，创造优美和谐的工作环境，提供合理恰当的福利待遇，培养职工长期努力为企业工作的意识和精神。

（5）不断加强与债权人的关系，培养可靠的资金供应者。

（6）关心客户的长期利益，以便保持销售收入的长期稳定增长。

（7）加强与供应商协作，共同面对市场竞争，并注重企业形象宣传，遵守承诺，讲究信誉。

（8）保持与政府部门的良好关系。

以相关者利益最大化作为公司理财目标，具有以下优点：

（1）有利于企业长期稳定发展，这一目标注重企业在发展过程中考虑并满足各利益相关者的利益关系。

（2）体现了合作共赢的价值理念，有利于实现企业经济效益和社会效益的统一。

（3）相关者利益最大化的多元化、多层次特征，使企业各利益主体相互作用、相互协调。

此外，公司作为一种社会组织，在追求资本效益最大化的同时也有义务担负起自己的社会责任，比如保证职工身心健康、扶贫助困、抗灾抗疫、环境保护等，在此不再赘述。

三、公司理财环节

公司理财环节是公司理财的工作步骤与一般工作程序。一般而言，公司理财包括以下几个环节。

（一）财务预测

财务预测是根据企业财务活动的历史资料，考虑现实要求和条件，对企业未来的财务活动作出较为具体的预计和测算的过程。财务预测可以测算各项生产经营方案的经济效益，为决策提供可靠的依据；可以预计财务收支的发展变化情况，以确定经营目标。财务预测的方法主要有定性预测和定量预测两类。定性预测法主要是利用直观材料，依靠个人的主观判断和综合分析能力，对事物未来的状况和趋势作出预测的一种方法。定量预测法主要是根据变量之间存在的数量关系建立数学模型来进行预测的方法。

（二）财务决策

财务决策是指按照财务战略目标的总体要求，利用专门的方法对各种备选方案进行比较和分析，从中选出最佳方案的过程。财务决策是公司理财的核心，决策的成功与否直接关系到企业的兴衰成败。财务决策的方法主要有两类：一类是经验判断法，是根据决策者的经验来判断选择，常用的方法有淘汰法、排队法、归类法等；另一类是定量分析法，常用的方法有优选对比法、数学微分法、线性规划法、概率决策法等。

（三）财务控制

财务控制是指利用有关信息和特定手段，对企业的财务活动施加影响或调节，以便实现计划所规定的财务目标的过程。财务控制措施一般包括预算控制、运营分析控制和绩效考评控制等，其中财务预算是根据财务战略、财务计划和各种预测信息，确定预算期内各种预算指标的过程，它是财务战略的具体化，是财务计划的分解和落实。

（四）财务分析

财务分析是指根据企业财务报表等信息资料，采用专门方法，系统分析和评价企业财务状况、经营成果以及未来趋势的过程。财务分析的方法通常有比较分析法、比率分析法和因素分析法等。

四、公司理财环境

理财环境是指对企业理财活动产生影响的内外各种因素的统称。企业理财活动是在一定的环境下进行的，必然受到环境的影响。企业资金的取得、运用和收益分配会受到环境的影响，资金的配置和利用效率会受到环境的影响，企业成本的高低、利润的多少、资本需求量的大小也会受到环境的影响，企业的兼并、破产和重整与环境的变化仍然有着千丝万缕的联系。

（一）外部环境

外部环境主要包括技术环境、经济环境、金融环境、法律环境等。

1. 技术环境

公司理财的技术环境，是指公司理财得以实现的技术手段和技术条件，它决定着公司理财的效率和效果，其中会计信息系统是财务管理技术环境中的一项重要内容。随着大、智、移、云等数据科学、机器人流程自动化等机器智能技术不断应用到财务管理领域（如财务共享、业财一体），财务管理的技术环境更容易实现数出一门、资源共享，便于不同信息使用者获取、分析和利用,进行投资和相关决策。目前我国正全面推进会计信息化、智能化工作,理财的技术环境也随之得到改善。

2. 经济环境

经济环境包括经济体制、经济周期、经济发展水平、宏观经济政策及通货膨胀水平等。在影响公司理财的外部环境中,经济环境是最重要的。

(1) 经济体制。在计划经济体制下,国家统筹企业资本、统一投资、统负盈亏,企业利润统一上缴、亏损全部由国家补贴,企业实际上没有独立的理财权利,公司理财活动的内容比较单一,理财方法比较简单。在市场经济体制下,企业"自主经营、自负盈亏",有独立的经营权、独立的理财权。企业可以从其自身需要出发,合理确定资金需要量,通过公开市场筹资,并把资金投放到高效益的项目上获取更大的收益,按《中华人民共和国公司法》及公司章程等规定将收益根据需要和可能进行分配,保证企业财务活动自始至终根据自身条件和外部环境作出各种公司理财决策并组织实施。因此,公司理财活动的内容比较丰富,方法也复杂多样。

(2) 经济周期。市场经济条件下,经济运行周期包括复苏、繁荣、衰退和萧条几个阶段。不同发展周期,企业生产规模、销售能力、获利能力以及由此产生的资本需求、投资规模都有较大差异,采用的理财策略不同。西方财务学者探讨了经济周期中不同阶段的公司理财策略,如表 1-1 所示。

表 1-1　不同经济周期的理财策略

复苏	繁荣	衰退	萧条
(1)增加厂房设备	(1)扩充厂房设备	(1)停止扩张	(1)建立投资标准
(2)实行长期租赁	(2)继续建立存货	(2)出售多余设备	(2)保持市场份额
(3)建立存货储备	(3)提高产品价格	(3)停产不利产品	(3)压缩管理费用
(4)开发新产品	(4)开展营销规划	(4)停止长期采购	(4)放弃次要利益
(5)增加劳动力	(5)增加劳动力	(5)削减存货、停招雇员	(5)削减存货、裁减雇员

(3) 经济发展水平。公司理财的发展水平是和经济发展水平密切相关的,经济发展水平越高,公司理财水平也越高。公司理财水平的提高将推动企业降低成本、改进效率、提高效益,从而促进经济发展水平的提高;而经济发展水平的提高,将改变企业的财务战略、财务理念、理财模式和理财方法,从而促进公司理财水平的提高。公司理财应当以经济发展水平为基础,以宏观经济发展目标为导向,从业务工作角度保证企业经营目标和经营战略的实现。

(4) 宏观经济政策。不同的宏观经济政策对公司理财影响不同,金融政策会影响企业投资的资金来源和投资的预期收益;财税政策会影响资金结构和投资项目的选择等;价格政策会影响资金投向、投资回收期和预期收益。例如,政府工作报告提出"房子是用来住的,不是用来炒的"之后,国家出台一系列经济政策稳定房价,对房地产行业理财活动产生了一定影响。

(5) 通货膨胀水平。通货膨胀不仅影响消费者利益,也会影响公司理财活动,主要表现在:引起资金占用增加,导致资金需求量增加;导致利率上升,进而融资成本增加;引起有价证券价格下降,导致融资难度增加;导致资金供求紧张,增加筹资困难。

为减轻通货膨胀对企业造成的不利影响,企业应采取措施予以防范。在通货膨胀初期,由于货币面临贬值,企业可通过投资以降低风险,实现资本保值;与客户签订长期合同,以避免物价上涨带来的风险;取得长期负债,以保持资本成本的稳定。在通货膨胀的持续期,企业可采取严格的信用条件,减少债权;通过调整财务政策,减少资本流失。

3. 金融环境

影响理财活动的金融环境主要包括金融机构、金融市场和利率。

(1) 金融机构。金融机构主要是指银行和非银行金融机构。银行是指经营存款、放款、汇兑、储蓄等金融业务,承担信用中介的金融机构,包括各种商业银行和政策性银行,如中国工商银行、中国农业银行、中国银行、中国建设银行、国家开发银行、中国农业发展银行。另外,目前我国还出现了一些包括苏宁银行、浙江网商银行、微众银行等互联网银行。非银行金融机构主要包括保险公司、信托投资公司、证券公司、财务公司、金融资产管理公司、金融租赁公司等机构。

(2) 金融市场。金融市场又称为资金市场,是资金供求双方融通资金的场所。金融市场分外汇市场、资金市场、黄金市场。资金市场包括货币市场和资本市场。金融市场不仅为理财活动提供场所,而且为企业理财活动提供大量信息,是企业理财决策的依据之一。

(3) 利率。利率是指一定时期内利息额与借贷资金额即本金的比率。利率是决定企业资金成本高低的主要因素,同时也是企业筹资、投资的决定性因素,对金融环境的研究必须注意利率现状及其变动趋势。利率有基准利率和套算利率、固定利率和浮动利率、市场利率和法定利率、实际利率和名义利率之分。利率作为资金价格由供求两方面决定,当然也会受经济周期、货币政策、财政政策、通货膨胀等因素的影响。利率由三部分构成,即纯利率、通货膨胀补偿率、风险报酬率。

$$利率＝纯利率＋通货膨胀补偿率＋风险报酬率 \tag{1.1}$$

纯利率是指没有风险和没有通货膨胀情况下的均衡点利率,通常以无通货膨胀情况下的无风险证券利率来代表纯利率。

通货膨胀情况下,资金的供应者必然要求提高利率水平来补偿购买力的损失,所以:

$$短期无风险证券利率＝纯利率＋通货膨胀补偿率 \tag{1.2}$$

风险报酬率要考虑违约风险、流动性风险、期限风险,它们都会导致利率的增加。

4. 法律环境

法律环境是指企业与外部发生经济关系时应遵守的有关法律、法规和规章制度,主要包括公司法、证券法、金融法、证券交易法、经济合同法、税法、预算法、企业财务通则、内部控制基本规范等。

法律环境影响企业组织形式、公司治理结构、投融资活动、日常经营、收益分配等。

尤其是税收法律制度对企业融资投资决策、现金流量、利润及利润分配都有直接或间接的影响。

（二）内部环境

公司理财的内部环境主要包括企业组织形式与管理体制、公司战略管理等。

1. 企业组织形式与管理体制

企业组织形式是指在既定的产权体制下，企业内部的权责结构和利益关系的组合方式，又称经营方式。企业组织形式按投资组合形式的不同可分为独资企业、合伙企业和公司。

不同的企业组织形式对企业理财有着重要影响。如果是独资企业，由于其规模小、资金少、人员少等特点，财务管理模式也比较简单。合伙企业的规模、资金和人员都比独资企业有所增加，合伙企业的财务管理模式要比独资企业复杂得多。公司制企业的财务管理模式最复杂，要考虑企业内外部因素，合理确定企业的公司理财理念、理财目标、财务关系、财务权责和财务运行机制。

企业管理体制是指企业对各项工作管理极限的划分，包括由一定制度所确定的纵向分权和横向分工、隶属关系以及各自管理范围的规定等。在企业内部理财环境中，管理体制因素起着决定作用，它直接决定着企业内部理财环境的优劣，以及企业理财权限的大小和理财领域的宽窄。现代企业制度的建立，从根本上确立了企业市场的主体地位，为企业自主理财提供客观可能性，企业可以自行筹资，自主投资，并可以制定自己的财务管理制度。

2. 公司战略管理

战略是指企业从全局考虑做出的长远性的谋划。战略管理是指对企业全局的、长远的发展方向、目标、任务和政策，以及资源配置作出决策和管理的过程。例如，企业是采用产品领先战略还是成本领先战略，产品领先战略要求在产品研发方面有较大投入，而成本领先战略则要求实现批量生产。

3. 企业管理水平

企业管理水平是由企业经理人员或经理机构对企业的经济活动过程进行计划、组织、指挥、协调、控制，以提高经济效益，实现盈利目的的熟练程度。企业财务管理水平高，则财务管理模式相对规范，财务管理各方面的职能能够得到有效发挥；企业财务管理水平不高，则财务管理模式相对混乱，企业各财务管理目标的实现和财务管理运行机制的实施都会受到限制。

4. 企业经营模式

企业经营主要分为轻资产经营和重资产经营。轻资产经营是一种以价值为驱动的资本战略，是网络时代与知识经济时代企业战略的新结构。轻资产经营是国际著名管理顾问公司麦肯锡特别推崇的战略，以轻资产模式扩张，与以自有资本经营相比，可以获得更强的盈利能力、更快的速度与更持续的增长力。轻资产经营模式就是将产品制造和零售分销业务外包，自身则集中于设计开发和市场推广等业务；市场推广主要采用产品明星代言和广告的方式。与重资产经营模式相比，轻资产经营模式可以降低公司资本投入，特别是生产领域内的大量固定资产投入，从而减轻企业的融资压力。

任务二　树立资金时间价值观念

【任务描述】

本任务主要让大家理解资金时间价值的本质,掌握复利条件下资金时间价值的计算及应用。

【知识准备】

一、资金时间价值的含义与计量

资金时间价值是指一定量资金在不同时点上的价值量差额。资金时间价值来源于资金进入社会再生产过程后的价值增值。通常情况下,它是指没有风险也没有通货膨胀情况下的社会平均利润率。

在考虑资金时间价值的前提下,不同时点的资金是不能直接比较大小的。换句话说,要比较不同时点的资金价值大小,应先把他们折算到同一时点。

资金时间价值计量分单利和复利。单利是指按照固定的本金计算利息的一种计息方式。单利就是只对本金计息,利息不加入本金重复计算利息。复利俗称"利滚利",是指每经过一个计息期,要将该期所派生的利息加入本金再计算利息,逐期滚动计算。这里我们只介绍复利。

（一）复利的终值和现值

二维码 1-1
复利的终值与现值

终值又称将来值,是现在的一笔钱或一系列收付款项按给定的利息率计算所得到的在未来某个时间点的价值,通常记作 F。

现值是未来的一笔钱或一系列收付款项按给定的利息率计算所得到的现在的价值,通常记作 P。

现值和终值是一定量资金在前后两个不同时点上对应的价值,其差额即为资金的时间价值。现实生活中计算利息时所称本金、本利和的概念相当于资金时间价值理论中的现值和终值,其关系如图 1-2 所示。

图 1-2　终值、现值关系示意图

1. 复利终值

复利终值指一定量的资金,按复利计算的若干期后的本利总和,也就是知道现在时点的价值,求未来时点的价值。假定 I 为利息,F 为终值,P 为现值,i 为利率(折现率),n 为计算利息的期数,复利终值的计算是已知现值,求期末的价值,如图 1-3 所示。

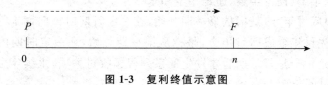

图 1-3　复利终值示意图

公式如下:

$$F = P(1+i)^n \tag{1.3}$$

式中,$(1+i)^n$ 为复利终值系数(参见附表 A-1),记作 $(F/P, i, n)$;例如,$(F/P, 6\%, 3)$ 表示利率为 6%,3 期的复利终值系数。

【例 1-1】 小秦将 100 元存入银行,年利率 2%,求 5 年后的终值。
$$F = P(1+i)^n = 100 \times (1 + 2\%)^5 = 110.41(元)$$

2. 复利现值

复利现值是指未来某期的一定量的资金,按复利计算的现在价值,或者说是为取得将来一定本利和现在所需要的本金。复利现值的计算是已知期末价值,求现值的价值,如图 1-4 所示。

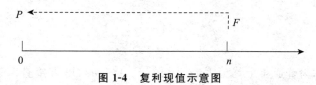

图 1-4　复利现值示意图

公式如下:

$$P = F \div (1+i)^n = F(1+i)^{-n} \tag{1.4}$$

式中,$(1+i)^{-n}$ 称为复利现值系数,用符号 $(P/F, i, n)$ 表示(参见附表 A-2)。该系数可以通过查阅"复利现值系数表"直接获得。

【例 1-2】 小秦为了 5 年后能从银行取出 100 元,在年利率 2% 的情况下,现在需存入多少钱?
$$P = F \div (1+i)^n = F(1+i)^{-n}$$
$$= 100 \times (1 + 2\%)^{-5} = 100 \times 0.905\,7 = 90.57(元)$$

由上述计算可知,复利终值与复利现值为逆运算,复利终值系数与复利现值系数互为倒数。

(二) 年金终值和年金现值

一定期限内一系列相等金额的收付款项叫作年金。例如,分期偿还贷款、分期付款赊购、发放养老金等,都是年金的形式。年金的基本特征有:①金额相等,即现金流量大小相

11

等;②间隔相同,即现金流量时间间隔相同;③流向相同,即现金流量方向相同;④利率相同,即现金流量持续期内利率保持不变。

年金分为普通年金、预付年金、递延年金和永续年金。

普通年金也叫后付年金,是指从第一期开始,在一定时期内每期期末等额收付的系列款项;预付年金也叫先付年金或即付年金,是指从第一期开始,在一定时期内每期期初等额收付的系列款项;递延年金是若干期后才发生的系列等额收付款项;永续年金是指无限期的收付的年金。

二维码 1-2
普通年金

1. 普通年金终值与现值

(1) 普通年金终值。普通年金终值是指普通年金最后一期收付时的本利。普通年金终值相当于零存整取储蓄存款的本利和,实际就是每次收付款项的复利终值之和,即已知年金 A,求终值 F,如图 1-5 所示。

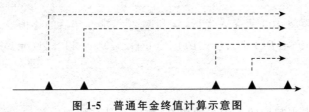

图 1-5 普通年金终值计算示意图

根据复利终值

$$F = A + A(1+i) + A(1+i)^2 + A(1+i)^3 + A(1+i)^4 + \cdots A(1+i)^{n-1}$$

化简后得到:

$$F = A \frac{(1+i)^n - 1}{i} \tag{1.5}$$

式中,$\frac{(1+i)^n-1}{i}$ 称为普通年金终值系数,记作 $(F/A,i,n)$,可直接查阅"年金终值系数表"(见附表 A-3)。

【例 1-3】 小秦非常感恩在创业过程中帮助自己的好心人,因此在自己有能力后开始尝试公益事业。自 2005 年 12 月底开始,小秦每年都要向一位失学儿童捐款 1 000 元,帮助其从小学一年级读完九年义务教育。假设每年定期存款利率都是 2%,则小秦 9 年的捐款在 2014 年年底相当于多少钱?

$$F = A \frac{(1+i)^n-1}{i} = 1\,000 \times [(1+2\%)^9 - 1] \div 2\% = 9\,754.6(元)$$

或者: $F = 1\,000 \times (F/A,2\%,9) = 1\,000 \times 9.754\,6 = 9\,754.6(元)$

【例 1-4】 小秦计划在开发区买一套三居室的房子,经考察后,有意向的有两个楼盘,但给出的付款条件不同。甲楼盘要求从第 1 年开始,每年年末交纳 10 万元,直到 10 年。乙楼盘要求先付 40 万元,在第 8 年末再付 60 万元。如年投资回报率为 15%,问小秦应选择哪个楼盘?

要回答上述问题,主要是要比较小秦付款的多少,但由于两个项目付款时间不同,因此不能直接比较,可以通过比较两个项目支出款在第 10 年末终值的大小。

甲楼盘的付款方式是一笔年收款 10 万元的 10 年期普通年金,其终值计算如下:

$$F=A[(1+i)^n-1]\div i=10\times[(1+15\%)^{10-1}]\div 15\%=203.04(万元)$$

乙楼盘是两笔收款,分别计算其终值:

第 1 笔收款(40 万元)的终值 $=40\times(1+15\%)^{10}=40\times 4.045\ 6=161.824(万元)$

第 2 笔收款(60 万元)的终值 $=60\times(1+15\%)^2=60\times 1.322\ 5=79.35(万元)$

终值合计 $=161.824+79.35=241.174(万元)$

因此,如果不考虑其他因素,小秦应接受甲楼盘。

需要说明的是,在考虑时间价值的前提下,不同时间节点上的资金是不能直接比较大小的,需要把它们折算到同一个时点。

(2)普通年金现值。普通年金现值是指将在一定时期内按相同时间间隔在每期期末收付的相等金额折算到第一期期初的现值之和,如图 1-6 所示。

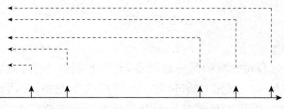

图 1-6 普通年金现值计算示意图

根据复利现值的方法计算年金现值的公式为:

$$P=A(1+i)^{-1}+A(1+i)^{-2}+A(1+i)^{-3}+\cdots+A(1+i)^{-n}$$

化简后得到:
$$P=A\frac{1-(1+i)^{-n}}{i} \qquad (1.6)$$

式中,$[1-(1+i)^{-n}]/i$ 称为"普通年金现值系数",记作 $(P/A,i,n)$,可直接查阅"年金现值系数表"(见附表 A-4)。

【例 1-5】 某投资项目从投产之日起每年末可得收益 40 000 元。按年利率 6% 计算,计算预期 10 年收益的现值。

$$P=40\ 000\times(P/A,6\%,10)=40\ 000\times 7.360\ 1=294\ 404(元)$$

2. 预付年金终值与现值

预付年金是资金收支发生在每期期初的等额收付款项,预付年金也叫先付年金,如图 1-7 所示。

二维码 1-3
预付年金

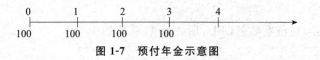

图 1-7 预付年金示意图

(1) 预付年金终值。预付年金终值是指一定时期内每期期初等额收付的系列款项的终值。与普通年金相比,两者付款期限相同,但收付款的时点不同,即预付年金比普通年金多一个计息期。因此求 n 期预付年金的终值可在求出 n 期普通年金终值后再乘以 $(1+i)$ 即可,计算公式如下:

$$F=\{A[(1+i)^n-1]\div i\}(1+i) \tag{1.7}$$

或者按以下公式计算:

$$F=A\left[\frac{(1+i)^{n+1}-1}{i}-1\right] \tag{1.8}$$

也就是在普通年金终值系数的基础上,期数加1,系数减1所得的结果。

【例 1-6】 德胜达公司决定连续 5 年于每年年初存入 100 万元作为住房基金,银行存款利率为 10%,则该公司在第 5 年末能一次取出的本利和是多少?

该公司在第 5 年末能一次取出的本利和为:

$$F=A[(F/A,i,n+1)-1]$$
$$=100\times[(F/A,10\%,6)-1]$$
$$=100\times(7.716-1)$$
$$=671.6(万元)$$

【例 1-7】 德胜达公司打算购买一台设备,有两种付款方式:一是一次性支付 500 万元;二是每年年初支付 200 万元,3 年付完。由于资金不充裕,公司计划向银行借款用于支付设备款。假设银行借款年利率为 5%,复利计息。请问公司应采用哪种付款方式?

对公司来说,如果一次支付,则相当于付现值 500 万元;而分次支付,则相当于一个 3 年期的预付年金,公司可以把这个预付年金折算为 3 年后的终值,再与 500 万元在第 3 年末的终值进行比较,以比较哪个方案更有利。

如果分次支付,则其 3 年的终值为:

$$F=200\times(F/A,5\%,3)\times(1+5\%)$$
$$=200\times3.1525\times1.05$$
$$=662.025(万元)$$

如果一次支付,则其在第 3 年末的终值为:

$$500\times(F/P,5\%,3)=500\times1.1576=578.8(万元)$$

相比之下,公司应采用第一种支付方式,即一次性付款 500 万元。

(2) 预付年金现值。预付年金现值是指将在一定时期内按相同时间间隔在每期期初收付的相等金额折算到第一期期初的现值之和。

预付年金现值的计算公式如下:

$$P=A\left[\frac{1-(1+i)^{-n}}{i}\right](1+i) \tag{1.9}$$

或者在普通年金现值系数基础上,期数减1,系数加1。

$$P=A\left[\frac{1-(1+i)^{-(n-1)}}{i}+1\right] \tag{1.10}$$

【例1-8】 以〖例1-7〗为例,要求通过比较现值的方式判断哪种支付方式更有利。
$$P = A \times [(P/A, i, n-1) + 1] = 200 \times [(P/A, 5\%, 2) + 1]$$
$$= 200 \times (1.8594 + 1) = 571.88(万元)$$

可见,分期支付的现值大于一次性支付。因此,一次性支付500万元更有利,这与利用终值进行判断的结论是一致的。

3. 递延年金终值与现值

递延年金又称"延期年金",是指在最初若干期没有收付款项的情况下,后面若干期等额的系列收付款项,它是普通年金的特殊形式,如图1-8所示。

二维码1-4
递延年金

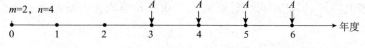

图1-8 递延年金示意图

(1)递延年金终值。递延年金的终值计算与普通年金的终值计算一样,计算公式为:$F = A(F/A, i, n)$,其中,"n"表示的是 A 的个数,与递延期无关。

(2)递延年金现值。递延年金现值是指间隔一定时期后每期期末收付的系列等额款项,按照复利计息方式折算的现时价值,即间隔一定时期后每期期末等额收付资金的复利现值之和。递延年金现值的计算方法通常有如下两种。

计算方法一:先将递延年金视为 n 期普通年金,求出在递延期期末的普通年金现值,然后再折算到期初,即第0期价值,如图1-9所示。
$$P = A \times (P/A, i, n) \times (P/F, i, m) \tag{1.11}$$
式中,m 为递延期,n 为连续收支期数,即年金期。

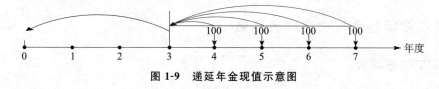

图1-9 递延年金现值示意图

计算方法二:先计算 $m+n$ 期年金现值,再减去 m 期年金现值:
$$P = A \times [(P/A, i, m+n) - (P/A, i, m)] \tag{1.12}$$

【例1-9】 某企业向银行借入一笔款项,银行贷款的年利率为10%,每年复利一次。银行规定前10年不用还本付息,但从第11年至第20年每年年末偿还本息5 000元。要求,用两种方法计算这笔款项的现值。

方法一:$P = A \times (P/A, 10\%, 10) \times (P/F, 10\%, 10)$
$$= 5\ 000 \times 6.1446 \times 0.3855$$
$$= 11\ 843.72(元)$$

方法二：$P = A \times [(P/A, 10\%, 20) - (P/A, 10\%, 10)]$
$$= 5\,000 \times (8.5136 - 6.1446)$$
$$= 11\,845(元)$$

说明：两种计算方法相差 1.28 元，是由货币时间价值系数的小数点位数保留造成的。

4. 永续年金终值与现值

永续年金是无限期等额收付的特种年金，是普通年金的特殊形式，如图 1-10 所示。

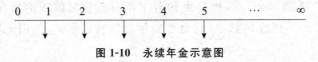

图 1-10　永续年金示意图

永续年金没有终点，因此不可以计算终值。永续年金现值可参照普通年金现值公式：

$$P = A \frac{1 - (1+i)^{-n}}{i}$$

当 n 无穷大时，可简化为永续年金现值公式：

$$P = \frac{A}{i} \tag{1.13}$$

【例 1-10】　某职业学院为鼓励学生学习职业技能，计划设立奖学金。奖学金每年发放一次，奖励每年技能大赛获得一等奖选手 20 000 元。奖学金的基金保存在中国银行某支行。银行一年的定期存款利率为 2%。问学院要投资多少钱作为奖励基金？

由于每年都要拿出 20 000 元，因此奖学金的性质是一项永续年金，其现值应为：
$$P = 20\,000 \div 2\% = 1\,000\,000(元)$$

也就是说，学院要存入 1 000 000 元作为基金，才能保证这一奖学金的成功运行。

二、年偿债基金与投资回收系数

(一) 年偿债基金

年偿债基金是指为使年金终值达到给定金额，每年年末应支付或收到的等额数值，即已知普通终值反算年金。偿债基金和普通年金终值互为逆运算；偿债基金系数和普通年金终值系数互为倒数，偿债基金系数，记作 $(A/F, i, n)$。

【例 1-11】　某企业 5 年后有一笔数额为 100 万元的到期借款，为此设置偿债基金，假设利率为 8%，企业每年年末需要存入银行多少钱，才能到期用本利和偿清借款？
$$A = F \times (A/F, 8\%, 5) = F \div (F/A, 8\%, 5) = 100 \div 5.8666 = 17.05\ 万元$$

(二) 投资回收系数(资本回收额)

投资回收系数是指为使累计年金达到现在的既定金额，每年年末应收付的年金数额，即已知普通现值反算年金。实际上是已知普通年金现值 P,求年金 A。

资本回收额与普通年金现值互为逆运算,资本回收系数与普通年金现值系数互为倒数。

【例 1-12】　某企业预向银行借款 50 万购置一台生产设备,该设备预计可使用 3 年,假设复利利率为 8%,则该设备每年至少给企业带来多少收益才是可行的?

$$A=P\times(A/P,8\%,3)=P\div(P/A,8\%,3)=50\div2.5771=19.40(万元)$$

三、时间价值计算的灵活运用(知三求四)

在复利现值、复利终值、年金现值、年金终值的计算中,都涉及 4 个要素:现值、终值、利率、期数,知道其中任何 3 个要素,都可以求出第四个,通常我们会把这样的问题称为"知三求四",解决此类问题通常会运用试误法与插值法。

若已知复利现值(或者终值)系数 B 以及期数 n,可以查复利现值(或者终值)系数表,找出与已知复利现值(或者终值)系数最接近的两个系数及其对应的利率,按插值法公式计算利率。

【例 1-13】　郑先生下岗获得 50 000 元现金补助,他决定趁现在还有劳动能力先找工作糊口,将款项存起来。郑先生预计,如果 20 年后这笔款项连本带利达到 250 000 元,那就可以解决自己的养老问题。问银行存款的年利率为多少,郑先生的预计才能变成现实?

由题意可知:$50\ 000\times(F/P,i,20)=250\ 000$

$(F/P,i,20)=5$ 即 $(1+i)^{20}=5$

通过复利终值系数表,采用逐次测试法(也称为试误法)计算:

当 $i=8\%$ 时,$(F/P,8\%,20)=4.6610$

当 $i=9\%$ 时,$(F/P,9\%,20)=5.6044$

因此,i 在 8% 和 9% 之间。

运用插值法有:$(8\%-i)\div(i-9\%)=(4.6610-5)\div(5-5.6044)$

解得:$i=8.36\%$

说明只要银行存款利率不低于 8.36%,则郑先生的想法即可实现。

四、名义利率与实际利率

(一) 一年多次计息时的名义利率与实际利率

如果以"年"作为基本计息期,每年计算一次复利,这种情况下的年实际利率等于名义利率。如果按照短于一年的计息期计算复利,这种情况下的年实际利率高于名义利率。名义利率与实际利率的换算关系如下:

$$i=(1+r/m)^m-1 \tag{1.14}$$

式中,i 为实际利率,r 为名义利率,m 为每年复利计息次数。

【例 1-14】 年利率为 12%,按季复利计息,试求实际利率。

$$i=(1+r/m)^m-1=(1+12\%/4)^4-1=1.1255-1=12.55\%$$

(二) 通货膨胀情况下的名义利率与实际利率

名义利率是央行或其他提供资金借贷的机构所公布的未调整通货膨胀因素的利率,即利息(报酬)的货币额与本金的货币额的比率,其包括补偿通货膨胀(包括通货紧缩)风险的利率。实际利率是指剔除通货膨胀率后储户或投资者得到利息回报的真实利率。

名义利率与实际利率之间的关系为:1+名义利率=(1+实际利率)×(1+通货膨胀率),所以,实际利率的计算公式为:

$$实际利率=[(1+名义利率)÷(1+通过货膨胀率)]-1 \tag{1.15}$$

公式表明,当通货膨胀率大于名义利率时,实际利率是负值。

【例 1-15】 2020 年我国商业银行一年期存款年利率为 2%,假设通货膨胀率为 1%,则实际利率为多少?

$$实际利率=(1+2\%)÷(1+1\%)-1=0.99\%$$

如果通货膨胀率为 4%,

$$实际利率=(1+2\%)÷(1+4\%)-1=-1.92\%$$

五、资金时间价值的应用——证券价值评估

投资人投资于证券(股票、债券等)实际就是购买有价证券,对于购买人来讲关键是要"物"有所值。只有支付的对价不大于有价证券的内在价值,投资才是值得的。有价证券估价是时间价值应用的一个重要内容。有价证券的内在价值是证券到期值的现值,基本模型为:

$$V=\frac{C_1}{(1+k)^1}+\frac{C_2}{(1+k)^2}+\cdots+\frac{C_n}{(1+k)^n}=\sum_{t=1}^{n}\frac{C_t}{(1+k)^t} \tag{1.16}$$

式中,C_t—第 t 年发生的现金流量;V—资产在 $1\sim n$ 年内产生的全部预期现金流 C_t 的现值,即内在价值;k—投资者要求的必要报酬率;n—预期现金流量的持续期间。

(一) 债券估价

债券的内在价值是债券到期值的现值,债券的到期值包括到期收回的债券本金和利息,其中利息的支付方式又分为到期一次付息和分期付息。

1. 到期一次还本付息的债券估价

【例 1-16】 一张面值 1 000 元,票面利率 3% 的债券,期限 30 年,到期一次还本付息。假设年市场报酬率为 4%,则此债券的价值是多少?

$$V=1\,000×(P/F,4\%,30)+1\,000×3\%×30×(P/F,4\%,30)$$
$$=1\,900×(P/F,4\%,30)=1\,900×0.3083$$
$$=585.77(元)$$

2. 分期付息,一次还本的债券估价

【例 1-17】 一张面值 1 000 元,票面利率 3％的债券,每年付息一次,期限 30 年,假设年市场报酬率为 4％,则此债券的价值是多少?

$$V = 1\,000 \times 3\% \times (P/A, 4\%, 30) + 1\,000 \times (P/F, 4\%, 30)$$
$$= 30 \times 17.2920 + 1\,000 \times 0.3083$$
$$= 827.06(元)$$

(二) 股票估价

股票没有到期日,对于长期持有的股票,流入企业的现金只有现金股利。股票估值基本模型为:

$$V = \frac{D_1}{(1+k)^1} + \frac{D_2}{(1+k)^2} + \cdots + \frac{D_n}{(1+k)^n} = \sum_{t=1}^{n} \frac{D_t}{(1+k)^t} \tag{1.17}$$

式中,D_t—第 t 年的股息;k—贴现率,即投资者要求的报酬率;t—年份。

如果不打算长期持有,而是持有一段时间后出售,则按下列模型:

$$V = \frac{D_1}{(1+k)^1} + \frac{D_2}{(1+k)^2} + \cdots + \frac{D_T}{(1+k)^t} + \frac{P_T}{(1+k)^t}$$
$$= \sum_{t=1}^{t} \frac{D_T}{(1+k)^t} + \frac{P_T}{(1+k)^t} \tag{1.18}$$

式中,P_T 是股票出售时的现金流入。

对于普通股股票,每期的股息收入是不固定的,为说明股票价值评估,现假设几种情况。

1. 股利固定增长模型

假定股利按常数增长,用 g 表示,计算公式为:

$$V = \frac{D_1}{k-g} = \frac{D_0(1+g)}{k-g} \tag{1.19}$$

【例 1-18】 某股票的股利预期增长率为 8％,每股股票刚收到 1.2 元的股息($T=0$ 时的股息)(按年付息)。假设股票的预期报酬率为 10％,则该普通股的价值是多少?

$$D_1 = D_0(1+g) = 1.2 \times (1+8\%) = 1.296(元)$$

$$V = \frac{D_1}{k-g} = 1.296 \div (10\% - 8\%) = 64.8(元)$$

2. 股利零增长模型

假设预期股利增长率 g 为 0,其支付过程是一个永续年金,故其价值公式为:

$$V = \frac{D}{k} \tag{1.20}$$

【例1-19】 某股票的股利预期增长率为0,每股股票刚收到了1.2元的股利(按年付息),假设普通股的预期收益率为10%,则该普通股的价值是多少?

$$V = \frac{D}{k} = 1.2 \div 0.1 = 12(元)$$

任务三　培养投资的风险价值观念

【任务描述】

股评专家经常说"股市有风险,投资需谨慎"。冒险投资,期望取得超额收益。高收益,高风险。任何一项风险型投资,投资者总会权衡风险和期望收益。本任务主要介绍风险概念及风险与收益的关系,培养大家理财的风险价值观念。

【知识准备】

一、风险与资产收益的含义

(一) 风险的概念

风险是指收益的不确定性。风险可能使收益增加,也可能使损失增加。从公司理财的角度看,风险就是企业在各项财务活动过程中,由于各种难以预料或无法控制的因素影响,使企业的实际收益与预计收益发生背离,从而蒙受经济损失的可能性,具体可分为系统性风险和非系统性风险。

1. 系统性风险

系统性风险又称为不可分散风险,是指无法通过分散投资组合规避的风险。通常是由国家政治、经济的重大变革以及不可预知的自然灾害等因素引发的影响整个金融市场的风险。

2. 非系统性风险

非系统性风险又称为可分散风险,是指可以通过分散组合,在一定程度上能够规避的风险。非系统性风险是个别企业的特有事件造成的,是随机发生的,只与个别企业和个别投资项目有关,不涉及所有企业和所有项目。对于特定企业而言,公司风险可进一步分为经营风险和财务风险。

经营风险是指因生产经营方面的原因给企业目标带来不利影响的可能性,如原材料供应异常、新材料出现、生产组织不合理、销售决策失误等。

财务风险又称筹资风险,是指由于举债而给企业目标带来的可能影响。企业举债经营,需要向债权人支付固定利息,加大了偿债压力。只有在息税前资金利润率大于借入资金利率时,举债才是有利可图的。

(二) 资产收益与类型

收益是指投资带来的回报,资产收益可以用绝对数表示,称为资产收益额;也可以用相对数表示,称为资产收益率或报酬率,是资产增值量与期初资产价值(价格)的比值。

如无特别说明,资产收益率是指资产的年收益率,又称资产报酬率。

单项资产收益率按以下公式计算:

$$单项资产收益率=资产价值(价格)的增值÷期初资产价值(价格)$$
$$=[利息(股息)收益+资本利得]÷期初资产价值(价格)$$
$$=利息(股息)收益率+资本利得收益率 \tag{1.21}$$

资产组合的收益率按投资比例加权平均计算确定。

【例 1-20】 某投资者投资 A 公司股票如下:

2020 年初:购买股票 1 000 股,每股 10 元。2020 年 8 月 30 日公司派发现金股利,每股派发 0.1 元。2020 年 12 月 31 日,股票涨至每股 12 元,全部卖出。

该投资者的投资收益包括现金股利和资本利得两个方面,其中:

$$现金股利=D_t=0.1 元/股$$
$$资本利得=P_t-P_{t-1}=12-10=2 元/股$$

因此,投资者获得的实际收益额=(0.1 元/股+2 元/股)×1 000 股=2 100 元

每股收益率:$R=[D_t+(P_t-P_{t-1})]÷P_{t-1}=[0.1+(12-10)]÷10=21\%$

在实际的财务工作中,由于工作角度和出发点不同,收益率有以下几种类型。

1. 实际收益率

实际收益率表示已经实现或者确定可以实现的资产收益率,表述为已实现或确定可实现的利息(股息)率与资本利得收益率之和。当存在通货膨胀时,还应当扣除通货膨胀率的影响。

2. 预期收益率

预期收益率也称为期望收益率,是指在不确定的条件下,预测的某资产未来可能实现的收益率。

在可以预测未来各种可能发生的概率及收益率大小的前提下,预期收益率可以按各种情况下收益率的加权平均估算,权数是各种可能情况发生的概率,计算公式为:

$$E(R) = \sum P_i R_i \tag{1.22}$$

式中,$E(R)$表示预期收益率;P_i表示情况 i 可能出现的概率;R_i表示情况 i 出现时的收益率。

【例 1-21】 半年前以 5 000 元购买海尔股票,一直持有至今尚未卖出,持有期曾获红利 50 元。预计未来半年内不会再发放红利,且半年后市值达到 5 900 元的可能性为 50%,市价达到 6 000 元的可能性也是 50%。那么预期收益率是多少?

预期收益率=[50%×(5 900-5 000)+50%×(6 000-5 000)]÷5 000=19%

如果不能预测未来情况,在能获得历史资料的情况下,也可按历史资料的平均值估算。

3. 必要收益率

必要收益率也称最低必要报酬率或最低要求收益率,表示投资者对某资产合理要求的最低收益率。投资者要求的必要收益率与认识到的风险有关,必要收益率由以下两部分构成。

(1)无风险收益率。无风险收益率也称无风险利率,它是指无风险资产的收益率,它的大小由纯粹利率(资金的时间价值)和通货膨胀补偿率两部分组成。通常用短期国债的利率近似地表示无风险收益率。

(2)风险收益率。风险收益率也称风险溢价,是指某资产持有者因承担该资产的风险而要求的超过无风险利率的额外收益,是投资者因冒风险进行投资而获得的超过时间价值的那部分报酬,它的大小取决于两个因素:一是风险的大小;二是投资者对风险的偏好。

二维码 1-5
投资风险衡量

二、单项资产的风险与收益

(一)单项资产风险衡量

风险与收益是投资活动必须考虑的两个基本因素。衡量风险的指标主要有期望收益率的标准差和标准离差率。标准差、标准离差率是反映概率分布离散情况的。一般来说,离散程度越大,风险越大;离散程度越小,风险越小。

【例 1-22】 某企业有 A、B 两个投资项目,两个投资项目的收益率及其概率分布情况如表 1-2 所示。

表 1-2　项目 A 和项目 B 投资收益率的概率分布

项目情况	出现概率		收益情况	
	A	B	A	B
好	0.2	0.3	15%	20%
一般	0.6	0.4	10%	15%
差	0.2	0.3	0	−10%

根据公式计算项目 A 和项目 B 的期望投资收益率分别为:

项目 A 的期望投资收益率＝0.2×15%＋0.6×10%＋0.2×0＝9%

项目 B 的期望投资收益率＝0.3×20%＋0.4×15%＋0.3×(−10%)＝9%

从计算结果可以看出,两个项目的期望投资收益率都是 9%,但是否可以就此认为两个项目是等同的呢?对于理性投资者来说,在收益相等的情况下,会选择风险程度小的;而在风险程度一样的情况下,会选择收益高的。因此,要比较两个项目的优劣,就要比较风险程度的大小。

标准差和标准离差率的计算可按以下步骤进行。

1. 确定收益的概率分布

概率就是用百分数或小数来表示随机事件发生可能性及出现某种结果可能性大小的数

值。用 X 表示随机事件，X_i 表示随机事件的第 i 种结果，P_i 为出现该种结果的相应概率。概率必须符合两个要求：$0 \leqslant P_i \leqslant 1$；$\sum P_i = 1$。

2．计算期望值

$$\overline{E} = \sum_{i=1}^{n} E_i P_i \tag{1.23}$$

3．计算标准差

$$\delta = \sqrt{\sum_{i=1}^{n} (E_i - \overline{E})_i P_i} \tag{1.24}$$

4．计算标准离差率（标准差系数）

$$V = 标准差 \div 期望值 = \sigma \div \overline{E} \tag{1.25}$$

【例 1-23】 以〖例 1-18〗中的数据为例，分别计算上例中 A、B 两个项目投资收益标准离差率。

项目 A 的期望值 $E = 0.2 \times 15\% + 0.6 \times 10\% + 0.2 \times 0 = 9\%$

项目 B 的期望值 $E = 0.3 \times 20\% + 0.4 \times 15\% + 0.3 \times (-10\%) = 9\%$

项目 A 的标准差：$\delta = \sqrt{\sum_{i=1}^{n} (E_i - \overline{E})_i P_i} = 0.049$

项目 B 的标准差：$\delta = \sqrt{\sum_{i=1}^{n} (E_i - \overline{E})_i P_i} = 0.126$

项目 B 的标准差大于项目 A 的标准差，因此，项目 B 的风险高于项目 A 的风险。

A 项目标准离差率：$V = \sigma \div \overline{E} = 0.049 \div 9\% \approx 54\%$

B 项目标准离差率：$V = \sigma \div \overline{E} = 0.126 \div 9\% = 140\%$

A 项目的标准差、标准离差率都小于 B 项目的标准差、标准离差率，所以 A 项目的风险会低一些，应该选择 A 项目。

当然，在此例中项目 A 和项目 B 的期望投资收益率是相等的，可以直接根据标准差比较两个项目的风险水平。但是，如果比较项目的期望收益率不同，则一定要计算标准离差率才能进行比较。

人们总是希望高收益、低风险，但事实往往是高收益伴有高风险、低风险伴有低收益。究竟选择何种方案，投资人需要权衡期望收益与风险，而且还要视决策者对风险的态度而定。对风险比较反感的人可能会选择风险较低同时期望收益也较低的方案，喜欢冒风险的人则可能选择风险虽高但同时收益也高的方案。

（二）风险与收益的关系

风险收益也叫风险报酬、风险价值，它是投资者因冒风险投资而获得的超过资金时间价值的额外收益。标准离差率反映投资者所冒风险的程度，风险程度越大，得到的风险收益也应越高。风险收益与反映风险程度

二维码 1-6
投资风险价值

的标准离差率成正比。风险收益和风险程度、风险价值系数有关。风险价值系数是将标准离差率转化为风险报酬的一种系数或倍数。系数越大,表示风险越大,要求的风险报酬就越高。在不考虑通货膨胀的条件下:

$$投资报酬率＝无风险收益率＋风险收益率 \qquad (1.26)$$

在我国,无风险报酬率可以用国债利率表示,风险收益率按下述公式计算:

$$R_R = b \times v \qquad (1.27)$$

式中,R_R 表示风险收益率;b 表示风险价值系数;v 表示标准离差率。

【例 1-24】 假设上例 A 项目风险价值系数为 5%,B 项目风险价值系数为 8%,无风险报酬率为 10%,则 A、B 两项目的风险报酬率和必要报酬率分别为:

A 项目风险收益率:$R_R = bv = 5\% \times 54\% = 2.7\%$

A 项目必要报酬率:$K=$ 无风险收益率＋风险收益率 $= 10\% + 2.7\% = 12.7\%$

B 项目风险收益率:$R_R = bv = 8\% \times 140\% = 11.2\%$

B 项目必要报酬率:$K=$ 无风险收益率＋风险收益率 $= 10\% + 11.2\% = 21.2\%$

对于投资人来讲,当预期收益相等时,应该选择风险低的项目;当风险相同时,应选择收益高的项目;而当收益和风险都不相同时,不同投资者会有不同选择,这主要取决于投资者对风险的态度。风险偏好者可能会选择风险高、收益也高的项目;风险规避者往往会选择风险低、收益也较低的项目。

三、证券资产组合的风险与收益

(一) 证券资产组合的收益

投资者的投资往往不是单一资产投资,而是组合投资。证券资产组合的预期收益率就是组成证券资产组合的各种资产收益率的加权平均数,其权数为各种资产在组合中的价值比例,即:

$$证券资产组合的预期收益率 E(R_p) = \sum W_i \times E(R) \qquad (1.28)$$

式中,$E(R_p)$ 表示证券资产组合的预期收益率;$E(R_i)$ 表示组合内第 i 项资产的预期收益率;W_i 表示第 i 项资产在整个组合中所占的价值比例。

【例 1-25】 某投资公司的一项投资组合中包含 A、B 和 C 三种股票,权重分别为 30%、40% 和 30%,三种股票的预期收益率分别为 15%、12%、10%。要求计算该投资组合的预期收益率。

该投资组合的预期收益率 $E(R_p) = 30\% \times 15\% + 40\% \times 12\% + 30\% \times 10\% = 12.3\%$

(二) 证券资产组合的风险

证券资产组合的风险,通常用其预期报酬率的方差(标准差的平方)表示。但投资者预期报酬的方差,并不是各单项资产预期报酬方差的加权平均,其内部有较为复杂的数量关系。证券资产组合的风险受到组合内两项资产收益的相关程度的影响(以两项证券资产组合为例),当两项资产的收益率呈完全正相关时,两项资产的风险不能相互抵消,所以这样的组合不能降低任何风险。当两项资产的收益率呈完全负相关时,两项资产的风险可以充分地相互抵消,甚至完全消除。因而,这样的组合能够最大限度地降低风险。

大多数情况下,证券资产组合能够分散风险,但不能完全消除风险。在证券资产组合中,能够随着资产种类增加而降低直至消除的风险是非系统性风险;系统风险不能随着资产种类的增加而分散,但系统风险对所有资产或企业的影响不同。单项资产或证券资产组合受系统风险影响的程度,可以通过系统风险系数(β系数)来衡量。

1. 单项资产的系统风险系数

单项资产的 β 系数是指可以反映单项资产收益率与市场平均收益率之间变动关系的量化指标,它表示单项资产收益率的变动受市场平均收益率变动的影响程度。

2. 市场组合

市场组合是指由市场上所有资产组成的组合,它的收益率就是市场平均收益率。市场组合收益率的方差则代表了市场整体的风险,由于包含了所有的资产,因此,市场组合中的非系统风险已经被消除,所以市场组合的风险就是市场风险或系统风险。

当某资产的 β 系数等于 1 时,说明该资产的收益率与市场平均收益率呈同方向、同比例的变化,该资产所含的系统风险与市场组合的风险一致;当某资产的 β 系数小于 1 时,说明该资产收益率的变动幅度小于市场组合收益率的变动幅度,因此其所含的系统风险小于市场组合的风险;当某资产的 β 系数大于 1 时,说明该资产收益率的变动幅度大于市场组合收益率的变动幅度,因此其所含的系统风险大于市场组合风险。

3. 证券资产组合的系统风险系数

对于证券资产组合来说,其所含的系统风险的大小可以用组合 β 系数来衡量。证券资产组合的 β 系数是所有单项资产 β 系数的加权平均数,权数为各种资产在证券资产组合中所占的价值比例,计算公式为:

$$\beta_p = \sum W_i \times \beta_i \tag{1.29}$$

式中,β_p 表示证券资产组合的风险系数;W_i 表示第 i 项资产在组合中所占的价值比重;β_i 表示第 i 项资产的 β 系数。

由于单项资产的 β 系数不尽相同,因此通过替换资产组合中的资产或改变不同资产在组合中的价值比例,可以改变组合的风险。

【例 1-26】　某证券资产组合中有 3 只股票,相关的信息如表 1-3 所示,要求计算证券资产组合的 β 系数。

表 1-3　某证券资产组合的相关信息

股票	β 系数	每股市价/元	股票数量
A	0.7	4	200
B	1.1	2	100
C	1.7	10	100

首先计算 A、B、C 3 种股票所占的价值比例：

A 股票比例：$(4 \times 200) \div (4 \times 200 + 2 \times 100 + 10 \times 100) \times 100\% = 40\%$

B 股票比例：$(2 \times 100) \div (4 \times 200 + 2 \times 100 + 10 \times 100) \times 100\% = 10\%$

C 股票比例：$(10 \times 100) \div (4 \times 200 + 2 \times 100 + 10 \times 100) \times 100\% = 50\%$

然后计算加权平均 β 系数，即为证券资产组合的 β 系数：

$$\beta_p = 40\% \times 0.7 + 10\% \times 1.1 + 50\% \times 1.7 = 1.24$$

四、资本资产定价模型

资本资产定价模型是研究充分组合情况下风险与要求的收益率之间均衡关系的模型，表达形式为：

$$R_i = R_f + \beta \times (R_m - R_f) \tag{1.30}$$

式中，R 表示某资产的必要收益率；β 表示该资产的系统风险系数；R_f 表示无风险收益率，通常以短期国债的利率来近似替代；R_m 表示市场组合收益率。

$(R_m - R_f)$ 为市场风险溢价率，反映市场整体对风险的偏好，如果风险厌恶程度高，则证券市场线的斜率 $(R_m - R_f)$ 的值就大。某项资产的风险收益率是该资产系统风险系数与市场风险溢价的乘积，即：

$$风险收益率（溢价） = \beta \times (R_m - R_f) \tag{1.31}$$

【例 1-27】 某年德胜达公司的 β 系数是 1.17，短期国库券利率为 4%，市场组合收益率是 10%，不考虑通货膨胀因素，那么，该股票的必要收益率应为：

$$R = R_f + \beta \times (R_m - R_f) = 4\% + 1.17 \times (10\% - 4\%) = 11.02\%$$

对于证券资产组合的必要收益率，可以按照资本资产定价模型确定。

$$证券资产组合的必要收益率 = R_f + \beta_p \times (R_m - R_f) \tag{1.32}$$

这里的 β_p 则是证券资产组合的 β 系数。证券资产组合的 β 系数是组合内各资产 β 系数的加权平均。

【例 1-28】 德胜达公司持有由甲、乙、丙 3 种股票组成的证券组合，3 种股票的 β 系数分别是 2.0、1.3 和 0.7，它们的投资额分别是 60 万元、30 万元和 10 万元。股票市场平均收益率为 10%，无风险收益率为 5%。假定资本资产定价模型成立，确定证券组合的必要收益率。

① 首先计算各股票在组合中的比例：

甲股票的比例 $= 60 \div (60 + 30 + 10) \times 100\% = 60\%$

乙股票的比例 $= 30 \div (60 + 30 + 10) \times 100\% = 30\%$

丙股票的比例 $= 10 \div (60 + 30 + 10) \times 100\% = 10\%$

② 计算证券组合的 β 系数：

证券组合的 β 系数 $= 2.0 \times 60\% + 1.3 \times 30\% + 0.7 \times 10\% = 1.66$

③ 计算证券组合的必要收益率：

根据资本资产定价模型公式 $R = R_f + \beta \times (R_m - R_f)$

证券组合的必要收益率 $= 5\% + 1.66 \times (10\% - 5\%) = 13.3\%$

【案例分析】

24 美元买下曼哈顿

曼哈顿（Manhattan）是美国纽约市 5 个行政区之中人口最密集的行政区，也是最小的行政区。曼哈顿被誉为"世界的经济中心"，也是纽约最富有的区，是世界上摩天大楼最集中的地区，汇集了世界 500 强中绝大部分公司的总部，也是联合国总部的所在地。但曼哈顿岛却是在 1626 年，由荷属美洲新尼德兰省总督 Peter Minuit 花了约 24 美元从印第安人手中买下的，此举被誉为印第安人最大的商业败笔。而到 2000 年 1 月 1 日，曼哈顿岛的价值已经达到了约 2.5 万亿美元。以 24 美元买下曼哈顿，Peter Minuit 无疑占了一个天大的便宜。

解析： 24 美元买下曼哈顿！这并不是荒唐的痴人说梦，但转换一下思路，Peter Minuit 也许并没有占到便宜。因为如果当时的印第安人拿着这 24 美元去投资，按照 11%（美国近 70 年股市的平均投资收益率）的投资收益率计算，到 2000 年，这 24 美元将变成 2 380 000 亿美元，远远高于曼哈顿岛当时的价值——2.5 万亿美元。如此看来，Peter Minuit 是吃了一个大亏。是什么神奇的力量让资产实现了如此巨大的倍增？是时间加复利。

资料来源：杰里米·米勒. 巴菲特致股东的信：投资原则篇[M]. 郝旭奇，译. 北京：中信出版社，2018.

【拓展阅读】

创业环境之 SWOT 分析

创业者创办企业，首先要对企业所处的内外环境进行分析和评价。SWOT（优势：strengths，劣势：weaknesses，机会：opportunities，威胁：threats）分析是一种综合考虑企业内部条件和外部环境各种因素，进行系统评价，从而选择最佳经营战略的方法。

优劣势分析主要着眼于企业自身的实力及其与竞争对手的比较，而机会和威胁分析将注意力放在外部环境的变化及对企业的可能影响上。在分析时，应把所有的内部因素（即优劣势）集中在一起，然后用外部的力量对这些因素进行评估。

SWOT 分析核心问题，是考虑在企业现有的内外部环境下，如何最优地运用自己的资源，并且建立公司未来的资源。进行 SWOT 分析时，主要有以下几个方面的内容：

优势，是组织机构的内部因素，具体包括有利的竞争态势，充足的财政来源，良好的企业形象，技术力量，规模经济，产品质量，市场份额，成本优势，广告攻势等。

劣势，也是组织机构的内部因素，具体包括设备老化，管理混乱，缺少关键技术，研究开发落后，资金短缺，经营不善，产品积压，竞争力差等。

机会，是组织机构的外部因素，具体包括新产品，新市场，新需求，外国市场壁垒解除，竞争对手失误等。

威胁,也是组织机构的外部因素,具体包括新的竞争对手,替代产品增多,市场紧缩,行业政策变化,经济衰退,客户偏好改变,突发事件等。

SWOT方法的优点在于考虑问题全面,是一种系统思维,而且可以把对问题的"诊断"和"开处方"紧密结合在一起,条理清楚,便于检验。

【课证融通】

一、单项选择题

1. 财务关系是企业在组织财务活动过程中与有关各方面所发生的( )。

A. 经济往来关系　　　B. 经济协作关系　　　C. 经济责任关系　　　D. 经济利益关系

2. 企业与债权人之间的财务关系主要体现为( )。

A. 投资-收益关系　　　　　　　　B. 债务债权关系

C. 分工协作关系　　　　　　　　D. 债权债务关系

3. 企业财务活动是指企业的( )。

A. 货币资金收支活动　　　　　　B. 分配活动

C. 资金运动　　　　　　　　　　D. 资本金投入和收益活动

4. 企业日常经营而引起的财务活动,也称为( )活动。

A. 筹资　　　　　　B. 投资　　　　　　C. 收益分配　　　　　　D. 资金营运

5. 作为公司理财目标,每股利润最大化目标较之利润最大化目标的优点在于( )。

A. 考虑了资金时间价值因素　　　　B. 考虑了风险价值因素

C. 考虑了投入与产出的关系　　　　D. 能够避免企业的短期行为

6. 企业价值最大化目标强调的是企业的( )。

A. 实际利润额　　　　　　　　　　B. 实际投资利润率

C. 预期获利能力　　　　　　　　　D. 实际投入资金

7. 在下列公司理财目标中,目前通常被认为比较合理的是( )。

A. 产值最大化　　　　　　　　　　B. 利润最大化

C. 企业价值最大化　　　　　　　　D. 每股收益最大化

8. 考虑了时间价值和风险价值因素的公司理财目标是( )。

A. 利润最大化　　　　　　　　　　B. 资本利润率最大化

C. 企业价值最大化　　　　　　　　D. 每股利润最大化

9. 普通年金终值系数的倒数称为( )。

A. 偿债基金　　　　B. 偿债基金系数　　　C. 年回收额　　　　D. 年投资回收系数

10. 距今若干期以后发生的系列等额收付款项称为( )。

A. 后付年金　　　　　　　　　　　B. 预付年金

C. 永续年金　　　　　　　　　　　D. 递延年金

11. 在普通年金现值系数的基础上,期数减1、系数加1的计算结果,应当等于( )。

A. 即付年金现值系数　　　　　　　B. 后付年金现值系数

C. 递延年金现值系数　　　　　　　D. 永续年金现值系数

12. 在普通年金终值系数的基础上,期数加1、系数减1所得的结果,在数值上等于( )。

A. 普通年金现值系数   B. 即付年金终值系数

C. 普通年金终值系数   D. 即付年金现值系数

13. 下列各项年金中,只有现值没有终值的年金是( )。

A. 普通年金   B. 即付年金   C. 先付年金   D. 永续年金

14. 投资者甘愿冒风险进行投资的诱因是( )。

A. 可获得投资收益   B. 可获得时间价值回报

C. 可获得风险报酬率   D. 可一定程度抵御风险

15. 那些对所有公司产生影响的因素引起的风险称为( )。

A. 公司特有风险   B. 经营风险   C. 财务风险   D. 市场风险

16. 关于风险报酬,下列表述不正确的是( )。

A. 高收益往往伴有高风险

B. 风险越小,获得的收益就越大

C. 在不考虑通货膨胀的情况下,资金时间价值就等于无风险补偿率

D. 风险收益率是指投资者因冒风险进行投资而要求的、超过资金时间价值的那部分额外收益

17. 关于标准差与标准离差率,下列表述正确的是( )。

A. 标准差以绝对数衡量决策方案的风险,标准差越大,风险越小

B. 标准离差率只适用于期望值相同的决策方案的风险程度的比较

C. 标准离差率是一个绝对数,它以绝对数形式反映决策方案的风险程度

D. 对于期望值不同的决策方案,可用标准离差率比较与评价其风险程度

18. 如果两个投资项目预期收益的标准差相同,而期望值不同,则这两个项目( )。

A. 预期收益相同   B. 标准离差率相同

C. 预期收益不同   D. 未来风险报酬相同

二、多项选择题

1. 下列各项中,属于企业财务活动的有( )。

A. 筹资活动   B. 投资活动   C. 资金营运活动   D. 分配活动

2. 下列各项中,属于企业财务关系的有( )。

A. 企业与政府之间的财务关系   B. 企业与受资者之间的财务关系

C. 企业内部各单位之间的财务关系   D. 企业与职工之间的财务关系

3. 以下关于利息率表述正确的有( )。

A. 利息率是利息占本金的百分比指标

B. 利息率是一定时期运用资金资源的交易价格

C. 利息率是中国人民银行对商业银行贷款的利率

D. 利息率是没有风险和通货膨胀情况下的社会平均利润率

4. 企业的财务关系主要包括以下几个方面( )。

A. 企业与投资者和受资者之间的财务关系

B. 企业与债权人、债务人和往来客户之间的财务关系

C. 企业与税务机关之间的财务关系

D. 企业内部各部门之间的财务关系

5. 企业价值最大化目标的优点为（　　　）。

A. 考虑了资金时间价值和投资的风险价值

B. 反映了对企业资产保值增值的要求

C. 克服了短期行为

D. 有利于社会资源的合理配置

6. 以利润最大化为理财目标的主要弊病有（　　　）。

A. 没有反映所得利润与投入资本额的关系

B. 没有考虑资金时间价值和风险问题

C. 利润的多少与经济效益的大小没有关系

D. 容易导致企业追求短期利益的行为

7. 企业价值是指企业全部资产的市场价值，包含（　　　）。

A. 债券市场价值　　　　　　　　　　B. 股票市场价值

C. 利润　　　　　　　　　　　　　　D. 企业潜在的或预期的获利能力

8. 下列各项中，属于利率的组成因素的有（　　　）。

A. 通货膨胀补偿率　　　　　　　　　B. 风险报酬率

C. 纯利率　　　　　　　　　　　　　D. 社会积累率

9. 金融市场对企业的理财具有重要的意义（　　　）。

A. 金融市场是企业筹资的场所

B. 企业通过金融市场实现长期资金与短期资金的相互转化

C. 为公司理财提供有用的信息

D. 金融市场是企业投资的场所

10. 资金时间价值相当于（　　　）下的社会平均资本利润率。

A. 没有风险　　　　　　　　　　　　B. 有风险

C. 有通货膨胀　　　　　　　　　　　D. 没有通货膨胀

11. 下列选项中，既有现值又有终值的是（　　　）。

A. 递延年金　　　　B. 普通年金　　　　C. 先付年金　　　　D. 永续年金

12. 下列内容属于年金收付形式的有（　　　）。

A. 保险费　　　　　　　　　　　　　B. 折旧

C. 应收票据贴现　　　　　　　　　　D. 养老金

13. 年金按其每次收付发生的时点不同，可分为（　　　）等几种形式。

A. 普通年金　　　　B. 即付年金　　　　C. 递延年金　　　　D. 永续年金

14. 递延年金的特点有（　　　）。

A. 最初若干期没有收付款项　　　　　B. 最后若干期没有收付款项

C. 其终值计算与普通年金相同　　　　D. 其现值计算与普通年金相同

15. 从个别理财主体的角度看，投资风险可分为（　　　）。

A. 市场风险　　　　B. 公司特有风险　　　C. 经营风险　　　　D. 财务风险

16. 在公司理财中，经常用来衡量风险大小的指标有（　　　）。

A. 标准差　　　　　B. 边际成本　　　　C. 风险报酬率　　　D. 标准离差率

三、判断题

1. 以企业价值最大化作为理财目标,有利于社会资源的合理配置。 （　　）
2. 从根本上说,企业目标取决于公司理财的目标。 （　　）
3. 股东财富最大化就是股票价格最大化。 （　　）
4. 风险总是和收益对等,风险越大,期望的收益率越高。 （　　）
5. 风险总是和收益并存,因此高风险的投资项目一定会带来高收益。 （　　）
6. 风险收益率的高低取决于标准离差率的大小和风险报酬率的取值。 （　　）
7. 方差和标准差作为绝对数,只适用于期望值相同的决策方案风险程度的比较。 （　　）
8. 一般来说,资本时间价值是指没有通货膨胀条件下的投资报酬率。 （　　）
9. 与现值等价的将来某时点的资本值称为"终值"。 （　　）
10. 在复利现值和计息期数确定的情况下,贴现率越高,则复利终值越大。 （　　）

【岗位能力检测】

1. 德胜达公司发行面值为 1 000 元的债券,期限 3 年,现行纯利率为 2%,通货膨胀率约为 5%,据测算该公司的违约风险报酬率约为 1.5%,流动性风险报酬率约为 0.2%,期限风险报酬率约为 1.2%,你认为该公司发行该债券的票面利率应为多少?

2. 德胜达公司于 2000 年初向银行存入 5 万元资本,年利率为 8%,每年复利一次,则 5 年后该公司可得到本利和为多少万元?

3. 德胜达公司有一笔 3 年后到期的借款,到期值为 500 万元。在存款年复利率为 8% 的情况下,公司为偿还该项借款应建立的偿债基金为多少万元?

4. 某企业向银行借入 500 万元的贷款,在 5 年内以年复利率 8% 等额偿还,则每年应付的金额为多少万元?

5. 德胜达公司准备投资开发新产品,现有 A 产品、B 产品、C 产品 3 个方案可供选择。根据市场预测,3 种不同市场情况的预计年报酬率如表 1-4 所示。

表 1-4　3 种不同市场情况的预计年报酬率

市场状况	发生概率	A 预计年报酬率/%	B 预计年报酬率/%	C 预计年报酬率/%
繁荣	0.3	30	40	50
一般	0.5	15	15	15
衰退	0.2	0	−15	−30

请你帮助德胜达公司决策应该选择哪个产品?

【小试牛刀】

从你所在班级中,寻找志同道合的 4～5 名同学,模拟组建一家创业公司,确定公司名称、企业组织形式、服务内容或产品情况,并进行 SWOT 分析。

项目二　制订筹资方案

【项目导入】

创业者小秦遇到的筹资、投资、营运及资金分配等都属于财务活动(理财活动)。财务活动是以现金收支为主的企业资金收支活动的总称,包括企业筹资活动、投资活动、资金营运活动、资金分配活动等,其中筹资活动是企业资金运动的起点,是开展经营活动的前提。本项目主要学习与筹资活动相关的具体工作任务,包括预测资金需要量、选择筹资渠道和筹资方式,计算筹资成本、资金结构优化及杠杆应用等。

任务一　预测资金需要量

【任务描述】

筹资以满足需要为前提,科学预测资金需要量是筹资管理的第一步。资金需要量预测的方法有定性预测和定量预测,本任务主要学习定量预测方法。

【知识准备】

一、因素分析法

因素分析法又称分析调整法,是以有关项目基期年度的平均资金需要量为基础,根据预测年度的生产经营任务和资金周转加速的要求,预测资金需要量的方法。这种方法计算简便,但预测结果不太精确,它通常用于品种繁多、规格复杂、资金需要量较小的项目。

因素分析法的计算公式如下:

资金需要量=(基期资金平均占用额-不合理资金占用额)×(1+预期销售增长率)

×(1-预测期资金周转速度增长率)　　　　　　　　　(2.1)

> **【例 2-1】** 德胜达公司上年度资金平均占用额为 2 200 万元,经分析,其中不合理部分 200 万元,预计本年度销售增长 5%,资金周转加速 2%。则:
>
> 预测本年度资金需要量=(2 200-200)×(1+5%)×(1-2%)=2 058(万元)

二、销售百分比法

（一）基本原理

二维码 2-1
销售百分比法

资产负债表的资产总额反映了年度资金占用总额，两个年度资产总额比较可以反映年度资金占用额的变化情况，即增量资金占用额。企业的销售规模扩大时，要相应增加流动资产；如果销售规模增加很多，还必须增加长期资产。为取得扩大销售所需增加的资产，企业需要筹措资金。这些资金，一部分来自随销售收入同比例增加的流动负债，一部分来自预测期的收益留存，还有一部分通过外部筹资取得。销售百分比法是假设某些资产和负债与销售额存在稳定的比例关系，根据这个假设预计外部资金需要量的方法。

（二）基本步骤

1. 区分敏感项目和非敏感项目

在企业资产负债表里，随销售额变动的资产和负债项目称为敏感项目，通常指流动资产和流动负债。不随销售额变动的称为非敏感项目。长期资产和长期负债在特殊情形下也会变化，但不一定和销售成比例。

2. 确定敏感项目与销售额的比例关系（假定固定不变）

企业应当根据历史资料和同业情况，剔除不合理的资金占用，确定敏感项目与销售额的比例关系。

3. 确定需要增加的筹资数量

随着销售任务增长，企业所需资金也会增加。

$$增量资金＝增加的资产－增加的经营负债 \tag{2.2}$$

增量资金可以由企业内部和外部筹集。内部资金主要是留存收益；扣除内部利润留存后，即为所需要的外部筹资额，可按下面公式确定：

$$外部融资需求量＝\frac{A}{S_1}\Delta S-\frac{B}{S_1}\Delta S-P\times E\times S_2 \tag{2.3}$$

式中，A 为随销售变化的敏感性资产；B 为随销售变化的敏感性负债；S_1 为基期销售额；S_2 为预测期销售额；ΔS 为销售变动额；P 为销售净利率；E 为利润留存率。需要说明的是，敏感项目与非敏感项目的划分没有绝对标准，每个企业应结合实际来确定。如果非敏感性资产增加，则外部筹资需要量也应相应增加。

【例 2-2】 德胜达公司 2019 年 12 月 31 日的简要资产负债及相关信息如表 2-1 所示。假定德胜达公司 2019 年销售额 10 000 万元，销售净利率为 10%，利润留存率为 40%。2020 年销售额预计增长 20%，公司有足够的生产能力，无须追加固定资产投资。

表 2-1　德胜达公司资产负债及相关信息表（2019 年 12 月 31 日）　　　　单位：万元

资产	金额	销售比/%	权益	金额	销售比/%
现金	500	5	短期借款	2 500	不变

续表

资产	金额	销售比/%	权益	金额	销售比/%
应收款	1 500	15	应付款	1 000	10
存货	3 000	30	预收款	500	5
固定资产	3 000	不变	公司债券	1 000	不变
			实收资本	2 000	不变
			留存收益	1 000	不变
合计	8 000	50	合计	8 000	15

根据德胜达公司的资料,可求得对外融资的需要量为:

外部融资需要量＝50％×2 000－15％×2 000－10％×40％×12 000＝220(万元)

销售百分比法的优点是,能为筹资管理提供短期预计的财务报表,以适应外部筹资的需要,且易于使用。但在有关因素发生变动的情况下,必须相应地调整原有的销售百分比。

三、资金习性预测法

资金习性也称资金性态,是指资金占用量变动同产销量变动之间的依存关系。按照资金总额同产销量之间的依存关系,可以把资金区分为不变资金、变动资金和混合资金。

二维码 2-2
资金习性预测

不变资金是指在一定的产销量范围内,不受产销量变动的影响而保持固定不变的资金。也就是说,产销量在一定范围内变动,这部分资金保持不变。这部分资金包括:为维持营业而占用的最低数额的现金,原材料的保险储备,必要的成品储备、厂房、机器设备等固定资产占用的资金。

变动资金是指随产销量的变动而同比例变动的资金,它一般包括直接构成产品实体的原材料、外购件等占用的资金。另外,在最低储备以外的现金、存货、应收账款等也具有变动资金的性质。

混合资金是指虽然受产销量变化的影响,但不成同比例变动的资金,如一些辅助材料上占用的资金。混合资金可采用一定的方法将其分拆为不变资金和变动资金两部分。该方法是根据历史上企业资金占用总额与产销量之间的关系,把资金分为不变和变动两部分,然后结合预计的销售量来预测资金需要量。

设产销量为自变量 x,资金占用为因变量 Y,它们之间的关系可用下式表示:

$$Y=a+bx \tag{2.4}$$

式中,a 表示不变资金;b 表示单位产销量所需变动资金。

可见,只要求出 a 和 b,就可以预期产销量、测算资金需求情况。

确定 a 和 b 可用高低点法或回归直线法求出。

(1)高低点法。高低点法是在成本性态分析的基础上,根据 $Y=a+bx$,选取一组历史数据中的最高产量与成本资料和最低产量与其对应的成本资料作为计算依据,从而计算出混合成本中的固定成本总额和单位变动成本的方法,即将高点和低点(以业务量为基准)的数

据代入直线方程 $Y=a+bx$,得到一个方程组:

$$最高收入期资金占用量=a+b×最高销售收入$$
$$最低收入期资金占用量=a+b×最低销售收入$$

确定了 a、b 的值,也就确定了成本和业务量之间的关系。

【例 2-3】 德胜达公司某年度的电费及直接人工小时如表 2-2 所示。

表 2-2 德胜达公司某年度的电费及直接人工小时资料

月份	直接人工/小时	电费/元
1	350	1 085
2	420	1 100
3	500	1 500
4	440	1 205
5	430	1 205
6	380	1 100
7	330	1 090
8	410	1 280
9	470	1 400
10	380	1 210
11	300	1 080
12	400	1 230

要求:试用高低点法对混合成本进行分解(假设业务与成本基本正相关)。

选取业务量最高点和最低点的资料,将资料带入 $Y=a+bx$:

$$1\,500=a+500b$$
$$1\,080=a+300b$$
$$b=420/200=2.1(元/小时)$$
$$a=Y-bx=1\,500-2.1×500=450(元)$$

该企业电费混合成本与业务量关系的数学模型如下:$Y=450+2.1x$

假如下一年度 1 月需用人工为 1 000 小时,依据该模型,则得出应支付的电费为:

$$Y=450+2.1×1\,000=2\,550(元)$$

(2)回归直线法。总成本与业务量的关系式:$Y=a+bx$。

根据历史资料求 a,b 可用以下该公式:

$$a=\frac{\sum Y \quad b\sum x}{n} \tag{2.5}$$

$$b=\frac{n\sum xY-\sum x\sum Y}{n\sum x^2-\left(\sum x\right)^2} \tag{2.6}$$

【例 2-4】 德胜达公司 2015—2020 年产销量和资金变化情况如表 2-3 所示，根据表 2-3 整理出表 2-4。2021 年预计销售量为 1 500 万件，需要预计 2021 年的资金需要量。

表 2-3　2015—2020 年产销量与资金变化情况表

年度	产销量/万件	资金占用/万元
2015	1 200	1 000
2016	1 100	950
2017	1 000	900
2018	1 200	1 000
2019	1 300	1 050
2020	1 400	1 100

表 2-4　资金需要量预测表（按总额）

年度	产销量 X/万件	资金量 Y/万元	XY	X^2
2015	1 200	1 000	1 200 000	1 440 000
2016	1 100	950	1 045 000	1 210 000
2017	1 000	900	900 000	1 000 000
2018	1 200	1 000	1 200 000	1 440 000
2019	1 300	1 050	1 365 000	1 690 000
2020	1 400	1 100	1 540 000	1 960 000
合计	7 200	6 000	7 250 000	8 740 000

将数据代入公式：

$$a = \frac{\sum Y - b \sum x}{n}$$

$$b = \frac{n \sum xY - \sum x \sum Y}{n \sum x^2 - \left(\sum x\right)^2}$$

解得：$a=400, b=0.5$

即：成本总额与业务量之间的关系可表示为：$Y=400+0.5x$

把 2021 年预计销售量 1 500 万件代入上式，得出 2021 年资金需要量为：

$$Y=400+0.5\times1\ 500=1\ 150（万元）$$

任务二　选择筹资渠道与筹资方式

【任务描述】

企业筹资的目的是为满足支付、扩张及资金结构调整的需要，企业取得资金的渠道及取得资金的方式多种多样。本任务主要阐述目前我国融资市场常见的筹资方式和筹资渠道。

【知识准备】

一、筹资方式

筹资方式是指企业筹集资金所采取的具体形式,它受到法律环境、经济体制、融资市场等筹资环境的制约,特别是受国家对金融市场和融资行为方面的法律法规的制约。一般来说,企业最基本的筹资方式有股权筹资和债务筹资两种。股权筹资形成企业的股权资金,通过吸收直接投资、公开发行股票等方式取得;债务筹资形成企业的债务资金,通过向银行借款、发行公司债券、利用商业信用等方式取得。发行可转换债券等筹集资金的方式,属于兼有股权筹资和债务筹资性质的混合筹资方式。采用什么样的方式筹资,企业有较大的自主性,不同的筹资方式对筹资人的资金结构会有影响。

(一)吸收直接投资

吸收直接投资是指企业以投资合同、协议等形式定向地吸收国家、法人单位、自然人等投资主体资金的筹资方式。这种筹资方式不以股票这种融资工具为载体,通过签订投资合同或投资协议规定双方的权利和义务,主要适用于非股份制公司筹集股权资本。吸收直接投资是一种股权筹资方式。

(二)发行股票

发行股票是指企业以发售股票的方式取得资金的筹资方式。股票是股份有限公司发行的,是股东按其持有的股份享有权益和承担义务的可转让的书面投资凭证。股票的发售对象可以是社会公众,也可以是定向的特定投资主体。这种筹资方式只适用于股份有限公司,而且必须以股票作为载体发行,是一种股权筹资方式。

(三)发行债券

发行债券是指企业以发售公司债券的方式取得资金的筹资方式。公司债券是公司依照法定程序发行、约定还本付息期限、标明债权债务关系的有价证券。发行公司债券适用于向法人单位和自然人两种渠道筹资。按照中国证券监督管理委员会颁布的《公司债券发行与交易管理办法》,公司债券的发行主体可以是股份有限公司、有限责任公司和国有独资公司。

(四)向金融机构借款

向金融机构借款是指企业根据借款合同从银行或非银行金融机构取得资金的筹资方式。这种筹资方式广泛适用于各类企业,它既可以筹集长期资金,也可以用于短期融通资金,具有灵活、方便的特点。向金融机构借款是一种债务筹资方式。

(五)融资租赁

融资租赁也称资本租赁或财务租赁,是指企业与租赁公司签订租赁合同,从租赁公司取得租赁物,通过对租赁物的占有、使用取得资金的筹资方式。融资租赁方式不直接取得货币性资金,而是通过租赁信用关系,直接取得实物资产,快速形成生产经营能力,然后通过向出租人分期交付租金方式偿还资产的价款。融资租赁是一种债务筹资方式。

(六) 商业信用

商业信用是指企业之间在商品或劳务交易中,由于延期付款或延期交货所形成的借贷信用关系。商业信用是由业务供销活动形成的,它是企业短期资金的一种重要的和经常性的来源。商业信用是一种债务筹资方式。

(七) 留存收益

留存收益是指企业从税后净利润中提取的盈余公积金以及从企业可供分配利润中留存的未分配利润。留存收益是企业将当年利润转化为股东对企业追加投资的过程,是一种股权筹资方式。

二、筹资渠道

筹资渠道指的是资金从哪里来,也就是资金的源头。企业筹资的常见来源有国家或政府资金、银行信贷资金、非银行金融机构资金、其他企业法人资金、居民个人资金、外商资金以及企业内部留存的资金等。不同渠道和方式的资金表现为不同性质:

(1) 按企业取得资金的性质分为权益资金和债务资金。

(2) 按所筹资金的使用期限分为长期资金和短期资金。

(3) 按资金来源范围分为内部筹资和外部筹资。

(4) 按筹资是否以金融机构为媒介分为直接筹资和间接筹资。

资金性质不同,相关主体的权利、责任及利益划分方式也不同。同时,筹资方式与筹资渠道难以完全区分,而是相互交融。同一渠道的资金可能采用不同方式,相同方式的资金也可来自不同渠道(见表 2-5)。

表 2-5 筹资渠道与筹资方式的组合

筹资来源	筹资方式					
	吸收直接投资	发行股票	长期借款	发行债券	融资租赁	留存收益
政府资金	√	√				
银行资金			√			
非银行金融机构资金	√	√	√	√	√	
其他法人资金	√	√		√		
个人资金	√	√		√		
企业内部资金						√
外商资金	√	√	√	√	√	

在新的市场环境下,出现了商业票据融资、中期票据融资、资产证券化、商圈融资、绿色信贷、能效信贷等融资方式;在互联网背景下出现了包括 P2P、股权众筹、供应链金融、花呗、借呗、京东白条等新型筹资渠道或方式,在此不再赘述。

三、流动负债筹资

流动负债是应在一年或超过一年的营业周期内偿还的债务,主要指短期借款、短期融资券、商业信用。

流动负债取得灵活,但短期内偿债压力较大,使用成本较高。

(一) 短期借款

企业的借款通常按其流动性或偿还时间的长短,划分为短期借款和长期借款。短期借款是指企业向银行或其他金融机构借入的期限在 1 年以内(含 1 年)的各种借款。

1. 短期借款的信用条件

银行等金融机构对企业贷款时,通常会附带一定的信用条件。短期借款所附带的信用条件主要有以下几点。

(1) 信贷额度。信贷额度亦即贷款限额,是借款企业与银行在协议中规定的借款最高限额,信贷额度的有效期限通常为 1 年。一般情况下,在信贷额度内,企业可以随时按需要支用借款,但是,银行并不承担必须支付全部信贷数额的义务。如果企业信誉恶化,即使在信贷限额内,企业也可能得不到借款。此时,银行不会承担法律责任。

(2) 周转信贷协定。周转信贷协定是银行具有法律义务地承诺提供不超过某一最高限额的贷款协定。在协定的有效期内,只要企业借款总额未超过最高限额,银行必须满足企业任何时候提出的借款要求。企业要享用周转信贷协定,通常要对贷款限额的未使用部分付给银行一笔承诺费用。

【例 2-5】 德胜达公司与银行商定的周转信贷额度为 5 000 万元,年度内实际使用 2 800 万元,承诺率为 0.5%,企业应向银行支付的承诺费为:

$$信贷承诺费 = (5\ 000 - 2\ 800) \times 0.5\% = 11(万元)$$

周转信贷协定的有效期通常超过 1 年,但实际上贷款每几个月发放一次,所以这种信贷具有短期借款和长期借款的双重特点。

(3) 补偿性余额。补偿性余额是银行要求借款企业在银行中保持按贷款限额或实际借用额一定比例(通常为 10%～20%)计算的最低存款余额。对于银行来说,补偿性余额有助于降低贷款风险,补偿其可能遭受的风险;对借款企业来说,补偿性余额则提高了借款的实际利率,加重了企业负担。

【例 2-6】 德胜达公司向银行借款 800 万元,利率为 6%,银行要求保留 10% 的补偿性余额,则企业实际可动用的贷款为 720 万元,该借款的实际利率为:

$$借款实际利率 = (800 \times 6\%) \div 720 \approx 6.67\%$$

---

(4) 借款抵押。为了降低风险,银行发放贷款时往往需要有抵押品担保。短期借款的抵押品主要有应收账款、存货、应收票据、债券等。银行将根据抵押品面值的 30%～90% 发放贷款,具体比例取决于抵押品的变现能力和银行对风险的态度。

（5）偿还条件。贷款的偿还有到期一次性偿还和在贷款期内定期（每月、季）等额偿还两种方式。一般来讲，企业不希望采用等额偿还方式，因为这会提高借款的实际年利率；而银行不希望采用一次性偿还方式，因为这会加重企业的财务负担，增加企业的拒付风险，同时会降低实际贷款利率。

（6）其他承诺。银行有时还会要求企业为取得贷款而作出其他承诺，如及时提供财务报表、保持适当的财务水平（如特定的流动比率）等。如果企业违背所作出的承诺，银行可要求企业立即偿还全部贷款。

2. 短期借款的成本

短期借款的成本主要包括利息、手续费等。短期借款成本的高低主要取决于贷款利率的高低和利息的支付方式。短期贷款利息的支付方式有收款法、贴现法和加息法。付息方式不同，短期借款成本计算也有所不同。

（1）收款法。收款法是在借款到期时向银行支付利息的方法，银行向企业贷款一般都采用这种方法收取利息。采用收款法时，短期贷款的实际利率就是名义利率。

（2）贴现法。贴现法又称折价法，是指银行向企业发放贷款时，先从本金中扣除利息部分，到期时借款企业偿还全部贷款本金的一种利息支付方法。在这种利息支付方式下，企业可以利用的贷款只是本金减去利息部分后的差额，因此贷款的实际利率要高于名义利率。

【例 2-7】 德胜达公司从银行取得借款 200 万元，期限 1 年，年利率 6％，利息 12 万元。按贴现法付息，企业实际可动用的贷款为 188 万元，该借款的实际利率为：
$$借款实际利率 = (200 \times 6\%) \div 188 = 6\% \div (1 - 6\%) \approx 6.38\%$$

（二）商业信用

商业信用是指企业在商品或劳务交易中，以延期付款或预收货款方式进行购销活动而形成的借贷关系，是企业之间的直接信用行为，也是企业短期资金的重要来源，主要有应付账款、应付票据、应付职工薪酬、应交税费、应付利润或应付股利等。为加速资金回收，销售方通常会给予一定的现金折扣条件。现金折扣通常表示为："2/10，N/30"，其含义为 10 天内付款享受现金折扣 2％；超过 10 天，需全额付款。若买方放弃折扣，30 天内必须付清款项，30 天为最长信用期间。

企业在折扣期内付款，可以获得免费信用资金，放弃折扣，则要付出代价。

$$放弃折扣成本 = \frac{折扣率}{1 - 折扣率} \times \frac{360 天}{信用期 - 折扣期} \tag{2.7}$$

【例 2-8】 德胜达公司按"2/10，N/30"的付款条件购入货物 60 万元。如果 10 天内付款，只需支付：$60 \times (1 - 2\%) = 58.8$ 万元。如果企业在 10 天以后付款，便放弃了现金折扣 1.2 万元（$60 \times 2\%$）。放弃现金折扣的信用成本为：

$$放弃现金折扣成本 = \frac{折扣率}{1 - 折扣率} \times \frac{360 天}{信用期 - 折扣期}$$
$$= 2\% \div (1 - 2\%) \times 360 \div (30 - 10) \approx 36.73\%$$

由上述公式可知,放弃现金折扣的信用成本率与折扣百分比大小、折扣期长短和付款期长短有关系。

企业放弃应付账款现金折扣的原因,可能是企业暂时缺乏资金,也可能是基于将应付账款用于临时性短期投资,以获得更高的投资收益。如果企业将应付账款额用于短期投资,所获得的投资报酬率高于放弃现金折扣的信用成本率,则应当放弃现金折扣。

四、长期债务筹资

长期债务资金是企业通过长期银行借款、向社会发行公司债券、融资租赁等方式筹集和取得的资金。银行借款、发行公司债券和融资租赁是债务筹资的 3 种基本形式。

(一)银行借款

长期银行借款是指企业向银行或其他非银行金融机构借入的、偿还期限超过 1 年且需要还本付息的款项。

借款筹资的特点如下:

(1)筹资速度快。与发行公司债券、融资租赁等其他债务筹资方式相比,银行借款的程序相对简单。

(2)资金成本较低。利用银行借款筹资,一般比发行公司债券和融资租赁的利息负担低,而且无须支付证券发行费用、租赁手续费用等筹资费用。

(3)筹资弹性较大。在借款之前,借贷双方直接商定贷款的时间、数量和条件。在借款期间,公司的财务状况发生某些变化,也可与债权人再协商,变更借款数量、时间和条件,或提前偿还本息。因此,借款筹资对公司具有较大的灵活性,短期借款更是如此。

(4)限制条款多。与发行公司债券相比较,银行借款合同对借款用途有明确规定,通过借款的保护性条款,对公司资本支出额度、再筹资、股利支付等行为有严格的约束,会使公司的生产经营活动和财务政策受到一定程度的影响。

(5)筹资数额有限。银行借款的数额往往受到贷款机构资本实力的制约,难以像发行公司债券、股票那样一次筹集到大笔资金,无法满足公司大规模筹资的需要。

(二)发行公司债券

公司债券又称企业债券,是企业依照法定程序发行的、约定在一定期限内还本付息的有价证券。债券是持券人拥有公司债权的书面证书,它代表债券持券人与发债公司之间的债权债务关系。

公司债券筹资的特点如下:

(1)一次筹资数额大。与银行借款、融资租赁等债务筹资方式相比,企业选择发行公司债券筹资的主要原因是,大额筹资能够适应大型公司经营规模的需要。

(2)资金使用灵活。与银行借款相比,发行债券募集的资金在使用上具有相对灵活性和自主性。

(3)财务压力大。相对于银行借款筹资,发行债券的利息负担和筹资费用都比较高,而且债券不能像银行借款一样进行债务展期,加上大额的本金和较高的利息,在固定的到期日,将会对公司现金流量产生巨大的财务压力。

（4）提高公司的社会声誉。《中华人民共和国公司法》对公司债券的发行主体有严格的资格限制。通过发行公司债券,一方面筹集了大量资金,另一方面表明公司状况良好。

五、股权筹资

股权筹资形成企业的股权资金,是企业最基本的筹资方式,分为吸收直接投资、发行普通股、发行优先股和利用留存收益。

（一）吸收直接投资

吸收直接投资是指企业按照"共同投资、共同经营、共担风险、共享收益"的原则,直接吸收国家、法人、个人和外商投入资金的筹资方式。吸收直接投资是非股份制企业筹集权益资本的基本方式。吸收直接投资的筹资特点如下:

（1）能够尽快形成生产能力。吸收直接投资不仅可以取得一部分货币资金,而且能够直接获得所需的先进设备和技术,尽快形成生产经营能力。

（2）容易进行信息沟通。吸收直接投资的投资者比较单一,股权没有社会化、分散化,投资者甚至直接担任公司管理层职务,公司与投资者易于沟通。

（3）资金成本较高。相对于股票筹资方式来说,吸收直接投资的资金成本较高。当企业经营较好、盈利较多时,投资者往往要求将大部分盈余作为红利分配,因为向投资者支付的报酬是按其出资额和企业实现利润的比率来计算的。不过,吸收直接投资的手续相对比较简便,筹资费用较低。

（4）公司控制权集中,不利于公司治理。采用吸收直接投资方式筹资,投资者一般都要求获得与投资数额相对应的经营管理权。如果某个投资者的投资额比例较大,则该投资者对企业的经营管理就会有相当大的控制权,容易损害其他投资者的利益。

（5）不易进行产权交易。吸收直接投资由于没有证券为媒介,不利于产权交易,难以进行产权转让。

（二）发行普通股

股票是股份有限公司为筹措股权资本而发行的有价证券,是公司签发的证明股东持有公司股份的凭证。股票作为一种所有权凭证,代表着对发行公司净资产的所有权。股票只能由股份有限公司发行。

发行普通股的筹资特点如下:

（1）两权分离,有利于公司自主经营管理。公司通过对外发行股票筹资,所有权与经营权相分离,有利于公司自主管理、自主经营。

（2）资金成本较高。由于股票投资风险较大、收益具有不确定性、投资者要求较高的风险补偿,使得股票筹资资金成本较高。

（3）能增强公司的社会声誉,促进股权流通和转让。普通股筹资,股东的大众化,为公司带来了广泛的社会影响。特别是上市公司,其股票的流通性强,有利于市场确认公司的价值。普通股筹资以股票作为媒介,便于股权的流通和转让,便于吸收新的投资者。但是,流通性强的股票交易,也容易在资本市场上被恶意收购。

(4) 不易及时形成生产能力。普通股筹资吸收的一般都是货币资金,还需要通过购置和建造形成生产经营能力,相对于吸收直接投资方式来说,不易及时形成生产能力。

(三) 发行优先股

优先股是指股份有限公司发行的具有优先权利、相对优先于普通股的股份种类。在利润分配及剩余财产清偿分配的权利方面,优先股持有人优先于普通股股东,但在参与公司决策管理等方面,优先股的权利受到限制。

优先股筹资属于混合筹资,兼有债务筹资和股权筹资性质,其特点不再赘述。

(四) 留存收益

留存收益指企业利润分配完毕,仍留存在企业内部的盈余公积和未分配利润。利用留存收益的筹资特点如下:

(1) 不用发生筹资费用。与企业从外界筹集长期资本、普通股筹资相比较,留存收益筹资不需要发生筹资费用,资金成本较低。

(2) 维持公司的控制权分布。利用留存收益筹资,不用对外发行新股或吸收新投资者,由此增加的权益资本不会改变公司股权结构,不会稀释原有股东控制权。

(3) 筹资数额有限。当期留存收益的最大数额是当期的净利润,如果企业发生亏损,当年没有利润留存。另外,股东和投资者从自身期望出发,往往希望企业每年发放一定股利,保持一定的利润分配比例,这都会影响留存收益筹资数额。

任务三　计算筹资成本

【任务描述】

世上没有免费的午餐,企业从不同渠道取得资金都是要付出代价的。这些代价是选择筹资渠道、筹资方式,进行资金结构决策的重要因素。本任务主要介绍不同渠道筹资成本的计算。

【知识准备】

一、资金成本的含义及作用

(一) 资金成本的含义

资金成本是企业为筹集和使用资金而付出的代价,包括筹资费用和占用费用。

1. 筹资费用

筹资费用是指企业在资本筹措过程中为获取资本而付出的代价,如向银行支付的借款手续费,因发行股票、公司债券而支付的发行费等。筹资费用通常在资本筹集时一次性发生,在资本使用过程中不再发生,因此视为筹资数额的扣除项。

2. 占用费用

占用费用是指企业因占用资本而付出的代价,如向银行等债权人支付的利息,向股东支付的股利等。占用费用与资金占用时间长短、占用资金数额大小有关。

资金成本是资金所有权与使用权分离的结果。对出资者而言,由于让渡了资金使用权,必须要求取得一定的补偿,资金成本表现为让渡资本使用权所要求的必要投资报酬。对筹资者而言,由于取得了资金使用权,必须付出一定的代价,资金成本表现为取得资本使用权所付出的代价。资金成本与投资者要求的报酬率一一对应。资金成本大小通常用资金成本率表示:

$$资金成本率 = 年资金使用费用 \div (筹资总额 - 筹资费用)$$
$$= 年资金使用费用 \div [筹资总额 \times (1 - 筹资费用率)] \quad (2.8)$$

对于长期资金,还可考虑资金时间价值,利用贴现模式确定,其资金成本率为:

筹资净额现值减未来资本清偿额现金流量现值等于零时的贴现率。

(二) 资金成本的作用

1. 资金成本是比较筹资方式、资金结构决策的依据

在评价各种筹资方式时,一般会考虑的因素包括对企业控制权的影响、对投资者吸引力的大小、融资的难易和风险、资金成本的高低等,而资金成本是其中的重要因素。资金成本大小反映了筹资所付出代价的大小,在其他条件相同时,企业筹资应选择资金成本率最低的方式。

2. 资金成本是评价投资项目可行性的基本依据

任何投资项目,只有它预期的投资报酬率超过该项目使用资金的资金成本率,该项目在经济上才是可行的。因此,资金成本是企业项目投资要求的投资报酬率的最低标准,是评价项目投资决策的基本依据。

3. 资金成本是评价企业整体业绩的重要依据

企业资金参与营运活动的目的是获取税后报酬,只有企业的总资产税后报酬率高于其平均资金成本率,才能给企业带来剩余收益。因此,一定时期企业资金成本率的高低,不仅反映企业筹资管理的水平,还可作为评价企业整体经营业绩的重要依据。

(三) 影响资金成本的因素

1. 总体经济环境

一个国家或地区的总体经济环境状况,表现在国民经济发展水平、预期的通货膨胀等方面,这些都会对企业筹资的资金成本产生影响。如果国民经济保持健康稳定、持续增长,整个社会经济的资金供给和需求相对均衡且通货膨胀水平低,资金所有者投资的风险小,预期报酬率低,筹资的资金成本率相应就比较低。相反,如果经济过热,通货膨胀持续居高不下,投资者投资的风险大,预期报酬率高,筹资的资金成本率就高。

2. 资本市场条件

资本市场条件包括资本市场的效率和风险。如果资本市场缺乏效率,证券的市场流动性低,投资者投资风险大,要求的预期报酬率高,那么通过资本市场融通的资本成本水平就比较高。

3. 企业经营状况和融资状况

企业的经营风险和财务风险共同构成企业总体风险。如果企业经营风险高,财务风险大,则企业总体风险水平高,投资者要求的预期报酬率高,企业筹资的资金成本相应就大。

4. 企业对筹资规模和时限的需求

在一定时期内,国民经济体系中资金供给总量是一定的,资本是一种稀缺资源。因此,企业一次性需要筹集的资金规模大,占用资金时限长,资金成本就高。当然,融资规模、时限与资金成本的正向相关性并非线性关系,一般来说,融资规模在一定限度内,并不引起资金成本的明显变化,当融资规模突破一定限度时,才引起资金成本的明显变化。

二、资金成本计算

企业筹资的成本有个别资金成本、综合资金成本、边际资金成本。

二维码 2-3
个别资金成本的
计算

(一)个别资金成本

个别资金成本是指单一融资方式的资金成本,包括银行借款资金成本、公司债券资金成本、融资租赁资金成本、优先股资金成本、普通股资金成本和留存收益资金成本等。

1. 银行借款资金成本

银行借款资金成本包括借款利息和借款手续费用,手续费用是筹资费用的具体表现。利息费用在税前支付,可以起抵税作用,一般计算税后资金成本率,以便与权益资金成本率具有可比性。银行借款资金成本率按一般模式计算为:

$$借款资金成本率(K) = \frac{借款年利息 \times (1-所得税税率)}{银行借款总额 \times (1-筹资费用率)} = \frac{I \times (1-T)}{L \times (1-f)} \qquad (2.9)$$

式中,I 表示借款利息,T 表示所得税税率,L 表示银行借款额,f 表示筹资费用率。

【例 2-9】 德胜达公司取得 5 年期长期借款 200 万元,年利率 10%,每年付息一次,到期一次还本,借款费用率 0.2%,企业所得税税率 20%,该项借款的资金成本率为:

$$K = 10\% \times (1-20\%) \div (1-0.2\%) \approx 8.02\%$$

---

2. 公司债券资金成本

$$债券筹资成本率(K) = \frac{债券年利息 \times (1-所得税税率)}{债券筹资额 \times (1-筹资费用率)} = \frac{I \times (1-T)}{L \times (1-f)} \qquad (2.10)$$

在这里要注意,债券筹资额不一定等于债券面值。

【例 2-10】 德胜达公司将面值 1 000 元的企业债券以 1 100 元的价格溢价发行,期限 5 年,票面利率 7%;每年付息、到期还本;发行费用率 3%,所得税率 20%。该债券的成本:

$$K = [1\,000 \times 7\% \times (1-20\%)] \div [1\,100 \times (1-3\%)] \approx 5.25\%$$

3. 融资租赁资金成本

融资租赁各期的租金中,包含本金每期的偿还和各期手续费用(即租赁公司的各期利润),其资金成本率习惯上按贴现模式计算。

【例 2-11】 德胜达公司融资租入一设备,该设备价值 60 万元,租期 6 年,租赁期满时预计残值 5 万元,归租赁公司。每年租金 131 283 元,则:

$$600\,000 - 50\,000 \times (P/F, K_b, 6) = 131\,283 \times (P/A, K_b, 6)$$

得: $K_b = 10\%$

4. 优先股资金成本

优先股的资金成本主要是向优先股股东支付的各期股利。对于固定股息率优先股而言,如果各期股利是相等的,优先股的资金成本率按一般模式计算为:

$$优先股资金成本率(K) = \frac{优先股年股息}{筹资额 \times (1-筹资费用率)} = \frac{D}{P \times (1-f)} \quad (2.11)$$

式中,D 为优先股年固定股息;P 为优先股发行价格;f 为筹资费用率。

【例 2-12】 德胜达公司发行面值 100 元的优先股,规定的年股息率为 9%。该优先股溢价发行,发行价格为 120 元;发行时筹资费用率为发行价的 3%。则该优先股的资金成本率为:

$$K_P = 100 \times 9\% \div [120 \times (1-3\%)] \approx 7.73\%$$

5. 普通股资金成本

普通股资金成本主要是向股东支付的各期股利,普通股筹资成本可按以下方法确定。

(1)股利增长模型法。普通股股利并不一定固定,而是随企业各期收益波动,因此普通股的资金成本只能按贴现模式计算,并假定各期股利的变化呈一定的规律性。假定某股票前期支付的股利为 d_0,未来各期股利按 g 速度增长。目前股票市场价格为 P,则普通股资金成本为:

$$普通股资金成本率(K) = \frac{d_0 \times (1+g)}{p \times (1-f)} + g = \frac{d_1}{p \times (1-f)} + g \quad (2.12)$$

式中,d_0 为上期股利,d_1 为预期第一期股利,g 为股利增长率,p 为股票发行价,f 为筹资费用率。当增长率为零时,即为股利固定不变,同优先股。

【例 2-13】 德胜达公司普通股市价 30 元,筹资费用率 2%,本年发放现金股利每股 0.6 元,预期股利年增长率为 10%。则:

$$K = 0.6 \times (1+10\%) \div [30 \times (1-2\%)] + 10\% \approx 12.24\%$$

（2）资本资产定价模型法。假定资本市场有效，股票市场价格应与股票价值相等。其资金成本还可以根据该公司股票收益率与市场收益率的相关性确定。假定无风险报酬率为 R_f，市场平均报酬率为 R_m，某股票贝塔系数为 β，则普通股资金成本率为：

$$K_S = R_f + \beta(R_m - R_f) \tag{2.13}$$

【例 2-14】 德胜达公司普通股 β 系数为 1.5，此时一年期国债利率为 5%，市场平均报酬率为 15%，则该普通股资金成本率为：

$$K_S = 5\% + 1.5 \times (15\% - 5\%) = 20\%$$

6. 留存收益资金成本

留存收益是由企业税后净利润形成的，是一种所有者权益，其实质是所有者向企业的追加投资。企业利用留存收益筹资无须发生筹资费用。如果企业将留存收益用于再投资，所获得的收益率低于股东自己进行一项风险相似的投资项目的收益率，企业就应该将其分配给股东。留存收益的资金成本率表现为股东追加投资要求的报酬率，其计算与普通股资金成本率相同，也分为股利增长模型法和资本资产定价模型法，不同点在于不考虑筹资费用。

（二）综合资金成本

综合资金成本是指分别以各种资金成本为基础，以各种资金占全部资金的比重为权数计算的加权平均资金成本，它是综合反映资金成本总体水平的一项重要指标。综合资金成本是由个别资金成本和各种长期资金比例两个因素决定的。加权平均资金成本率计算公式为：

二维码 2-4
综合资金成本

加权平均资金成本 $= \sum$（某种资金占总资金的比重 × 该种资金的成本）

若以 K_w 代表加权平均资金成本率，W_j 代表第 j 种资金占总资金的比重，K_j 代表第 j 种资金成本，则上式可表示为：

$$K_w = \sum_{j=1}^{n} W_j \times K_j \tag{2.14}$$

注意：综合资金成本率的计算存在着权数价值的选择问题，即各项个别资本按什么标准来确定资本比重。通常，可供选择的价值形式有账面价值、市场价值、目标价值等。

（三）边际资金成本

加权平均资本成本随筹资规模的增加存在递增效应，资金每增加一个单位而增加的成本称为边际资金成本。边际资金成本也可以称为随筹资额增加而提高的加权平均资金成本。

边际资金成本的计算步骤如下：

（1）确定目标（最优）资金结构。

（2）计算个别资金的成本率。

（3）计算筹资总额分界点（筹资突破点）。筹资总额分界点是指在保持某资金成本率的条件下，可以筹集到的资金总额。

$$筹资总额分界点 = \frac{某种筹资方式的成本分界点}{目标资本结构中该筹资方式所占比重} \tag{2.15}$$

计算边际资金成本:根据计算出的分界点,可得出若干组新的筹资范围,对各筹资范围分别计算加权平均资金成本,即可得到各种筹资范围的边际资金成本。

【例2-15】 德胜达公司现有资金1 000万元,其中长期借款100万元,长期债券200万元,普通股700万元。公司考虑扩大经营规模,拟筹集新的资金。经分析,认为目前的资金结构是最优的,希望筹集新资金后能保持目前的资金结构。经测算,随出资额的增加,目标资金结构、资金成本变动如表2-6~表2-8所示。

表2-6 测算个别资金成本

资金种类	目标资金结构/%	新筹资的数量范围/万元	资金成本/%
长期借款	10	0～50	6
		大于50	7
长期债券	20	0～140	8
		大于140	9
普通股	70	0～210	10
		210～630	11
		大于630	12

表2-7 计算筹资总额分界点

资金种类	目标资金结构/%	新筹资的数量范围/万元	资金成本/%	新筹资总额分界点/万元
长期借款	10	0～50	6	0～500
		大于50	7	大于500
长期债券	20	0～140	8	0～700
		大于140	9	大于700
普通股	70	0～210	10	0～300
		210～630	11	300～900
		大于630	12	大于900

表2-8 计算各筹资总额范围的边际资金成本

序号	筹资总额范围/万元	资金种类	资金结构/%	资金成本/%	边际资金成本/%
1	0～300	长期借款	10	6	0.6
		长期债券	20	8	1.6
		普通股	70	10	7.0
第一个筹资范围的边际资金成本＝9.2%					

续表

序号	筹资总额范围/万元	资金种类	资金结构/%	资金成本/%	边际资金成本/%
2	300～500	长期借款	10	6	0.6
		长期债券	20	8	1.6
		普通股	70	11	7.7
第二个筹资范围的边际资金成本＝9.9%					
3	500～700	长期借款	10	7	0.7
		长期债券	20	8	1.6
		普通股	70	11	7.7
第三个筹资范围的边际资金成本＝10%					
4	700～900	长期借款	10	7	0.7
		长期债券	20	9	1.8
		普通股	70	11	7.7
第四个筹资范围的边际资金成本＝10.2%					
5	大于900	长期借款	10	7	0.7
		长期债券	20	9	1.8
		普通股	70	12	8.4
第五个筹资范围的边际资金成本＝10.9%					

任务四　确定资金结构

【任务描述】

任何企业通过单一渠道筹资的能力都是有限的,大多企业都会选择多渠道筹资。在多种渠道融资并存的前提下,公司筹资会涉及资金结构的选择问题,资金结构不同,企业筹资成本不同,企业价值不同。本任务将学习最佳资金结构的确定方法。

【知识准备】

一、资金结构的含义

资金结构有广义和狭义之分。广义的资金结构是指全部债务与股东权益的构成比例;狭义的资金结构则是指长期负债与股东权益的构成比例。狭义资金结构下,短期债务作为营运资金来管理。此任务所指的资金结构是狭义的资金结构。

根据资金结构理论,当公司平均资金成本最低时,公司价值最大。在一定条件下使企业平均资金成本最低、企业价值最大的资金结构称为最佳资金结构。

二、资金结构决策

资金结构决策要求企业权衡负债的低资金成本和高财务风险的关系,确定合理的资金结构。

(一) 每股收益无差别点法

二维码 2-5
无差别点确定
资金结构

每股收益(EPS),又称每股税后利润、每股盈余,指税后利润与股本总数的比率。它是测定股票投资价值的重要指标之一,是分析每股价值的基础性指标,是综合反映公司获利能力的重要指标,是公司某一时期净利润与股份数的比率。该比率反映了每股创造的税后利润,比率越高,表明所创造的利润就越多。若公司只有普通股时,每股收益就是税后利润,股份数是指发行在外的普通股股数。如果公司还有优先股,应先从税后利润中扣除分派给优先股股东的股息。

每股收益=[(息税前利润-利息)×(1-所得税率)-优先股息]÷普通股股数

用 EBIT 代表息税前利润,I 代表利息,T 代表所得税率,D 代表优先股息,N 代表流通股数,则每股收益的计算公式为:

$$EPS=\frac{(EBIT-I)(1-T)-D}{N} \tag{2.16}$$

每股收益受到经营利润水平、债务资金成本水平等因素的影响,分析每股收益与资金结构的关系,可以找到每股收益无差别点。

所谓每股收益无差别点,指不同筹资方式下每股收益都相等时的息税前利润或业务量水平。根据每股收益无差别点,可以分析判断在什么样的息税前利润水平或产销业务量水平前提下,企业应选择什么样的资金结构。

在每股收益无差别点上,无论是否采用债务或股权筹资方案,每股收益都是相等的。当预期息税前利润或业务量水平大于每股收益无差别点时,应当选择债务筹资方案;反之选择股权筹资方案。在每股收益无差别点上,不同筹资方案的 EPS 是相等的,用公式表示如下:

$$\frac{(EBIT-I_1)\times(1-T)}{N_1}=\frac{(EBIT-I_2)\times(1-T)}{N_2} \tag{2.17}$$

式中,EBIT 为息税前利润平衡点,即每股收益无差别点;I_1,I_2 表示两种筹资方式下的债务利息;N_1,N_2 表示两种筹资方式下普通股股数;T 表示所得税税率。

【例 2-16】 德胜达公司目前资金结构为:总资本 1 000 万元,其中债务资金 400 万元(年利息 40 万元);普通股资本 600 万元(600 万股,面值 1 元,市价 5 元)。企业由于有一个较好的新投资项目,需要追加筹资 300 万元,有两种筹资方案:

甲方案:增发普通股 100 万股,每股发行价 3 元。

乙方案:向银行取得长期借款 300 万元,利息率 16％。

根据财务人员测算,追加筹资后销售额有望达到 1 200 万元,变动成本率 60％,固定成本为 200 万元,所得税税率 20％,不考虑筹资费用因素。根据上述数据,代入无差别点公式:

（EBIT－40）×（1－20％）÷（600＋100）=（EBIT－40－48）×（1－20％）÷600

得:EBIT＝376,EPS＝0.384（见图 2-1）。

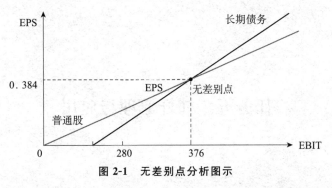

图 2-1　无差别点分析图示

EBIT 为 376 万元,是两个筹资方案每股收益无差别点。此时,两个方案的每股收益相等,均为 0.384 元。企业预期追加筹资后销售额为 1 200 万元,预期获利 280 万元,低于无差别点 376 万元,应当采用财务风险较小的甲方案,即增发普通股方案。在 1 200 万元销售额水平上,甲方案的 EPS 为 0.274 元,乙方案的 EPS 为 0.256 元。

（二）综合资金成本比较法

综合资金成本比较法是通过计算和比较各种可能的筹资组合方案的综合资金成本,选择综合资金成本率最低的方案,即能够降低综合资金成本的资金结构,就是合理的资金结构。这种方法侧重于从资本投入的角度对筹资方案和资金结构进行优化分析。

二维码 2-6
比较综合资金资本

【例 2-17】　德胜达公司需筹集 100 万元长期资本,可以通过贷款、发行债券、发行普通股 3 种方式筹集,其个别资金成本率已分别测定,有关资料如表 2-9 所示。

表 2-9　德胜达公司资金成本与资金结构数据表

筹资方式	A 方案	B 方案	C 方案	个别资金成本
贷款	40％	30％	20％	6％
发行债券	10％	15％	20％	8％
发行普通股	50％	55％	60％	9％
合计	100％	100％	100％	—

首先,分别计算 3 种方案的综合资金成本。

A 方案:$K=40\%\times6\%+10\%\times8\%+50\%\times9\%=7.7\%$
B 方案:$K=30\%\times6\%+15\%\times8\%+55\%\times9\%=7.95\%$
C 方案:$K=20\%\times6\%+20\%\times8\%+60\%\times9\%=8.2\%$

其次,根据企业筹资评价的其他标准,考虑企业的其他因素,对各个方案进行修正;之后,再选择其中成本最低的方案。本例中,我们假设其他因素对方案选择影响甚小,则 A 方案的综合资金成本最低。这样,该公司筹资的资金结构为贷款 40 万元,发行债券 10 万元,发行普通股 50 万元。

任务五　杠杆原理与应用

【任务描述】

财务管理中存在着类似于物理学中的杠杆效应,表现为:由于特定固定支出或费用的存在,当某一财务变量以较小幅度变动时,另一相关变量会以较大幅度变动。财务管理中的杠杆效应包括经营杠杆效应、财务杠杆效应及二者叠加的总杠杆效应 3 种形式。杠杆效应既可以产生杠杆利益,也可能带来杠杆风险。

【知识准备】

一、经营杠杆效应

二维码 2-7
杠杆效应

(一)经营杠杆原理

经营杠杆是指由于固定性经营成本的存在,而使得企业的资产报酬(息税前利润)变动率大于业务量变动率的现象。经营杠杆反映了资产报酬的波动性,用以评价企业的经营风险。经营杠杆基于成本性态的分类如图 2-2 所示。

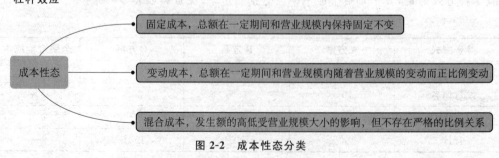

成本性态

固定成本,总额在一定期间和营业规模内保持固定不变

变动成本,总额在一定期间和营业规模内随着营业规模的变动而正比例变动

混合成本,发生额的高低受营业规模大小的影响,但不存在严格的比例关系

图 2-2　成本性态分类

用息税前利润(EBIT)表示资产总报酬,则:

$$\text{EBIT}=S-C-F=(P-V_c)Q-F=M-F \tag{2.18}$$

式中,EBIT 表示息税前利润;S 表示销售额;C 表示变动性经营成本;F 表示固定性经营成本;Q 表示产销业务量;P 表示销售单价;Vc 表示单位变动成本;M 表示边际贡献。

上式中,影响 EBIT 的因素包括产品售价、产品需求、产品成本等因素。当产品成本中存在固定成本时,如果其他条件不变,产销业务量的增加虽然不会改变固定成本总额,但会降低单位产品分摊的固定成本,从而提高单位产品利润,使息税前利润的增长率大于产销业务量的增长率,进而产生经营杠杆效应。当不存在固定性经营成本时,所有成本都是变动性经营成本,边际贡献等于息税前利润,此时息税前利润变动率与产销业务量的变动率完全一致。

(二) 经营杠杆系数

只要企业存在固定性经营成本,就存在经营杠杆效应。测算经营杠杆效应程度的常用指标为经营杠杆系数。经营杠杆系数(DOL)是息税前利润变动率与产销业务量变动率的比值,计算公式为:

$$经营杠杆系数＝息税前利润变动率÷产销量变动率$$

或:
$$DOL＝\frac{\Delta EBIT÷EBIT}{\Delta S÷S} \tag{2.19}$$

式中,DOL 表示经营杠杆系数;$\Delta EBIT$ 表示息税前利润变动额;ΔS 表示产销业务量变动值。

经整理,经营杠杆系数的计算也可以简化为:

$$经营杠杆系数＝基期边际贡献÷基期息税前利润$$

或:
$$DOL＝\frac{S-C}{S-C-F}＝\frac{M}{S-C-F} \tag{2.20}$$

> **【例 2-18】** 德胜达公司产销某种服装,固定成本 500 万元,变动成本率 70%。年产销额 5 000 万元时,变动成本 3 500 万元,固定成本 500 万元,息税前利润 1 000 万元;年产销额 7 000 万元时,变动成本为 4 900 万元,固定成本仍为 500 万元,息税前利润为 1 600 万元。可以看出,该公司产销量增长了 40%,息税前利润增长了 60%,产生了 1.5 倍的经营杠杆杆效应。
>
> 　　DOL＝息税前利润变动率/产销量变动率＝(600/1 000)÷(2 000/5 000)＝1.5
> 　　DOL＝基期边际贡献/基期息税前利润＝M/EBIT＝(5 000－3 500)÷1 000＝1.5

经营杠杆效应由固定成本引发,经营杠杆的大小由固定成本和息税前利润两个因素共同决定。息税前利润相同的企业,固定成本越大,经营杠杆越大,潜在的经营风险也越大。若某企业的固定成本保持不变,则营业收入(息税前利润)越大,经营杠杆系数越小,经营风险也越小;相反营业收入(息税前利润)越小,经营杠杆系数将越大,经营风险也越大。

不论企业固定成本水平的高低,如果企业在盈亏平衡点附近经营,则其经营杠杆系数的绝对值将会很高,面临较大的经营风险;如果企业营业收入(产销量)远远超过盈亏平衡点,或者远远低于盈亏平衡点,则其经营杠杆系数仍会较低。

二、财务杠杆效应

（一）财务杠杆原理

财务杠杆是指由于固定性筹资成本的存在,而使得企业普通股收益(或每股收益)变动率大于息税前利润变动率的现象。财务杠杆反映了权益资本报酬的波动性,用以评价企业的财务风险。用普通股每股收益表示普通股权益资本报酬,则:

$$EPS=[(EBIT-I)(1-T)-D]\div N \tag{2.21}$$

式中,EPS 表示每股收益;I 表示债务资金利息;D 表示优先股股利;T 表示所得税税率;N 表示普通股股数。

上式中,影响普通股收益的因素包括资产报酬、资金成本、所得税税率等因素。当有利息费用等固定性资金成本存在时,如果其他条件不变,息税前利润的增加虽然不改变固定利息费用总额,但会降低每元息税前利润分摊的利息费用,从而提高每股收益,使得普通股收益的增长率大于息税前利润的增长率,进而产生财务杠杆效应。当不存在固定利息、股息等资金成本时,息税前利润就是利润总额,此时利润总额变动率与息税前利润变动率完全一致。如果两期所得税税率和普通股股数保持不变,每股收益的变动率与利润总额变动率也完全一致,进而与息税前利润变动率一致。

（二）财务杠杆系数

只要企业融资方式中存在固定性资金成本,就存在财务杠杆效应。测算财务杠杆效应程度的常用指标为财务杠杆系数。财务杠杆系数(DFL)是普通股收益变动率与息税前利润变动率的比值,计算公式为:

$$DFL=普通股收益变动率\div息税前利润变动率$$

$$DFL=\frac{\Delta EPS\div EPS}{\Delta EBIT\div EBIT} \tag{2.22}$$

在不存在优先股股息的情况下,上式经整理,财务杠杆系数的计算也可以简化为:

$$DFL=基期息税前利润\div基期利润总额 \tag{2.23}$$

如果企业既存在固定利息的债务,也存在固定股息的优先股,则财务杠杆系数的计算进一步调整为:

$$DFI=\frac{EBIT}{EBIT-I-D\div(1-T)} \tag{2.24}$$

式中,D 为优先股股利;T 为所得税税率。

【例 2-19】 德胜达公司 2018—2020 年的息税前利润分别为 200 万元、300 万元和 400 万元。公司的长期资金为 5 000 万元,其中 40% 为债务资金,债务资金的平均年利率为 6%。公司所得税税率为 25%,每年优先股股利为 20 万元。公司发行在外的普通股股数为 100 万股。试用两种方法计算 2019 年和 2020 年的财务杠杆系数。

$$EPS_{2018}=[(200-5\ 000\times40\%\times6\%)\times(1-25\%)-20]\div100=0.4(元)$$

$$EPS_{2019}=[(300-5\ 000\times40\%\times6\%)\times(1-25\%)-20]\div100=1.15(元)$$

$$EPS_{2020} = [(400 - 5\,000 \times 40\% \times 6\%) \times (1 - 25\%) - 20] \div 100 = 1.9(元)$$

$$DFL_{2019} = [(1.15 - 0.4) \div 0.4] \div [(300 - 200) \div 200] = 3.75$$

$$DFL_{2020} = [(1.9 - 1.15) \div 1.15] \div [(400 - 300) \div 300] \approx 1.96$$

当固定性财务费用等于 0 时,企业不存在财务杠杆,因此说财务杠杆是可以选择的。在总资本、息税前利润确定的情况下,企业的固定性财务费用越大,财务杠杆系数将越大,财务风险也越大。不论固定性财务费用的高低,如果企业的息税前利润远远超过固定性财务费用,则财务杠杆系数较小,甚至将趋近于 1。财务杠杆系数反映的是普通股每股收益对营业利润变动的敏感程度。财务杠杆系数是对财务风险的量化,但并非财务风险的同义词。财务风险是企业使用财务杠杆所导致的。当企业使用财务杠杆时,股东不仅要承担全部的经营风险,还要承担财务风险。

三、总杠杆效应

(一)总杠杆原理

总杠杆是当使用经营杠杆和财务杠杆时,营业收入的变化将被放大为每股收益更大的变化。经营杠杆、财务杠杆与总杠杆的关系如图 2-3 所示,用公式表示为:

$$总杠杆 = 经营杠杆 \times 财务杠杆$$

图 2-3 揭示了产销量经两步放大影响 EPS(每股收益)的过程:

第一步,经营杠杆放大了产销量变动对息税前利润的影响。

第二步,企业选择利用财务杠杆,放大了息税前利润变动对普通股每股收益的影响。

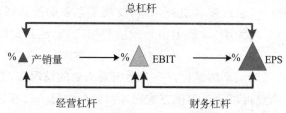

图 2-3 经营杠杆、财务杠杆、总杠杆关系示意图

(二)总杠杆系数

总杠杆系数(DCL)是指普通股每股收益变动率相对于产销量变动率的倍数。

计算公式为:

$$DCL = 普通股收益变动率 \div 产销量变动率 \tag{2.25}$$

在不存在优先股股息的情况下,总杠杆系数等于经营杠杆系数与财务杠杆系数的乘积.

$$DCL = DOL \times DFL \tag{2.26}$$

$$DCL = \frac{\Delta EBIT \div EBIT}{\Delta S \div S} \times \frac{\Delta EPS \div EPS}{\Delta EBIT \div EBIT} = \frac{\Delta EPS \div EPS}{\Delta S \div S} \tag{2.27}$$

也可简化为:

$$DCL = \frac{S - C}{S - C - F - I - D \div (1 - T)} \tag{2.28}$$

（说明：在杠杆系数计算中，简化公式应用均假定 P、V、F 和 I、D、T 不变）

【例 2-20】 德胜达公司有关资料如表 2-10 所示，分别计算 2020 年经营杠杆系数、财务杠杆系数和总杠杆系数。

表 2-10　杠杆效应计算表　　　　　　　　单位：万元

项目	2019 年	2020 年	变动率
销售额（售价 10 元）	1 000	1 200	＋20％
边际贡献（单位 4 元）	400	480	＋20％
固定成本	200	200	
息税前利润（EBIT）	200	280	＋40％
利息	50	50	
利润总额	150	230	＋53.33％
净利润（税率 20％）	120	184	＋53.33％
每股收益	0.60	0.92	＋53.33％
经营杠杆（DOL）			2.000
财务杠杆（DFL）			1.333
总杠杆（DCL）			2.667

（三）杠杆与风险

公司风险包括企业的经营风险和财务风险，反映了企业的整体风险。总杠杆的大小取决于经营杠杆及财务杠杆的大小，本质上由息税前利润、固定经营费用、固定财务费用 3 个财务因素共同决定。

总杠杆系数是对总风险大小的量化。在其他因素不变的情况下，总杠杆系数越大，总风险越大，反之则越小。企业可以通过很多方式对经营杠杆和财务杠杆进行组合，以获得一个理想的总杠杆系数和企业总风险。一般来说，固定资产比重较大的资本密集型企业，经营杠杆系数高，经营风险大，企业筹资主要依靠权益资本，以保持较小的财务杠杆系数和财务风险；变动成本比重较大的劳动密集型企业，经营杠杆系数低，经营风险小，企业筹资可以主要依靠债务资金，保持较大的财务杠杆系数和财务风险。

在企业初创阶段，产品市场占有率低，产销业务量小，经营杠杆系数大，此时企业筹资主要依靠权益资本，较低程度使用财务杠杆；在企业扩张成熟期，产品市场占有率高，产销业务量大，经营杠杆系数小，此时企业资金结构中可扩大债务资本比重，较高程度使用财务杠杆。

【案例分析】

透视“大宇神话”

大宇集团于 1967 年开始奠基立厂，经过 30 年的发展，通过政府的政策支持、银行的信贷支持和在海内外的大力购并,大宇集团成为直逼韩国最大企业——现代集团的庞大商业帝国:1998年底,总资产高达640亿美元,营业额占韩国GDP的5%;业务涉及贸易、汽车、电子、通用设备、重型机械、化纤、造船等众多行业;国内所属企业曾多达41家,海外公司数量创下过600家的记录,鼎盛时期,海外雇员多达几十万人,大宇成为国际知名品牌。大宇是"章鱼足式"扩张模式的积极推行者,认为企业规模越大,就越能立于不败之地,即所谓的"大马不死"。据报道,1993年提出"世界化经营"战略时,大宇在海外的企业只有15家,而到1998年底已增至600多家,"等于每3天增加一个企业"。还有更让韩国人为大宇着迷的是:在韩国陷入金融危机的1997年,大宇不仅没有被危机压倒,反而在国内的集团排名中由第4位上升到第2位,金宇中本人也被美国《幸福》杂志评为"亚洲风云人物"。

1997年底韩国发生金融危机后,其他企业集团都开始收缩,但大宇仍然我行我素,结果债务越背越重。尤其是1998年初,韩国政府提出"五大企业集团进行自律结构调整"方针后,其他集团把结构调整的重点放在改善财务结构方面,努力减轻债务负担。大宇却认为,只要提高开工率,增加销售额和出口就能躲过这场危机。因此,它继续大量发行债券,进行"借贷式经营"。1998年,大宇发行的公司债券达7万亿韩元(约58.33亿美元)。1998年第四季度,大宇的债务危机已初露端倪,在各方援助下才避过债务灾难。此后,在严峻的债务压力下,大梦方醒的大宇虽做了种种努力,但为时已晚。1999年7月中旬,大宇向韩国政府发出求救信号;7月27日,大宇因"延迟重组",被韩国4家债权银行接管;8月11日,大宇在压力下屈服,割价出售两家财务出现问题的公司;8月16日,大宇与债权人达成协议,在1999年底前,将出售盈利最佳的大宇证券公司,以及大宇电器、大宇造船、大宇建筑公司等,大宇的汽车项目资产免遭处理。"8月16日协议"的达成,表明大宇已处于破产清算前夕,遭遇"存"或"亡"的险境。由于在此后的几个月中,经营依然不善,资产负债率仍然居高,大宇集团于1999年11月1日正式宣布,该集团董事长金宇中及14名下属公司的总经理决定辞职,以表示"对大宇的债务危机负责,并为推行结构调整创造条件"。韩国媒体认为,这意味着"大宇集团解体进程已经完成""大宇集团已经消失"。

解析: 大宇是"章鱼足式"扩张模式的积极推行者,认为企业规模越大,就越能立于不败之地。从资本结构理论的角度看,有规模不一定有效益。

(1)举债经营对企业的影响是双方面的,其基本前提是总资产利润率能否大于借款利率。只有当总资产利润率大于借款利率时,才会给企业带来有利的、积极的财务杠杆作用;反之,将会给企业带来负面、消极的影响。任何企业不能无条件地从事举债经营。

(2)不求最大,但求最好。有规模不一定有效益。一个企业的大小应取决于企业核心竞争能力大小。只有拥有核心竞争能力,才能将企业做得最好。没有核心竞争能力的企业,一味追求企业规模的扩大,其结果只能是无功而返,甚至陷入困境。

(3)我国资本市场上大批ST、PT上市公司以及大批靠国家政策和信贷支持发展起来而又债务累累的国有企业,应从"大宇神话"的破灭中吸取教训,加强企业自身管理,及时从多元化经营的幻梦中醒悟过来,清理与企业核心竞争能力无关的资产和业务,保留与企业核心竞争能力相关的业务,优化企业资本结构,进一步提高企业的核心竞争能力。

资料来源:毛付根,周小英,梁丽. 透视"大宇神话"[J].财务与会计,2000(7):8.

【拓展阅读】

非法集资知多少

以下内容节选自修正后的《最高人民法院关于审理非法集资刑事案件具体应用法律若干问题的解释》：

第一条 违反国家金融管理法律规定，向社会公众（包括单位和个人）吸收资金的行为，同时具备下列四个条件的，除刑法另有规定的以外，应当认定为刑法第一百七十六条规定的"非法吸收公众存款或者变相吸收公众存款"：

（一）未经有关部门依法许可或者借用合法经营的形式吸收资金；

（二）通过网络、媒体、推介会、传单、手机信息等途径向社会公开宣传；

（三）承诺在一定期限内以货币、实物、股权等方式还本付息或者给付回报；

（四）向社会公众即社会不特定对象吸收资金。

未向社会公开宣传，在亲友或者单位内部针对特定对象吸收资金的，不属于非法吸收或者变相吸收公众存款。

第二条 实施下列行为之一，符合本解释第一条第一款规定的条件的，应当依照刑法第一百七十六条的规定，以非法吸收公众存款罪定罪处罚：

（一）不具有房产销售的真实内容或者不以房产销售为主要目的，以返本销售、售后包租、约定回购、销售房产份额等方式非法吸收资金的；

（二）以转让林权并代为管护等方式非法吸收资金的；

（三）以代种植（养殖）、租种植（养殖）、联合种植（养殖）等方式非法吸收资金的；

（四）不具有销售商品、提供服务的真实内容或者不以销售商品、提供服务为主要目的，以商品回购、寄存代售等方式非法吸收资金的；

（五）不具有发行股票、债券的真实内容，以虚假转让股权、发售虚构债券等方式非法吸收资金的；

（六）不具有募集基金的真实内容，以假借境外基金、发售虚构基金等方式非法吸收资金的；

（七）不具有销售保险的真实内容，以假冒保险公司、伪造保险单据等方式非法吸收资金的；

（八）以网络借贷、投资入股、虚拟币交易等方式非法吸收资金的；

（九）以委托理财、融资租赁等方式非法吸收资金的；

（十）以提供"养老服务"、投资"养老项目"、销售"老年产品"等方式非法吸收资金的；

（十一）利用民间"会""社"等组织非法吸收资金的；

（十二）其他非法吸收资金的行为。

第三条 非法吸收或者变相吸收公众存款，具有下列情形之一的，应当依法追究刑事责任：

（一）非法吸收或者变相吸收公众存款数额在 100 万元以上的；

（二）非法吸收或者变相吸收公众存款对象 150 人以上的；

（三）非法吸收或者变相吸收公众存款，给存款人造成直接经济损失数额在 50 万元以上的。

非法吸收或者变相吸收公众存款数额在 50 万元以上或者给存款人造成直接经济损失数额在 25 万元以上，同时具有下列情节之一的，应当依法追究刑事责任：

（一）曾因非法集资受过刑事追究的；

（二）二年内曾因非法集资受过行政处罚的；

（三）造成恶劣社会影响或者其他严重后果的。

第四条 非法吸收或者变相吸收公众存款，具有下列情形之一的，应当认定为刑法第一百七十六条规定的"数额巨大或者有其他严重情节"：

（一）非法吸收或者变相吸收公众存款数额在 500 万元以上的；

（二）非法吸收或者变相吸收公众存款对象 500 人以上的；

（三）非法吸收或者变相吸收公众存款，给存款人造成直接经济损失数额在 250 万元以上的。

非法吸收或者变相吸收公众存款数额在 250 万元以上或者给存款人造成直接经济损失数额在 150 万元以上，同时具有本解释第三条第二款第三项情节的，应当认定为"其他严重情节"。

第五条 非法吸收或者变相吸收公众存款，具有下列情形之一的，应当认定为刑法第一百七十六条规定的"数额特别巨大或者有其他特别严重情节"：

（一）非法吸收或者变相吸收公众存款数额在 5 000 万元以上的；

（二）非法吸收或者变相吸收公众存款对象 5 000 人以上的；

（三）非法吸收或者变相吸收公众存款，给存款人造成直接经济损失数额在 2 500 万元以上的。

非法吸收或者变相吸收公众存款数额在 2 500 万元以上或者给存款人造成直接经济损失数额在 1 500 万元以上，同时具有本解释第三条第二款第三项情节的，应当认定为"其他特别严重情节"。

第六条 非法吸收或者变相吸收公众存款的数额，以行为人所吸收的资金全额计算。在提起公诉前积极退赃退赔，减少损害结果发生的，可以从轻或者减轻处罚；在提起公诉后退赃退赔的，可以作为量刑情节酌情考虑。

非法吸收或者变相吸收公众存款，主要用于正常的生产经营活动，能够在提起公诉前清退所吸收资金，可以免予刑事处罚；情节显著轻微危害不大的，不作为犯罪处理。

对依法不需要追究刑事责任或者免予刑事处罚的，应当依法将案件移送有关行政机关。

第七条 以非法占有为目的，使用诈骗方法实施本解释第二条规定所列行为的，应当依照刑法第一百九十二条的规定，以集资诈骗罪定罪处罚。

使用诈骗方法非法集资，具有下列情形之一的，可以认定为"以非法占有为目的"：

（一）集资后不用于生产经营活动或者用于生产经营活动与筹集资金规模明显不成比例，致使集资款不能返还的；

（二）肆意挥霍集资款，致使集资款不能返还的；

（三）携带集资款逃匿的；

（四）将集资款用于违法犯罪活动的；

（五）抽逃、转移资金、隐匿财产，逃避返还资金的；

（六）隐匿、销毁账目，或者搞假破产、假倒闭，逃避返还资金的；

（七）拒不交代资金去向，逃避返还资金的；

（八）其他可以认定非法占有目的的情形。

集资诈骗罪中的非法占有目的，应当区分情形进行具体认定。行为人部分非法集资行为具有非法占有目的的，对该部分非法集资行为所涉集资款以集资诈骗罪定罪处罚；非法集资共同犯罪中部分行为人具有非法占有目的，其他行为人没有非法占有集资款的共同故意和行为的，对具有非法占有目的的行为人以集资诈骗罪定罪处罚。

第八条 集资诈骗数额在 10 万元以上的，应当认定为"数额较大"；数额在 100 万元以上的，应当认定为"数额巨大"。

集资诈骗数额在 50 万元以上，同时具有本解释第三条第二款第三项情节的，应当认定为刑法第一百九十二条规定的"其他严重情节"。

集资诈骗的数额以行为人实际骗取的数额计算，在案发前已归还的数额应予扣除。行为人为实施集资诈骗活动而支付的广告费、中介费、手续费、回扣，或者用于行贿、赠与等费用，不予扣除。行为人为实施集资诈骗活动而支付的利息，除本金未归还可予折抵本金以外，应当计入诈骗数额。

第九条 犯非法吸收公众存款罪，判处三年以下有期徒刑或者拘役，并处或者单处罚金的，处五万元以上一百万元以下罚金；判处三年以上十年以下有期徒刑的，并处十万元以上五百万元以下罚金；判处十年以上有期徒刑的，并处五十万元以上罚金。

犯集资诈骗罪，判处三年以上七年以下有期徒刑的，并处十万元以上五百万元以下罚金；判处七年以上有期徒刑或者无期徒刑的，并处五十万元以上罚金或者没收财产。

资料来源：最高人民法院. 最高人民法院关于修改《最高人民法院关于审理非法集资刑事案件具体应用法律若干问题的解释》的决定[EB/OL]. (2022-02-24)[2022-03-11]. https://www.court.gov.cn/fabu-xiangqing-346901.html.

【课证融通】

一、单项选择题

1. 短期资金是指企业使用期限在（　　　）以内的资金。

A. 一个月　　　　B. 三个月　　　　C. 一年　　　　D. 五年

2. 权益资金的劣势有（　　　）。

A. 风险高　　　　B. 需要归还　　　　C. 成本高　　　　D. 筹资额低

3. 利用商业信用筹集的资金属于（　　　）资金。

A. 权益　　　　B. 债务　　　　C. 风险小　　　　D. 成本高

4. 哪一种方式会产生权益资金（　　　）。

A. 短期借款　　　　B. 发行债券　　　　C. 赊购产品　　　　D. 未分配利润

5. 公司拟筹集能够长期使用、筹资风险相对较小且容易取得的资金，以下较适合的融资方式为（　　　）。

A. 发行普通股　　　B. 发行长期债券　　　C. 短期借款融资　　　D. 长期借款融资

6. 优先股的收益分配顺序居于（　　　）之前。

A. 商业信用的债权人　　　　　　　B. 普通股股东

C. 公司债券的债权人　　　　　　　D. 税务机关

7. 公司提取盈余公积金属于（　　）筹资。

A. 发行优先股　　　B. 发行普通股　　　C. 吸收直接投资　　　D. 留存收益

8. 放弃现金折扣的成本大小与（　　）。

A. 折扣百分比的大小呈反方向变化

B. 信用期的长短呈同方向变化

C. 折扣百分比的大小、信用期的长短均呈同方向变化

D. 折扣期的长短呈同方向变化

9. 某企业以名义利率 15% 取得贷款 600 万元，银行要求分 12 个月等额偿还，每月偿还 57.5 万元，则其实际利率为（　　）。

A. 10%　　　　　B. 20%　　　　　C. 30%　　　　　D. 40%

10. 长期借款筹资与长期债券筹资相比，其特点是（　　）。

A. 利息能节税　　B. 筹资弹性大　　C. 筹资费用大　　D. 债务利息高

11. 下列各项中，属于资金成本内容的是（　　）。

A. 筹资总额　　　B. 筹资费用　　　C. 所得税率　　　D. 市场利率

12. 下列筹资方式中，资金成本最低的是（　　）。

A. 发行股票　　　B. 发行债券　　　C. 长期借款　　　D. 留存收益

13. 某企业发行新股，筹资费率为股票市价的 8%，已知每股市价为 50 元，本年每股股利 4 元，股利的固定增长率为 5%，则发行新股的资金成本率为（　　）。

A. 13.00%　　　B. 13.40%　　　C. 14.13%　　　D. 21.00%

14. 某公司利用长期借款、长期债券、普通股和留存收益各筹集长期资金 200 万元、200 万元、500 万元、100 万元，它们的资金成本率分别为 6%、10%、15%、13%，则该筹资组合的综合资金成本为（　　）。

A. 10%　　　　　B. 1%　　　　　C. 12%　　　　　D. 12.6%

15. 某公司发行债券 2 000 万元，票面利率为 9%，偿还期限为 5 年。发行费率为 3%，所得税税率为 33%，则债券资金成本为（　　）。

A. 12.34%　　　B. 9.28%　　　C. 6.22%　　　D. 3.06%

16. 某企业本期财务杠杆系数为 3，假设公司无优先股，本期息税前利润为 450 万元，则本期实际利息费用是（　　）。

A. 1 350 万元　　B. 300 万元　　C. 150 万元　　D. 100 万元

17. 经营杠杆给企业带来的风险是（　　）的风险。

A. 成本上升

B. 业务量的变化导致息税前利润更大变动

C. 利润下降

D. 业务量的变化导致息税前利润同比变动

18. 财务杠杆说明（　　）。

A. 增加息税前利润对每股收益的影响　　B. 销售额增加对每股利润的影响

C. 可通过扩大销售影响息税前利润　　　D. 企业的融资能力

19. 某公司的经营杠杆系数为2,预计息税前利润将增长10%,在其他条件不变的情况下,销售量将增长(   )。

A. 5%　　　　　　　B. 9%　　　　　　　C. 10.8%　　　　　　　D. 16.2%

20. 经营杠杆系数越大,则销售收入增加1%,则(   )增加越快。

A. 利润总额　　　　B. 净利润　　　　C. 营业利润　　　　D. 息税前利润

二、多项选择题

1. 哪些因素会影响一个企业的资金结构决策(   )。

A. 销售增长情况　　　　　　　　　　B. 企业管理人员态度

C. 企业资产结构　　　　　　　　　　D. 行业因素

2. 最优资金结构是指符合下列条件的资金结构(   )。

A. 加权平均资金成本最低　　　　　　B. 所得税最小

C. 财务风险最小　　　　　　　　　　D. 企业价值最大

3. 比较资金成本法在确定最佳资金结构时,没有考虑(   )。

A. 加权平均资金成本高低　　　　　　B. 企业财务风险

C. 企业经营风险　　　　　　　　　　D. 股东报酬

4. 运用每股收益无差别点法确定最佳资金结构时,确定了筹资无差别点后,如何选择最佳资金结构(   )。

A. 预计息税前利润大于筹资无差别点,选择负债较高的筹资方案

B. 预计息税前利润大于筹资无差别点,选择负债较低的筹资方案

C. 如果不同方案的每股净利润都相等,则这些方案是无差别的

D. 对于一个既定的息税前利润,可以计算不同方案的每股净利润,选择其中最大的方案作为最佳方案

5. 企业降低经营风险的途径一般有(   )。

A. 增加销量　　　　　　　　　　　　B. 降低变动成本

C. 增加固定成本　　　　　　　　　　D. 提高产品售价

6. 财务杠杆越大,则(   )。

A. 经营风险越大　　　　　　　　　　B. 财务风险越大

C. 息税前利润增加,净利润增加越多　　D. 息税前利润增加,销售收入增加越多

7. 企业财务风险和经营风险合理的组合是(   )。

A. 高经营风险与高财务风险搭配　　　B. 低经营风险与低财务风险搭配

C. 高经营风险与低财务风险搭配　　　D. 低经营风险与高财务风险搭配

8. 公司个别资金成本由小到大排序,错误的是(   )。

A. 普通股、债券、留存收益、银行借款　　B. 普通股、留存收益、银行借款、债券

C. 普通股、留存收益、债券、银行存款　　D. 银行借款、债券、留存收益、普通股

9. 银行借款成本低于普通股成本,原因是银行借款(   )。

A. 利息税前支付　　　　　　　　　　B. 筹资费用较小

C. 属借入资金　　　　　　　　　　　D. 借款额较小

10. 在计算个别资金成本率时,应考虑筹资费用影响因素的是(   )。

A. 长期债券成本　　B. 普通股成本　　C. 留存收益成本　　D. 长期借款成本

11. 在计算个别资金成本时,需要考虑所得税抵减作用的筹资方式有(　　)。

A. 银行借款　　　　B. 长期债券　　　　C. 留存收益　　　　D. 普通股

12. 影响企业综合资金成本的主要因素有(　　)。

A. 个别资金成本

B. 留存收益占所有者权益的比重

C. 营运资金的比重

D. 各种长期来源的资金占全部长期资金的比重

13. 在下列筹资方式中,存在财务杠杆作用的有(　　)。

A. 吸收直接投资　　　B. 发行债券　　　　C. 发行优先股　　　　D. 发行普通股

14. 影响融资租赁每期租金的因素有(　　)。

A. 设备价款　　　　　　　　　　B. 租赁公司的融资成本

C. 双方商定的折现率　　　　　　D. 租赁手续费

15. 普通股与优先股的共同特征主要有(　　)。

A. 属于公司股权资本　　　　　　B. 股利从税后利润中支付

C. 股东可参与公司重大决策　　　D. 无须支付固定股利

三、判断题

1. 筹资活动是企业资金运动的起点。　　　　　　　　　　　　　　　　(　　)

2. 国家财政资金必然会形成企业的债务资金。　　　　　　　　　　　　(　　)

3. 优先股的股息固定,因此优先股筹资属于债务筹资。　　　　　　　　(　　)

4. 长期借款借款期限长,风险大,因此借款成本也较高。　　　　　　　(　　)

5. 企业追加筹措新资,通常运用多种筹资方式的组合来实现,边际资金成本需要按加权平均法来计算,并以市场价值为权数。　　　　　　　　　　　　　　　　(　　)

6. 短期负债融资的资金成本低,风险大。　　　　　　　　　　　　　　(　　)

7. 优先股的资金成本与债券资金成本的计算公式完全相同。　　　　　　(　　)

8. 经营杠杆和财务杠杆都会对息税前盈余造成影响。　　　　　　　　　(　　)

9. 如企业负债筹资为零,则财务杠杆系数为1。　　　　　　　　　　　(　　)

10. 复合杠杆系数等于经营杠杆系数与财务杠杆系数之和。　　　　　　(　　)

11. 由于经营杠杆的作用,当息税前利润下降时,普通股每股收益会下降得更快。(　　)

12. 最优资金结构要求之一是使得加权平均资金成本最低,因此,企业只有尽可能增加负债才能形成最优资金结构。　　　　　　　　　　　　　　　　　　　　(　　)

13. 所得税税率不影响筹资无差别点的大小。　　　　　　　　　　　　(　　)

【岗位能力检测】

1. 资料:公司拟采购一批零件,供应商报价如下:(1) 立即付款,价格为9 630元;(2) 30天内付款,价格为9 750元;(3) 31至60天内付款,价格为9 870元;(4) 61至90天内付款,价格为10 000元。

假设用户短期借款利率为15%,每年按360天计算。

要求:计算放弃现金折扣的成本,并确定对该公司最有利的付款日期与价格。

2. 清远置业公司拟筹资2 500万元以扩大经营规模,其中发行债券1 000万元,筹资费率 2％,债券年利率为 10％,所得税率为 33％;长期借款 500 万元,年利息率 7％,筹资费率为 1％;普通股 1 000 万元,筹资费率为 4％,第一年预期股利率为 10％,以后每年增长 4％。试计算该筹资方案的综合资金成本。

3. 某公司拟筹资 1 000 万元,现有甲、乙两个备选方案,有关资料如表 2-11 所示。试确定该公司的最佳资金结构。

表 2-11 甲乙方案资金构成及相关资料 　　　　　　单位:万元

筹资方式	甲方案	乙方案
长期借款	200,资金成本 9％	180,资金成本 9％
发行债券	300,资金成本 10％	200,资金成本 10.5％
发行普通股	500,资金成本 12％	620,资金成本 12％
合计	1 000	1 000

4. 某公司目前已发行普通股 100 万股(每股 1 元),已发行 10％利率的债券 400 万元,该公司打算为一个新的投资项目融资 500 万元,新项目投产后公司每年息税前利润增加到 200 万元。现有两个方案可供选择:按 12％的利率发行债券(方案 1);按每股 20 元发行新股(方案 2)。公司适用所得税率为 40％。

要求:

(1) 计算两个方案的每股收益;

(2) 计算两个方案的每股收益无差别点息税前利润;

(3) 计算两个方案的财务杠杆系数;

(4) 判断哪个方案更好。

5. 华阳通用制造股份公司年销售收入 15 000 万元,变动成本率为 65％,固定成本为 2 625 万元,利息费用为 360 万元。该公司资产总额为 10 000 万元,资产负债率为 45％,负债资金的年均利率为 8％,所得税税率为 30％。该公司拟改变经营计划,追加投资 1 000 万元,每年增加固定成本 575 万元,所需资金以 10％的利率借入。预计增资后可以增加销售收入 20％,并使变动成本率下降到 60％。试计算增资后的经营杠杆系数、财务杠杆系数和总杠杆系数。

【小试牛刀】

根据你的创业公司实际,初步确定资金需要量、资金来源渠道及筹资方式,确定不同渠道的资金成本、资金结构。

项目三　评价项目投资方案

【项目导入】

投资就是资金运用或资金投放,和所有创业者一样,创业者小秦在项目选择时需要对该项目未来的获利情况作出预先估计和判断,也就是要评价该项目是否具有财务上的可行性。评价项目投资的财务可行性要以现金流量为基础,通过计算相关评价指标来进行,也就是根据计算得到的相关指标来评价项目投资是否具有财务上的可行性。本项目主要学习项目投资评价指标的计算及应用。

任务一　项目投资的相关概念

【任务描述】

项目是指具有明确目标的一系列复杂并相互关联的活动,如自主研发中国北斗卫星导航系统。项目投资是以特定项目为对象的长期投资行为,是将资金直接投放于形成生产经营能力的实体性资产,直接谋取经营利润的长期投资,目的在于改善生产条件,扩大生产能力,以获取更多的经营利润。

本任务主要介绍项目投资的类型、项目投资的原则及相关概念。

【知识准备】

一、项目投资的类型

(一) 按投资对象,项目投资可分为五种类型

(1) 新产品开发或者现有产品的规模扩张项目。需要构建新的固定资产,并增加企业的营业现金流入;新建项目是以新增生产能力为目的的外延式扩大再生产。

(2) 设备或者厂房的更新项目。通常需要更换固定资产,但不改变营业现金流入;更新改造项目是以恢复或改善生产能力为目的的内涵式扩大再生产。

(3) 研究与开发项目。通常不直接产生现实的收入,而是得到一项是否投产新产品的选择权。

(4) 勘探项目。投资此类项目的目的是使企业得到一些有价值的信息。

(5) 其他项目,包括劳动保护设施建设、购置污染控制装置等。这些决策不直接产生营业现金流入,有可能减少未来的现金流出,而使企业在履行社会责任方面的形象得到改善,或者达到国家法律法规的要求。

不同类型的投资项目现金流量分布具有不同的特征,分析的具体方法也有很大的差异。

(二) 按投资项目之间的相互关联关系,可分为独立投资项目和互斥投资项目

1. 独立投资项目

独立投资是相容性投资,各个投资项目之间互不关联、互不影响,可以同时并存。例如,投资建造一个饮料厂和建造一个化工厂,它们之间并不冲突,可以同时进行,饮料厂的建造与否不影响建造化工厂是否被采纳。因此,独立投资项目决策考虑的是方案本身是否满足某种预期的可行性标准;独立投资方案之间比较时,决策要解决的问题是如何确定各种可行方案的投资优先次序。

2. 互斥投资项目

互斥投资是非相容性投资,各个投资项目之间可相互替代,不能同时并存。例如,为生产一种新产品,可以选择进口设备,也可以选择国产设备,它们的使用寿命、购置价格和生产能力均不同,投资者要在国产和进口中做出取舍。因此,互斥投资项目决策考虑的是从各备选方案中选择最优方案。

(三) 按投资涉及的内容,分为单纯固定资产投资项目和完整工业投资项目

1. 单纯固定资产投资项目

单纯固定资产投资项目在投资中只包括为取得固定资产发生的资本投入而不涉及周转资本的投入。

2. 完整工业投资项目

完整工业投资项目不仅包括固定资产投资,而且还涉及流动资金投资,甚至包括其他长期资产项目(如无形资产、长期待摊费用等)的投资。

二、项目投资的特点

项目投资具有投资内容独特(每个项目都至少涉及一项固定资产投资)、投资规模大、影响时间长(至少一年或一个营业周期以上)、发生频率低、变现能力差、投资风险大和不可逆性的特点。

三、项目投资的评价程序与原则

(一) 项目投资的评价程序

(1) 提出各种项目的投资方案。
(2) 估计投资方案的相关现金流量。
(3) 计算投资方案的价值指标。

（4）比较价值指标与可接受指标。

（5）对已接受指标进行敏感分析。

（二）项目投资的原则

1. 可行性分析原则

可行性分析主要包括环境可行性、技术可行性、市场可行性、财务可行性等方面，其中财务可行性分析的主要内容如下。

（1）收入、费用和利润等经营成果指标的分析。

（2）资产、负债、所有者权益等财务状况指标的分析。

（3）资金筹集和配置的分析。

（4）资金流转和回收等资金运行过程的分析。

（5）项目现金流量、净现值、内含收益率等项目经济性效益指标的分析。

（6）项目收益与风险关系的分析等。

2. 结构平衡原则

投资项目在资金投放时，要遵循结构平衡的原则，合理分布资金。

3. 动态监控原则

投资的动态监控是指对投资项目实施过程中的进程控制。

四、与项目投资有关的基本概念

（一）项目计算期

项目计算期或称项目经济寿命周期，是指项目从投资建设开始到最终清理结束整个过程的全部经济寿命周期，主要分为建设期（投资期）和运营期（营业期）。建设期的第一年年初称为建设起点，建设期的最后一年年末称为投产日，也就是运营期初。项目最终清理的年末或项目计算期的最后一年年末称为项目终结点。项目经济寿命周期构成如图 3-1 所示。

图 3-1　项目经济寿命周期构成示意图

项目计算期（n）、建设期（s）和营业期或运营期（p）之间存在以下关系：

$$项目计算期＝建设期＋运营期$$

（二）原始投资

原始投资是指企业为使项目完全达到设计生产能力，开展正常经营而投入的全部现实资金，包括建设投资（固定资产投资、无形资产投资、开办费投资）和流动资金投资。

原始投资加建设期资本化利息构成了项目投资总额，项目投资构成如图 3-2 所示。

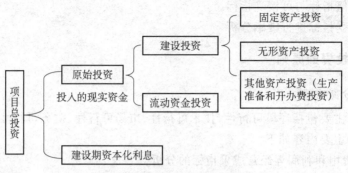

图 3-2 项目投资构成示意图

项目资金的投入有一次投资和分期投资。一次投资是指投资行为集中一次发生在项目计算期第一个年度的年初或年末;分期投资是指全部资金分别在两个或两个以上年度的年初或年末投入,或者虽只涉及一个年度但投资行为发生在该年不同的时点。

任务二 确定项目投资的现金流量

【任务描述】

评价项目投资的财务可行性的主要依据是现金流量。现金流量是指由一个项目引起的在未来一定期间(项目计算期内)所发生的现金收支增加的数量。其中,现金收入的增加额称为现金流入量,现金支出的增加额称为现金流出量,现金流入量与现金流出量相抵后的余额称为现金净流量。在一般情况下,投资决策中的现金流量通常指现金净流量(NCF)。这里所谓的现金是广义的现金,既包括库存现金、银行存款等货币性资产,也包括相关非货币性资产(如原材料、设备等)的变现价值。

本任务主要介绍项目投资现金流量(净流量)的内容及确定方法。

【知识准备】

项目投资的现金净流量由以下部分构成。

一、投资期现金净流量

投资期的现金流量主要是现金流出量,即在该投资项目上的原始投资,包括投资长期资产(固定资产、无形资产、递延资产等)的和垫支营运资金。

(一)投资长期资产

在一般情况下,长期资产的原始投资如购置成本、运输费、安装费等,通常在年内一次性投入(如购买不需要安装的设备)。如果原始投资不是一次性投入(如工程建造),则应把投资归属于不同投入年份之中。对于原

二维码 3-1 项目
投资的现金流量

始投资,如果没有特殊指明,均假设现金在每个"计算期初"支付。

(二)垫支营运资金

垫支营运资金是因为投资项目扩大了企业生产能力,原材料、在产品、产成品等流动资产规模也随之扩大,需要追加投入日常营运资金。应付账款等结算性流动负债也随之增加,自动补充了一部分日常营运资金的需要。因此,为该投资垫支的营运资金是追加的流动资产扩大量与结算性流动负债扩大量的净差额(增量流动资产与增量流动负债的差)。营运资金垫支一般发生在投产日。

投资期一般只有现金流出没有现金流入,现金净流量一般为净流出。

【例 3-1】 预计某设备投产后,第一年年初的流动资产需要额为 20 万元,结算性流动负债额为 10 万元。第二年年初流动资产需要额为 40 万元,结算性流动负债额为 15 万元。该设备投产第二年,需要垫支的营运资金投资额为:

第二年流动资产增加额＝40－20＝20(万元)

第二年结算性流动负债增加额＝15－10＝5(万元)

第二年垫支的营运资金投资额＝20－5＝15(万元)

二、营运期现金净流量

营业阶段是投资项目的主要阶段,现金流量既包括现金流入量,也包括现金流出量。现金流入量主要是营运各年的营业收入,现金流出量主要是营运各年的付现营运成本。另外,营业期内某一年发生的大修理支出,如果会计处理在本年内一次性作为收益性支出,则直接作为该年付现成本;如果跨年摊销处理,则本年作为投资性的现金流出量,摊销年份以非付现成本形式处理。营业期内某一年发生的改良支出是一种投资,应作为该年的现金流出量,以后年份通过折旧收回。

在正常营业阶段,假设市场没有大的波动,各年的营业收入和付现营运成本数额比较稳定,因此营业阶段各年现金流量一般为:

营业现金净流量(NCF)＝营业收入－付现成本＝营业收入－(总成本费用－非付现成本)

$$＝营业利润＋非付现成本 \tag{3.1}$$

非付现成本主要是固定资产年折旧费用、无形资产的累计摊销、长期资产摊销费用、资产减值准备等。其中,长期资产摊销费用主要有跨年的大修理摊销费用、改良工程折旧摊销费用、筹建开办费摊销费用等。

在投资项目管理的实践中,由于所得税是投资项目的现金支出,需要在所得税基础上考虑税后收入、税后付现成本,以及非付现成本抵税对营业现金流量的影响,但项目以债务方式融资带来的利息支出和本金的偿还,以及以股权方式融资带来的现金股利支付等,均不包括在内,因为折现率中已经包含了该项目的筹资成本。税后营业利润是指不扣除利息的利润,是税后息前的利润。可按下列公式进行测算:

营业现金净流量(NCF)＝营业收入－付现成本－所得税

$$＝净利润(税后利润)＋非付现成本 \tag{3.2}$$

或：

营业现金净流量（NCF）＝收入×（1－所得税税率）－付现成本×（1－所得税税率）

　　　　　　　＋非付现成本×所得税税率　　　　　　　　　　　　　　（3.3）

对于收入、成本、利润，如果没有特殊指明，均假设在"计算期末"取得。

【例 3-2】 德胜达公司计划投资某项目，该项目投资建设期为 2 年，营业期为 5 年，预计该项目需固定资产投资 750 万元，分两年等额投入。会计部门估计每年固定成本为（不含折旧）40 万元，变动成本是每件 180 元。固定资产折旧采用直线法，折旧年限为 5 年，估计净残值为 50 万元。营销部门估计各年销售量均为 40 000 件，单价 250 元/件。生产部门估计需要 250 万元的营运资金投资，在投产开始时一次性投入。为简化计算，假设没有所得税。要求计算各年的净现金流量。

$$NCF_0 = -375（万元）$$

$$NCF_1 = -375（万元）$$

$$NCF_2 = -250（万元）$$

$$NCF_{3-6} = 4 \times 250 - 4 \times 180 - 40 = 240（万元）$$

$$NCF_7 = 240 + 250 + 50 = 540（万元）$$

【例 3-3】 某投资项目某年的营业收入为 600 000 元，付现成本为 400 000 元，折旧额为 100 000 元，所得税税率为 25%，则该年营业现金净流量为：

年营业现金净流量＝税后收入－税后付现成本＋非付现成本抵税

　　　　　　　　＝600 000×（1－25%）－400 000×（1－25%）＋100 000×25%

　　　　　　　　＝175 000（元）

或者　　　年营业现金净流量＝税后营业利润＋非付现成本

　　　　　　　　＝（600 000－400 000－100 000）×（1－25%）＋100 000

　　　　　　　　＝175 000（元）

三、项目终结阶段现金流量

项目终结阶段的现金流量主要是现金流入量，包括固定资产变价净收入、固定资产变现净损益的所得税影响和原垫支营运资金的收回。

（一）固定资产变价净收入

投资项目在终结阶段，企业对固定资产进行清理处置。固定资产变价净收入是指固定资产出售或报废时的出售价款或残值收入扣除清理费用后的净额。

（二）固定资产变现净损益的所得税影响

固定资产变现净损益对现金净流量的影响＝（账面价值－变价净收入）

　　　　　　　　　　　　　　　　　　　　×所得税税率　　　　　　　（3.4）

如果(账面价值－变价净收入)＞0,则意味着发生了变现净损失(营业外支出),可以抵税,减少现金流出。如果(账面价值－变价净收入)＜0,则意味着实现了变现净收益,应该纳税,增加现金流出。

(三)垫支营运资金的收回

伴随着固定资产的出售或报废,投资项目的经济寿命结束。企业将与该项目相关的存货出售,应收账款收回,应付账款也随之偿付。营运资金恢复到项目投资前的原有水平。项目投产日垫支的营运资金在项目终结时得到回收。

【例3-4】　德胜达公司某投资项目需要3年建成,每年年初投入建设资金90万元,共投入270万元。投产之时,需投入营运资金140万元,以满足日常经营活动需要。项目投产后,估计每年可获税后营业利润60万元。固定资产使用年限为7年,预计使用后第五年进行一次改良,估计改良支出80万元,分两年平均摊销。资产使用期满后,估计有残值净收入11万元,采用使用年限法折旧。项目期满时,垫支营运资金全额收回。

根据以上资料,编制投资项目现金流量表,如表3-1所示。

表 3-1　投资项目现金流量表　　　　　　　　单位:万元

项目	年份											合计
	0	1	2	3	4	5	6	7	8	9	10	
固定资产价值	−90	−90	−90									−270
固定资产折旧					37	37	37	37	37	37	37	259
改良支出									−80			−80
改良摊销										40	40	80
净利润					60	60	60	60	60	60	60	420
残值收入											11	11
营运资金				−140							140	0
合计	−90	−90	−90	−140	97	97	97	97	17	137	288	420

【例3-5】　德胜达公司计划增添一条生产流水线,以提高生产能力。现有甲、乙两个方案可供选择,甲方案需要投资500 000元,乙方案需要投资750 000元。

表3-1中的数字,带有负号的为现金流出量,表示负值;没有带负号的为现金流入量,表示正值,以下同。

两方案的预计使用寿命均为5年,折旧均采用直线法,甲方案预计残值为20 000元,乙方案预计残值为30 000元。甲方案预计年销售收入为1 000 000元,第一年付现成本为660 000元,以后在此基础上每年增加维修费10 000元。乙方案预计年销售收入为1 400 000元,年付现成本为1 050 000元。项目投入营运时,甲方案需垫支营运资金200 000元,乙方案需垫支营运资金250 000元。公司所得税税率为20%。

根据上述资料,甲方案营业期现金流量计算和甲、乙两方案的投资项目现金流量计算如表 3-2 和表 3-3 所示(列表法)。

表 3-2   甲方案营业期现金流量计算表   单位:元

甲方案	年份				
	1	2	3	4	5
营业收入	1 000 000	1 000 000	1 000 000	1 000 000	1 000 000
付现成本	660 000	670 000	680 000	690 000	700 000
折旧	96 000	96 000	96 000	96 000	96 000
营业利润	244 000	234 000	224 000	214 000	204 000
所得税	48 800	46 800	44 800	42 800	40 800
税后利润	195 200	187 200	179 200	171 200	163 200
营业现金净流量	291 200	283 200	275 200	267 200	259 200

表 3-3   投资项目现金流量计算表   单位:元

项目		年份					
		0	1	2	3	4	5
甲方案	固定资产投资	−500 000					
	营运资金垫支	−200 000					
	营业现金流量		291 200	283 200	275 200	267 200	259 200
	固定资产残值						20 000
	营运资金收回						200 000
	现金流量合计	−700 000	291 200	283 200	275 200	267 200	479 200
乙方案	固定资产投资	−750 000					
	营运资金垫支	−250 000					
	营业现金流量		308 800	308 800	308 800	308 800	308 800
	固定资产残值						30 000
	营运资金收回						250 000
	现金流量合计	−1 000 000	308 800	308 800	308 800	308 800	588 800

乙方案营业期间的现金流量比较规则,其现金流量的测算可以用公式直接计算(公式法)。

乙方案营业现金净流量=税后营业利润+非付现成本

$$=(1\ 400\ 000-1\ 050\ 000-144\ 000)\times(1-20\%)+144\ 000$$

$$=308\ 800(元)$$

或:乙方案营业现金净流量=收入×(1−所得税税率)−付现成本×(1−所得税税率)

$$+非付现成本\times所得税税率$$

$$=1\ 400\ 000\times80\%-1\ 050\ 000\times80\%+144\ 000\times20\%$$

$$=308\ 800(元)$$

任务三 确定项目投资评价指标

【任务描述】

项目投资决策的财务可行性评价是以现金流量为基础,通过计算不同的评价指标完成的,包括考虑货币时间价值因素的动态指标和不考虑时间价值的静态指标。动态指标主要有净现值、等额年金、现值指数、内含报酬率;静态指标主要有回收期和会计报酬率等。本任务主要介绍各种评价指标的计算。

【知识准备】

一、净现值(NPV)

(一)概念与计算

二维码 3-2
净现值

净现值是指特定项目未来现金净流量现值与原始投资额现值的差额,计算公式为:

$$净现值＝未来现金净流量总现值－原始投资额总现值 \tag{3.5}$$

计算净现值时,预定的贴现率可以是反映整个社会投资收益率的最低水平的市场利率,也可以是投资者所期望的最低投资报酬率或者企业平均资本成本率,要充分考虑投资项目的风险补偿因素、通货膨胀因素和企业筹资承担的资本成本率水平。

(二)决策原则

净现值为正数,表明投资项目的报酬率大于资本成本,该项目可以增加企业价值,该方案为可行方案,应予采纳;反之,应该放弃。

(三)优缺点

净现值法具有广泛的适用性,理论上比其他方法更完善。净现值是绝对值,对于投资额不同的项目评价有一定局限性。寿命期不等的互斥项目,通常也无法直接比较净现值,解决该问题可以使用共同年限法或等额年金法。

二、年金净流量(ANCF)

(一)概念与计算

等额年金指项目期间内全部现金净流量总额的总现值折算为每年相等的现金净流量,计算公式为:

$$年金净流量＝现金净流量总现值÷年金现值系数 \tag{3.6}$$

（二）决策原则

等额年金指标的结果大于零,方案可行。在两个以上寿命期不同的投资方案比较时,等额年金越大,方案越好。

【例 3-6】 甲、乙两个投资方案,甲方案需一次性投资 10 000 元,可用 8 年,净残值 2 000 元,每年取得税后营业利润 3 500 元;乙方案需一次性投资 10 000 元,可用 5 年,无残值,第一年获利 3 000 元,以后每年递增 10%。如果资本成本率为 10%,应采用哪种方案?

两项目使用年限不同,净现值是不可比的,应考虑它们的年金净流量。由于:

甲方案每年 NCF＝3500＋(10 000－2 000)/8＝4 500(元)

乙方案营业期各年 NCF:

第一年＝3 000＋10 000/5＝5 000(元)

第二年＝3 000×(1＋10%)＋10 000/5＝5 300(元)

第三年＝3 000×(1＋10%)^2＋10 000/5＝5 630(元)

第四年＝3 000×(1＋10%)^3＋10 000/5＝5 993(元)

第五年＝3 000×(1＋10%)^4＋10 000/5＝6 392.30(元)

甲方案净现值＝4 500×5.335＋2 000×0.467－10 000＝14 941.50(元)

乙方案净现值＝5 000×0.909＋5 300×0.826＋5 630×0.751＋5 993×0.683

＋6 392.3×0.621－10 000≈11 213.77(元)

甲方案年金净流量＝14 941.50÷(P/A,10%,8)＝2 801(元)

乙方案年金净流量＝11 213.77÷(P/A,10%,5)＝2 958(元)

乙方案净现值大于甲方案,因此,乙方案优于甲方案。

（三）优缺点

等额年金法适用于期限不同的投资方案决策(与净现值的区别),但所采用的贴现率不易确定、不便于对原始投资额不相等的独立投资方案进行决策(与净现值一样)。等额年金法属于净现值法的辅助方法,在各方案寿命期相同时,实质上就是净现值法。

三、现值指数(PI)

（一）概念与计算

现值指数是指投资项目未来现金净流量现值与原始投资额现值的比值,计算公式为:

$$现值指数＝未来现金净流量总现值÷原始投资额总现值 \qquad (3.7)$$

$$现值指数＝1＋净现值÷原始投资额总现值 \qquad (3.8)$$

（二）决策原则

现值指数大于1,表明投资项目的报酬率大于资本成本,该项目可以增加股东财富,该方案为可行方案,应予采纳;反之,应该放弃。

(三) 优缺点

现值指数表示 1 元初始投资取得的现值毛收益。现值指数是相对数,反映投资的效率,现值指数消除了投资额的差异,但是没有消除项目期限的差异。

四、内含报酬率(IRR)

二维码 3-3
内含报酬率

(一) 概念与计算

内含报酬率是指能够使未来现金净流量现值等于原始投资额现值的折现率,或者说是使投资项目净现值为零的折现率,其计算方法一般是逐步测试法。

(二) 决策原则

内含报酬率大于项目资本成本率或要求的最低报酬率,该项目可以提升企业价值,应予采纳;反之,应该放弃。

【**例 3-7**】　德胜达公司某投资项目内含报酬率的测试(找净现值等于 0 的两个临界系数)如表 3-4 所示。

表 3-4　德胜达公司某投资项目现金流资料

年份	现金净流量	折现率=18%		折现率=16%	
		折现系数	现 值	折现系数	现 值
0	−20 000	1	−20 000	1	−20 000
1	11 800	0.847	9 995	0.862	10 172
2	13 240	0.718	9 506	0.743	9 837
净现值			−499		9

采用内插法确定德胜达公司该投资项目内含报酬率,如表 3-5 所示。

表 3-5　德胜达公司某投资项目内含报酬率测试

贴现率	净现值
16%	9
IRR	0
18%	−499

$$(IRR-18\%)\div(16\%-18\%)=[0-(-499)]\div[9-(-499)]$$

解得:　　　　　　　　　　　$IRR\approx16.04\%$

净现值、现值指数和内含报酬率的比较如下。

(1)净现值法和现值指数法虽然考虑了时间价值,可以说明投资项目的报酬率高于或低于资本成本,但没有揭示项目本身可以达到的具体的报酬率是多少。内含报酬率是根据项目的现金流量计算的,是项目本身的投资报酬率。

(2)内含报酬率和现值指数法都是根据相对比率来评价项目。两者的区别在于在计算内含报酬率时不必事先估计资本成本,只是最后需要一个切合实际的资本成本来判断项目是否可行。现值指数法需要一个适合可行的折现率,以便将现金流量折为现值。

(3)在评价某一项目是否可行时,3个评价指标结论一致,即净现值大于0时,则现值指数大于1,内含报酬率大于项目资本成本。

【例 3-8】 德胜达公司某投资项目初始投资额 9 000 万元,未来 3 年每年末现金净流入量分别为 1 200 万元、6 000 万元和 6 000 万元,企业项目的资本成本为 10%。

要求:计算该项目的净现值、现值指数和内含报酬率,并进行决策。

（1）计算净现值。

$1\ 200×(P/F,10\%,1)+6\ 000×(P/F,10\%,2)+6\ 000×(P/F,10\%,3)-9\ 000$
$=1\ 557(万元)$

（2）计算现值指数。

$[1\ 200×(P/F,10\%,1)+6\ 000×(P/F,10\%,2)+6\ 000×(P/F,10\%,3)]/9\ 000$
$=1.17$

（3）计算内含报酬率。

$1\ 200×(P/F,IRR,1)+6\ 000×(P/F,IRR,2)+6\ 000×(P/F,IRR,3)-9\ 000=0$

如果折现率 16%,则 NPV=338(万元)

如果折现率 18%,则 NPV=-22(万元)

$$(IRR-16\%)÷(18\%-16\%)=(0-338)÷(-22-338)$$
$$IRR≈17.88\%$$

决策:净现值大于零,现值指数大于1,内含报酬率大于项目资本成本,项目可行。

五、回收期(PP)

二维码 3-4 回收期

（一）概念与计算

回收期是指投资引起的现金净流量累计到与原始投资额相等所需要的时间。按回收投资的起点时间不同,有从项目建设之日起计算(包括建设期的投资回收期)和从项目投产使用之日起(不包括建设期的投资回收期)计算两种。按计算是否考虑时间价值分为静态回收期(非折现)和动态回收期(折现)。

1. 静态回收期(不考虑货币时间价值)

（1）原始投资一次支出、没有建设期且未来每年现金净流量相等,其回收期可按公式计算:

$$回收期=原始投资额÷每年相等的现金净流量 \tag{3.9}$$

【例 3-9】 德胜达公司某投资项目初始投资额一次支出 12 000 万元,没有建设期,未来 3 年每年末现金净流入量 4 600 万元

要求:计算该项目的回收期。

$$回收期 = 12\ 000 \div 4\ 600 \approx 2.61(年)$$

（2）如果现金净流量每年不相等,可采用列表法,累计现金净流量等于原始投资额的时间即为回收期,计算公式为:

回收期 = 累计总现金流量第一次出现正数的年份 − 1 ＋ 上一年末累计尚未收回投资

÷ 当年现金净流量 　　　　　　　　　　　　　　　　　　　　　　(3.10)

【例 3-10】 德胜达公司某投资项目原始投资额 9 000 万元,未来 3 年现金净流量如表 3-6 所示。要求:确定该项目的静态回收期。

表 3-6 德胜达公司某投资项目现金流量资料　　　　　　　　单位:万元

项目期限	0	1	2	3
现金流量（NCF）	−9 000	1 200	6 000	6 000
累计总现金流量	−9 000	−7 800	−1 800	4 200

$$回收期 = 3 − 1 + 1\ 800 \div 6\ 000 = 2.3(年)$$

静态回收期其实就是累计总现金流量等于零时的项目期限,因此也可以根据内插法求解累计现金流量等于零对应的期限。

采用内插法求解回收期:

$$(回收期 − 2) \div (3 − 2) = (0 + 1\ 800) \div (4\ 200 + 1\ 800)$$

$$回收期 = 2.3(年)$$

2. 动态回收期（考虑货币时间价值）

动态回收期是指在考虑资金时间价值的前提下收回全部初始投资所需要的时间,其计算公式为:

回收期 = 累计现金流量现值第一次出现正数的年份 − 1 ＋ 上一年末未收回投资现值

÷ 当年现金净流量现值 　　　　　　　　　　　　　　　　　　(3.11)

动态回收期其实就是净现值等于零时的项目期限,因此可以根据内插法求解净现值等于零对应的期限。

【例 3-11】 德胜达公司某项目初始投资额 9 000 万元,未来 3 年每年末现金净流入量如表 3-7 所示,项目资本成本 10%。要求:计算该项目的动态回收期。

表 3-7 德胜达公司某投资项目现金流量资料

项目	0	1	2	3
现金流量（NCF）	−9 000	1 200	6 000	6 000
现金流量现值（10%）	−9 000	1 091	4 958	4 508
累计现金流量现值	−9 000	−7 909	−2 951	1 557

$$回收期 = (3 − 1) + (2\ 951 \div 4\ 508) \approx 2.65(年)$$

（二）决策原则

回收期不能大于基准投资回收期或投资人要求的投资回收期。

（三）优缺点

优点：① 计算简便，容易为决策人所正确理解；② 可以大体上衡量项目的流动性和风险。

缺点：① 静态回收期没有考虑时间价值；② 静态和动态回收期均没有考虑回收期以后的现金流量，没有衡量项目的盈利性；③ 促使公司优先考虑急功近利的项目，可能导致公司放弃有战略意义的长期项目。

六、会计报酬率（ARR）

（一）概念与计算

会计报酬率是指根据会计报表数据计算的年平均净利润与原始投资额之比，即：

$$会计报酬率＝年平均净利率÷原始投资额÷100\% \tag{3.12}$$

（二）决策原则

会计报酬率应不低于投资人要求的最低收益率。

（三）优缺点

优点：① 一种衡量盈利性的简单方法，使用的概念易于理解；② 考虑了整个项目寿命期的全部利润；③ 使用财务报告的数据，容易取得；④ 揭示了采纳项目后的财务报表的变化，使经理人员知道业绩的预期，也便于项目的事后评价。

缺点：① 使用账面利润而非现金流量，忽视了折旧对现金流量的影响；② 忽视了净利润的时间分布对于项目经济价值的影响。

【例 3-12】 某项目初始投资额 20 000 万元，未来两年每年产生净利润分别为 1 800 万元和 3 240 万元。

要求：计算该项目的会计报酬率。

$$年均净利润＝(1\ 800＋3\ 240)÷2＝2\ 520$$

$$会计报酬率＝年均利润÷原始投资额＝2\ 520÷20\ 000＝12.6\%$$

任务四　项目投资方案决策

【任务描述】

项目投资方案有独立方案和互斥方案之分。项目投资方案决策就是利用项目投资评价指标对项目投资方案本身的可行性进行评价或是多个方案的排序或优选,本任务主要介绍不同性质项目投资方案的决策方法。

【知识准备】

一、独立投资方案的决策

二维码 3-5
独立方案评价

独立投资方案的决策要解决的问题是评价方案本身的可行性,或是一组方案的排序。独立方案评价可以采用单一指标评价,也可以多指标综合评价。单一指标的评价标准在前面指标计算中已作说明,在此不再赘述。多指标综合评价主要是指将动态指标和静态指标结合对同一方案进行评价。动态指标和静态指标对同一方案的评价,结论可能是一致的,也可能是相反的。组合在一起会形成以下几种情形:

(1)动态指标和静态指标均可行:完全具备财务可行性;

(2)动态指标可行,静态指标不可行:基本具备财务可行性;

(3)动态指标不可行,静态指标可行:基本不具备财务可行性;

(4)动态指标和静态指标均不可行:完全不具备财务可行性。

【例 3-13】　德胜达公司有足够的资金准备投资 3 个独立投资项目。A 项目投资额 10 000 元,期限 5 年;B 项目原始投资额 18 000 元,期限 5 年;C 项目原始投资额 18 000 元,期限 8 年。贴现率为 10%,其他有关资料如表 3-8 所示。问:如何安排投资顺序?

表 3-8　独立投资方案的可行性指标　　　　　　　　　单位:元

项目	A 项目	B 项目	C 项目
原始投资额	−10 000	−18 000	−18 000
每年 NCF	4 000	6 500	5 000
期限	5 年	5 年	8 年
净现值(NPV)	5 164	6 642	8 675
现值指数(PVI)	1.52	1.37	1.48
内含报酬率(IRR)	28.68%	23.61%	22.28%
年金净流量(ANCF)	1 362	1 752	1 626

从各自方案指标来看,A、B、C 均为可行方案。

如果将 3 个方案对比排序,可以将上述 3 个方案的各种决策指标加以对比,如表 3-9 所示。

表 3-9　德胜达公司独立方案评价指标对比排序关系

净现值(NPV)	C>B>A
现值指数(PVI)	A>C>B
内含收益率(IRR)	A>B>C
年金净流量(ANCF)	B>C>A

从表 3-8 和表 3-9 的数据可以得出如下结论。

(1) A 项目与 B 项目比较：两项目原始投资额不同但期限相同,尽管 B 项目净现值和年金净流量均大于 A 项目,但 B 项目原始投资额高,获利程度低。因此,应优先安排内含报酬率和现值指数较高的 A 项目。

(2) B 项目与 C 项目比较：两项目原始投资额相等但期限不同,尽管 C 项目净现值和现值指数高,但它需要经历 8 年方能获得。B 项目 5 年项目结束后,所收回的投资可以进一步投资于其他后续项目。因此,应该优先安排内含报酬率和年金净流量较高的 B 项目。

(3) A 项目与 C 项目比较：两项目的原始投资额和期限都不相同,A 项目内含报酬率较高,但净现值和年金净流量都较低。C 项目净现值高,但期限长;C 项目年金净流量也较高,但它是依靠较大的投资额取得的。因此,从获利程度的角度来看,A 项目是优先方案。

本例中,投资顺序应该按 A、B、C 顺序实施投资。现值指数指标也反映了方案的获利程度,除了期限不同的情况外,其结论也是正确的。但在项目的原始投资额相同而期限不同的情况下(如 B 和 C 的比较),现值指数实质上就是净现值的表达形式。至于净现值指标和年金净流量指标,它们反映的是各方案的获利数额,要结合内含报酬率指标进行决策。

综上所述,在独立投资方案比较性决策时,内含报酬率指标综合反映了各方案的获利程度,在各种情况下的决策结论都是正确的。

二维码 3-6
互斥方案评价

二、互斥投资方案的决策

互斥方案是一组互相排斥、不能并存的方案。互斥方案决策是从一组可行方案中选择最优方案的过程,也就是我们需要知道哪个更好些。因此,互斥方案决策要解决的问题是应该淘汰哪个方案,选择哪个方案,具体可分以下两种情况。

(一) 项目寿命期相等时

项目寿命期相等时,选择净现值或年金净流量较大的方案。

从例 3-13 可知,A、B 两项目寿命期相同,而原始投资额不等;两项目为互斥方案,只能采纳一个,不能同时并存。

A 项目与 B 项目比较,两项目原始投资额不等。尽管 A 项目的内含报酬率和现值指数都较高,但互斥方案应考虑获利数额,因此净现值高的 B 项目是最优方案。两项目的期限是相同的,年金净流量指标的决策结论与净现值指标的决策结论是一致的。

B 项目比 A 项目投资额多 8 000 元,按 10% 的贴现率水平要求,分 5 年按年金形式回收,每年应回收 2 110 元(8 000/3.7908)。但 B 项目每年现金净流量比 A 项目也多取得 2 500 元(6 500-4 000),扣除应增加的回收额 2 110 元后,每年还可以多获得投资报酬 390 元,这个差额正是两项目年金净流量指标值的差额(1 752-1 362)。所以,在原始投资额不等、寿命期相同的情况下,净现值与年金净流量指标的决策结论一致,应采用年金净流量较大的 B 项目。事实上,互斥方案的选优决策,各方案本身都是可行的,均有正的净现值,表明各方案均收回了原始投资,并有超额报酬。如果进一步在互斥方案中选优,可以将方案的获利数额作为选优的评价标准。在项目的寿命期相等时,不论方案的原始投资额大小如何,能够获得更大的获利数额即净现值的,即为最优方案。所以,在互斥投资方案的选优决策中,原始投资额的大小并不影响决策的结论,无须考虑原始投资额的大小。

(二)项目寿命期不同时

1. 共同年限法(又称为重置价值链法)

共同年限法是假设投资项目可以在终止时进行重置,通过重置使其达到相同的年限,然后比较其调整后的净现值,选择重置净现值最大的方案。共同年限采用最小公倍数确定。决策原则是选择重置净现值最大的方案。

2. 等额年金法(即年金净流量法)

等额年金法的计算步骤如下:① 计算两项目的净现值;② 计算净现值的等额年金额(即年金净流量=净现值/普通年金现值系数);③ 计算项目的永续净现值(永续净现值=年金净流量/资本成本),即等额年金的资本化。

决策原则是:若资本成本相同则选择年金净流量最大的方案;若资本成本不同则选择永续净现值最大的方案。

共同年限法和等额年金法的比较如表 3-10 所示。

表 3-10　共同年限法与等额年金法的比较

项目	共同年限法	等额年金法
区别	比较直观、易于理解,但是预计现金流量很难	应用简单,但是不便于理解
共同缺陷	(1) 有的领域技术进步快,目前就可以预期升级换代不可避免,不可能原样复制 (2) 如果通货膨胀比较严重,必须要考虑重置成本的上升,对此两种方法都没有考虑 (3) 从长期来看,竞争会使项目净利润下降,甚至被淘汰,对此分析时没有考虑	

【例 3-14】 现有甲、乙两个设备购置方案,所要求的最低投资收益率为 10%。甲设备投资额 10 000 元,可用 2 年,无残值,每年产生 8 000 元现金净流量。乙设备投资额 20 000 元,可用 3 年,无残值,每年产生 10 000 元现金净流量。

问:两方案何者为优(甲、乙两方案共同年限法如图 3-3 和图 3-4 所示)?

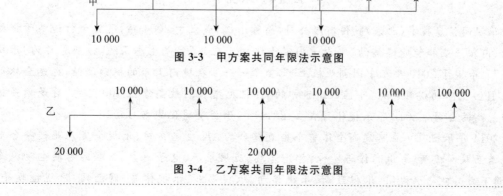

图 3-3　甲方案共同年限法示意图

图 3-4　乙方案共同年限法示意图

互斥方案优选决策如表 3-11 所示。

表 3-11 互斥方案优选决策 单位:元

项目	甲设备	乙设备
净现值(NPV)	3 888	4 870
年金净流量(ANCF)	2 238	1 958
内含收益率(IRR)	38%	23.39%

方法 1:共同年限法(甲乙最小公倍数是 6 年)

甲净现值 $=8\ 000\times(P/A,10\%,6)-10\ 000\times(P/F,10\%,4)-10\ 000\times(P/F,10\%,2)$
$-10\ 000=8\ 000\times4.355\ 3-10\ 000\times0.683-10\ 000\times0.826\ 4-10\ 000$
$=9\ 748.4(元)$

或:甲净现值 $=3\ 888+3\ 888\times(P/F,10\%,2)+3\ 888\times(P/F,10\%,4)$

乙净现值 $=10\ 000\times(P/A,10\%,6)-20\ 000\times(P/F,10\%,3)-20\ 000$
$=10\ 000\times4.355\ 3-20\ 000\times0.751\ 3-20\ 000=8\ 527(元)$

或:乙净现值 $=4\ 870+4\ 870\times(P/F,10\%,3)$

上述计算说明,延长寿命期后,两方案投资期限相等的 6 年,甲方案净现值 9 748 元高于乙方案净现值 8 527 元,故甲方案优于乙方案。

方法 2:年金净流量法

(1) 甲方案。

年金净流量 $=3\ 888/(P/A,10\%,2)=3\ 888/1.735\ 5\approx2\ 240(元)$

或:重置年金净流量 $=9\ 748/(P/A,10\%,6)=9\ 748/4.355\ 3\approx2\ 238(元)$

(2) 乙方案。

年金净流量 $=4\ 870/(P/A,10\%,3)=4\ 870/2.486\ 9\approx1\ 958(元)$

或:重置年金净流量 $=8\ 527/(P/A,10\%,6)=8\ 527/4.355\ 3\approx1\ 958(元)$

所以:甲方案优于乙方案。

【案例分析】

疯狂的"乐视"

乐视网信息技术(北京)股份有限公司,简称乐视,成立于 2004 年,致力于打造基于视频产业、内容产业和智能终端的"平台＋内容＋终端＋应用"完整生态系统,被业界称为"乐视模式"。乐视于 2010 年在中国创业板上市,是唯一一家在境内上市的视频网站,也是全球第一家 IPO 上市的视频网站,市值从上市初的 30 亿元增长到最高峰值 400 亿元,曾是创业板市值最高的公司。2012 年乐视体育成立;2014 年,乐视全球化战略启动。

2014 年乐视 TV 在京发布全球首个垂直整合的 4K 生态系统;乐视垂直产业链整合业务涵盖互联网视频、影视制作与发行、智能终端、应用市场、电子商务、互联网智能电动汽车等;旗下公司包括乐视网、乐视致新、乐视移动、乐视影业、乐视体育、网酒网、乐视控股等;

2014年乐视全生态业务总收入接近100亿元。2014年12月,乐视宣布"SEE 计划",将打造超级汽车及汽车互联网电动生态系统。

乐视从造电视快速崛起,如果说造手机还能够与电视打造的内容和终端的生态体系一致,那么,造车绝对是压垮乐视的最后一根稻草。可以说,乐视决定造汽车就是一个战略失误!汽车属于典型的"技术+资金"双密集型产业。乐视做汽车从技术到资金都不具备任何优势,技术储备暂且不论,研发汽车所需的投入十分巨大,据有关方面统计,乐视在汽车产业上的投资超过了150亿元。而且乐视估计造车至少需要400亿元的投资。如此巨量的资金,乐视在很多板块都还没有盈利的时候,就贸然介入,最后资金量断裂就不难让人理解了。

正因为乐视汽车熊熊燃烧的金钱波及到其他的生态圈,乐视逐渐被推向了令人窒息的深渊……

解析:① 多元化扩张要谨慎。乐视从当初的风光无限,到现在的局面,其根本原因还是冒进的扩张导致的资金链断裂。在乐视所谓的生态体系中,乐视体育、乐视汽车等并不能带来预期的现金流。因此,无论是企业家还是投资者,疯狂砸钱的时候还是要三思而后行。

② 专注的"工匠精神"很重要。乐视跌下神坛表明专注深耕一个行业的重要性,只有精益求精的"工匠精神"才能打造企业的"护城河"。没有自己的核心竞争力,即使站在了"风口",最后也会被摔得很惨。多元化的操作分散了乐视的专注,拖累了主业的发展。

资料来源:二牛网.跌下神坛的乐视带给我们哪些教训和启示[EB/OL].(2017-05-24)[2022-03-11]. https://www.sohu.com/a/143393199_420024.

【拓展阅读】

国务院关于加强固定资产投资项目资本金管理的通知

国发〔2019〕26号

各省、自治区、直辖市人民政府,国务院各部委、各直属机构:

对固定资产投资项目(以下简称投资项目)实行资本金制度,合理确定并适时调整资本金比例,是促进有效投资、防范风险的重要政策工具,是深化投融资体制改革、优化投资供给结构的重要手段。为更好发挥投资项目资本金制度的作用,做到有保有控、区别对待,促进有效投资和风险防范紧密结合、协同推进,现就加强投资项目资本金管理工作通知如下:

一、进一步完善投资项目资本金制度

(一)明确投资项目资本金制度的适用范围和性质。该制度适用于我国境内的企业投资项目和政府投资的经营性项目。投资项目资本金作为项目总投资中由投资者认缴的出资额,对投资项目来说必须是非债务性资金,项目法人不承担这部分资金的任何债务和利息;投资者可按其出资比例依法享有所有者权益,也可转让其出资,但不得以任何方式抽回。党中央、国务院另有规定的除外。

(二)分类实施投资项目资本金核算管理。设立独立法人的投资项目,其所有者权益可以全部作为投资项目资本金。对未设立独立法人的投资项目,项目单位应设立专门账户,规范设置和使用会计科目,按照国家有关财务制度、会计制度对拨入的资金和投资项目的资产、负债进行独立核算,并据此核定投资项目资本金的额度和比例。

(三)按照投资项目性质,规范确定资本金比例。适用资本金制度的投资项目,属于政府投资项目的,有关部门在审批可行性研究报告时要对投资项目资本金筹措方式和有关资金来源证明文件的合规性进行审查,并在批准文件中就投资项目资本金比例、筹措方式予以确认;属于企业投资项目的,提供融资服务的有关金融机构要加强对投资项目资本金来源、比例、到位情况的审查监督。

二、适当调整基础设施项目最低资本金比例

(四)港口、沿海及内河航运项目,项目最低资本金比例由25%调整为20%。

(五)机场项目最低资本金比例维持25%不变,其他基础设施项目维持20%不变。其中,公路(含政府收费公路)、铁路、城建、物流、生态环保、社会民生等领域的补短板基础设施项目,在投资回报机制明确、收益可靠、风险可控的前提下,可以适当降低项目最低资本金比例,但下调不得超过5个百分点。实行审批制的项目,审批部门可以明确项目单位按此规定合理确定的投资项目资本金比例。实行核准或备案制的项目,项目单位与金融机构可以按此规定自主调整投资项目资本金比例。

(六)法律、行政法规和国务院对有关投资项目资本金比例另有规定的,从其规定。

三、鼓励依法依规筹措重大投资项目资本金

(七)对基础设施领域和国家鼓励发展的行业,鼓励项目法人和项目投资方通过发行权益型、股权类金融工具,多渠道规范筹措投资项目资本金。

(八)通过发行金融工具等方式筹措的各类资金,按照国家统一的会计制度应当分类为权益工具的,可以认定为投资项目资本金,但不得超过资本金总额的50%。存在下列情形之一的,不得认定为投资项目资本金:

1. 存在本息回购承诺、兜底保障等收益附加条件;

2. 当期债务性资金偿还前,可以分红或取得收益;

3. 在清算时受偿顺序优先于其他债务性资金。

(九)地方各级政府及其有关部门可统筹使用本级预算资金、上级补助资金等各类财政资金筹集项目资本金,可按有关规定将政府专项债券作为符合条件的重大项目资本金。

四、严格规范管理,加强风险防范

(十)项目借贷资金和不符合国家规定的股东借款、"名股实债"等资金,不得作为投资项目资本金。筹措投资项目资本金,不得违规增加地方政府隐性债务,不得违反国家关于国有企业资产负债率相关要求。不得拖欠工程款。

(十一)金融机构在认定投资项目资本金时,应严格区分投资项目与项目投资方,依据不同的资金来源与投资项目的权责关系判定其权益或债务属性,对资本金的真实性、合规性和投资收益、贷款风险进行全面审查,并自主决定是否发放贷款以及贷款数量和比例。项目单位应当配合金融机构开展投资项目资本金审查工作,提供有关资本金真实性和资金来源的证明材料,并对证明材料的真实性负责。

资料来源:中华人民共和国中央人民政府网站。

【课证融通】

一、单项选择题

1. 在以下各种投资中,不属于项目投资类型的是( )。

A. 固定资产投资　　　　　　　　　B. 更新改造投资

C. 证券投资　　　　　　　　　　　D. 完整企业项目投资

2. 项目投资的直接投资主体是( )。

A. 企业本身　　　B. 企业所有者　　　C. 债权人　　　D. 国家投资者

3. 项目投资的特点有( )。

A. 投资金额小　　B. 投资时间较长　　C. 投资风险小　　D. 变现能力强

4. 下列投资决策方法中,最适用于项目寿命期不同的互斥投资方案决策的是( )。

A. 净现值法　　　B. 静态回收期法　　C. 年金净流量法　　D. 动态回收期法

5. 某投资项目需要在第一年年初投资 840 万元,寿命期为 10 年,每年可带来营业现金流量 180 万元,已知按照必要收益率计算的 10 年期年金现值系数为 7.0,则该投资项目的年金净流量为( )万元。

A. 60　　　　　　B. 120　　　　　　C. 96　　　　　　D. 126

6. 投资项目的建设起点至终点之间的时间段称为( )。

A. 项目建设期　　　　　　　　　　B. 项目生产经营期

C. 项目计算期　　　　　　　　　　D. 项目试运行期

7. 项目投资总额与原始总投资的关系是( )。

A. 前者与后者相同　　　　　　　　B. 前者不小于后者

C. 前者小于后者　　　　　　　　　D. 没有任何关系

8. 现金流量又称现金流动量。在项目投资决策中,现金流量是指投资项目在其计算期内各项( )的统称。

A. 现金流入量　　　　　　　　　　B. 现金流出量

C. 现金流入量与现金流出量　　　　D. 净现金流量

9. 付现经营成本与经营成本的关系是( )。

A. 经营成本=付现经营成本+折旧等　　B. 付现经营成本=经营成本+折旧等

C. 经营成本=付现经营成本　　　　　　D. 经营成本与付现经营成本没有任何关系

10. 已知某投资项目的某年收现营业收入为 1 000 万元,该年经营总成本为 600 万元,该年折旧为 100 万元,在不考虑所得税的情况下,该年营业净现金流量为( )。

A. 400 万元　　　B. 500 万元　　　C. 600 万元　　　D. 700 万元

11. 下列指标中,属于静态评价指标的是( )。

A. 投资回收期　　B. 净现值　　　　C. 净现值率　　　D. 内部收益率

12. 已知某新建项目的净现金流量,$NCF_0=-100$ 万元,$NCF_1=-50$ 万元,$NCF_{2-5}=25$ 万元,$NCF_{6-10}=40$ 万元。计算包括建设期的投资回收期为( )。

A. 5 年　　　　　B. 5.25 年　　　　C. 6 年　　　　　D. 6.25 年

13. 能使投资方案的净现值为 0 的折现率是( )。

A. 净现值率　　　B. 内部收益率　　C. 投资利润率　　D. 资金成本率

14. 下列指标中,属于绝对指标的是( )。

A. 净现值 　　　　　 B. 净现值率 　　　　 C. 投资利润率 　　　 D. 内部收益率

15. 在只有一个投资方案的情况下,如果该方案不具备财务可行性,则( )。

A. 净现值>0 　　　 B. 净现值率<0 　　　 C. 内部收益率>0 　　 D. 内部收益率<0

16. 已知某投资项目的原始投资额现值为 100 万元,净现值为 25 万元,则该项目的现值指数为( )。

A. 0.25 　　　　　　 B. 0.75 　　　　　　 C. 1.05 　　　　　　 D. 1.25

17. 某投资项目需在开始时一次性投资 50 000 元,其中固定资产投资为 45 000 元,运营资金电子 5 000 元,没有建设期。各年营业现金净流量分别为 10 000 元,12 000 元,16 000 元,20 000 元,21 600 元,14 500 元。则该项目的静态回收期是( )年。

A. 3.35 　　　　　　 B. 4.00 　　　　　　 C. 3.60 　　　　　　 D. 3.4

18. 项目只有第一年年初产生现金净流出,随后各年均产生现金净流入,且其动态回收期短于项目的寿命期,则该投资项目的净现值( )。

A. 大于 0 　　　　　 B. 无法判断 　　　　 C. 等于 0 　　　　　 D. 小于 0

19. 下列各项因素,不会对投资项目内含收益率指标计算结果产生影响的是( )。

A. 原始投资额 　　　 B. 资本成本 　　　　 C. 项目计算期 　　　 D. 现金净流量

20. 下列各项中,不属于静态投资回收期优点的是( )。

A. 计算简便 　　　　　　　　　　　　 B. 便于理解

C. 直观反映返本期限 　　　　　　　　 D. 正确反映项目总回报

二、多项选择题

1. 对于单个投资项目,当净现值大于 0 时,有( )关系成立。

A. 净现值率大于 0 　　　　　　　　　 B. 内部收益率大于 0

C. 各年现金流入量大于现金流出量 　　 D. 该项目具有财务可行性

2. 下列指标中属于贴现指标的是( )。

A. 投资回收期 　　 B. 净现值 　　　　　 C. 现金流量 　　　　 D. 内部收益率

3. 下列因素中,影响内部收益率的是( )。

A. 银行利率 　　　　　　　　　　　　 B. 资金成本率

C. 投资项目计算期 　　　　　　　　　 D. 初始投资金额

4. 下列属于评价投资项目的主要指标有( )。

A. 净现值 　　　　 B. 净现值率 　　　　 C. 内部收益率 　　　 D. 投资回收期

5. 净现值属于( )。

A. 正指标 　　　　 B. 反指标 　　　　　 C. 绝对指标 　　　　 D. 相对指标

6. 建设期资本化利息是指在建设期发生与( )有关的借款利息。

A. 存货 　　　　　 B. 流动资产 　　　　 C. 固定资产 　　　　 D. 无形资产

7. 当建设期不为零时,建设期各年内的净现金流量可能( )。

A. 小于 0 　　　　 B. 等于 0 　　　　　 C. 大于 0 　　　　　 D. 等于 1

8. 下列项目中,属于现金流入量的是( )。

A. 营业收入 　　　　　　　　　　　　 B. 残值回收额

C. 流动资金回收额 　　　　　　　　　 D. 建设投资

9. 在经营期的任何一年内的净现金流量等于（　　）。

A. 原始投资额的负值

B. 原始投资与资本化利息

C. 该年现金流入量与其流出量之差

D. 该年利润加折旧、摊销和利息

10. 使各年利润分布与现金流量分布不同的因素是（　　）。

A. 折旧方法

B. 存货计价方法

C. 间接计入费用分配方法

D. 收现率

11. 下列各项中，与新建项目特征有关的说法是（　　）。

A. 以新增生产能力为目的

B. 以恢复或改善生产能力为目的

C. 属于外延式扩大再生产

D. 属于内涵式或简单再生产

12. 项目投资决策具有（　　）特点。

A. 投资规模大　　　　B. 投资时间长　　　　C. 投资风险大　　　　D. 投资频率高

13. 项目投资可以（　　）。

A. 增强企业经济实力

B. 提高企业创新能力

C. 提升市场竞争力

D. 增加负债

14. 项目投资可行性评价包括（　　）。

A. 财务评价可行性评价

B. 国民经济可行性评价

C. 技术评价可行性评价

D. 项目投资效益评价

15. 项目投资的决策程序一般包括以下步骤（　　）。

A. 投资项目的提出

B. 投资项目的可行性分析

C. 投资项目的决策

D. 投资项目的实施与控制

16. 下列投资项目评价指标中，考虑了货币时间价值因素的有（　　）。

A. 现值指数　　　　B. 内含报酬率　　　　C. 静态回收期　　　　D. 净现值

17. 在其他因素不变的情况下，下列财务评价指标中，指标数值越大表明项目可行性越强的有（　　）。

A. 净现值　　　　B. 现值指数　　　　C. 内含报酬率　　　　D. 动态回收期

18. 在考虑所得税影响的情况下，下列计算营业现金净流量的算式中，正确的有（　　）。

A. 税后营业利润＋非付现成本

B. 营业收入－付现成本－所得税

C. （营业收入－付现成本）×（1－所得税税率）

D. 营业收入×（1－所得税税率）＋非付现成本×所得税税率

19. 下列投资决策方法中，最适用于项目寿命期不同的互斥投资方案决策的有（　　）。

A. 净现值法　　　　B. 共同年限法　　　　C. 年金净流量法　　　　D. 动态回收期法

20. 下列可用来作为确定投资方案净现值的贴现率的有（　　）。

A. 以市场利率为标准

B. 以投资者希望获得的预期最低投资收益率为标准

C. 以企业平均资本成本率为标准

D. 以政府债券利率为标准

三、判断题

1. 项目投资是与固定资产有关的长期投资。　　　　　　　　　　　　　　　　　（　　）

2. 项目投资就是固定资产投资。 （ ）

3. 企业应该频繁地进行项目投资。 （ ）

4. 项目投资决策都应该提交股东大会决策。 （ ）

5. 项目投资决策必须按企业规定的程序。 （ ）

6. 建设期资本化利息不属于建设投资的范畴，不能作为现金流出量的内容。 （ ）

7. 公司理财中的现金流量与财务会计中的现金流量含义一致。 （ ）

8. 假定每年的赊销额与回收以前年度的款项相等，则该年的销售收入等于该年的收现营业收入。 （ ）

9. 一个投资方案在项目计算期内任一年度的净现金流量等于该年的利润、折旧、摊销、借款利息和回收额之和。 （ ）

10. 资本化利息不应该计算为建设期项目现金流出量。 （ ）

11. 判断投资方案财务可行性的主要指标有净现值、净现值率、内部收益率、投资回收期，但不包括投资利润率。 （ ）

12. 净现值是指在项目计算期内，按投资者要求的必要报酬率或资金成本率作为折现率计算的各年净现金流量现值的代数和。 （ ）

13. 评价指标按性质不同，可分为折现指标和非折现指标两大类。 （ ）

14. 静态投资回收期简称回收期，是指投资项目收回原始总投资所需要的时间，即以投资项目经营净现金流量抵偿原始总投资所需要的全部时间。它是一个辅助指标。 （ ）

15. 分别利用净现值、净现值率、内部收益率指标对某单一独立项目进行评价，会得出相同结论。 （ ）

【岗位能力检测】

一、X 方案需要投资固定资产 505 万元，不需要安装就可以使用，预计使用寿命为 10 年，期满残值收入 5 万元，采用直线法计提折旧，该项目投产后预计会使公司的存货和应收账款共增加 20 万元，应付账款增加 5 万元。假设不会增加其他流动资产和流动负债。在项目运营的 10 年中，预计每年为公司增加税前利润 80 万元。X 方案的现金流量如表 3-12 所示。

表 3-12　X 方案现金流量计算表　　　　　　　　　　　　单位：万元

项目	年份		
	0	1—9	10
一、投资期现金流量			
固定资产投资	A		
营运资金垫支	B		
投资现金净流量	*		
二、营业期现金流量			
销售收入		*	*
付现成本		*	*
折旧		C	*
税前利润		80	*

续表

项目	年份		
	0	1—9	10
所得税		*	*
净利润		D	*
营业现金净流量		E	F
三、终结期现金流量			
固定资产净残值			*
回收营运资金			G
终结期现金净流量			*
四、年现金净流量合计	*	*	H

要求:确定表中字母所代表的数值(不需要列示计算过程)。

二、设企业的资本成本为10%,有三项投资项目,有关数据如表3-13所示。

表 3-13　企业项目投资资料　　　　　　　　　　　单位:万元

年份	A 项目			B 项目			C 项目		
	净利润	折旧	现金流量	净利润	折旧	现金流量	净利润	折旧	现金流量
0			−20 000			−9 000			−12 000
1	1 800	10 000	11 800	−1 800	3 000	1 200	600	4 000	4 600
2	3 240	10 000	13 240	3 000	3 000	6 000	600	4 000	4 600
3				3 000	3 000	6 000	600	4 000	4 600
合计	5 040		5 040	4 200		4 200	1 800		1 800

要求:

(1) 求各方案的净现值。

(2) 求各方案的现值指数。

(3) 求 A 项目和 C 项目的内含报酬率。

(4) 求 A 项目的静态和折现回收期,C 项目的回收期。

三、假设公司资本成本是10%,有 A 和 B 两个互斥的投资项目,A 项目的年限为 6 年。净现值 12 441 万元,内含报酬率 19.73%;B 项目的年限为 3 年,净现值为 8 324 万元,内含报酬率 32.67%。

两个指标的评估结论有矛盾,A 项目净现值大,B 项目内含报酬率高。要求用共同年限法、等额年金法分别作出最优决策。

【小试牛刀】

根据创业公司实际,预测公司未来收支情况,采用相关指标,初步评价创业项目的财务可行性。

项目四　制订资金营运管理策略

【项目导入】

　　创业者小秦遇到的对现金、应收账款及存货的安排就是资金营运活动的管理。营运资金是流动资产减去流动负债的差额，因此营运资金的特点受流动资产和流动负债的影响。营运资金一般具有来源的多样性、数量的波动性、周转的短期性及实物形态的变动性和易变现等特点。营运资金管理就是要在资产流动性与盈利能力之间权衡利弊，作出取舍，就是要加快现金、存货和应收账款的周转速度，在满足周转需要的前提下尽量减少资金占用，降低资金占用成本；就是充分利用商业信用，解决资金短期周转困难。本项目主要探讨现金、存货及应收账款的管理策略。

任务一　现金管理

【任务描述】

　　广义的现金是指在生产经营过程中以货币形态存在的资金，包括库存现金、银行存款和其他货币资金等。狭义的现金仅指库存现金。这里所讲的现金是指广义的现金。现金流动性最强，但盈利能力最弱，因此，保持合理的现金水平是企业现金管理的重要内容。本任务主要介绍现金的概念、持有现金的动机、现金目标余额的确定等内容。

【知识准备】

一、持有现金的动机

　　企业持有现金是出于 3 种需求：交易性需求、预防性需求和投机性需求。

（一）交易性需求

　　交易性需求是指企业为了维持日常周转及正常商业活动所需持有的现金。企业每天都在发生许多支出和收入，这些支出和收入在数额上不相等，在时间上不匹配，企业需要持有一定的现金来调节，以使生产经营活动能继续进行。在许多情况下，企业向客户提供的商业信用条件和它从供应商那里获得的信用条件不同，使企业必须持有现金。例如，供应商提供的信用条件是 30 天付款，而企业迫于竞争压力，则向顾客提供 45 天的信用期，这样企业必须筹集满足 15 天正常运营的资金来维持企业运转。

另外,企业业务的季节性要求企业逐渐增加存货以等待季节性的销售高潮。这时,一般会发生季节性的现金支出,企业现金余额下降;之后又随着销售高潮到来,存货减少,现金又逐渐恢复到原来水平。

(二) 预防性需求

预防性需求是指企业需要持有一定量的现金以应付突发事件对现金支付的需要,这种突发事件可能是社会经济环境变化,也可能是企业的某大客户违约导致企业突发性偿付等。尽管财务人员试图利用各种手段来较准确地估算企业需要的现金数额,但这些突发事件会使原本很好的财务计划失去效果。因此,企业为了应付突发事件,有必要维持比日常正常运转所需金额更多的现金。

确定预防性需求的现金数额时,需要考虑以下因素:

(1) 企业愿冒现金短缺风险的程度。

(2) 企业预测现金收支可靠的程度。

(3) 企业临时融资的能力。

希望尽可能减少风险的企业倾向于保留大量的现金余额,以应付其交易性需求和大部分预防性资金需求。现金收支预测可靠性程度较高,信誉良好,与银行关系良好的企业,预防性需求的现金持有量一般较低。

(三) 投机性需求

投机性需求是企业需要持有一定量的现金以抓住突然出现的获利机会。这种机会大多是稍纵即逝的,如证券价格的突然下跌,企业若没有用于投机的现金就会错过这一机会。

企业的现金持有量一般小于 3 种需求下的现金持有量之和,因为为某一需求持有的现金可以用于满足其他需求。

二、最佳现金持有量的确定

(一) 成本分析模式

成本分析模式下,需要考虑与现金管理有关的机会成本、管理成本和短缺成本。

1. 机会成本

企业持有现金,就不能用该部分现金去投资。机会成本是指企业因持有一定现金余额而丧失的投资收益。现金的机会成本和现金的持有量成正比,持有现金越多,失去的投资收益越多,机会成本越高。

2. 管理成本

现金的管理成本是指企业因持有一定数量的现金而发生的管理费用,如管理人员工资、安全措施费用等。一般认为这是一种固定成本,和现金持有量之间没有明显的比例关系。

3. 短缺成本

现金短缺成本是指在现金持有量不足，又无法及时得到补充而给企业造成的损失。持有现金越多，出现现金短缺的可能性越小，短缺成本越低，反之亦然。

最佳现金持有量是机会成本、管理成本、短缺成本三者之和达到最小值的量。

成本分析模式下的现金成本构成如图 4-1 所示。

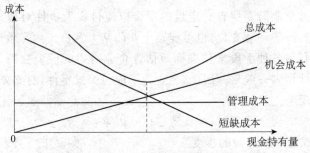

图 4-1　成本模型的现金成本

在实际工作中运用成本分析模式确定最佳现金持有量的具体步骤为：

（1）根据不同现金持有量测算并确定有关成本数值。

（2）按不同现金持有量和成本资料编制最佳现金持有量测算表。

（3）在测算表中找到成本最低的对应的现金量就是最佳现金持有量。

由成本分析模式可知，如果减少现金持有量，则增加短缺成本；如果增加现金持有量，则增加机会成本。改进上述关系的一种办法是：当拥有多余现金时，将现金转换为有价证券；当现金不足时，将有价证券转换成现金。但现金和有价证券之间的转换也需要成本，称为转换成本。转换成本是指企业用现金购入有价证券以及用有价证券换取现金时付出的交易费用，即现金同有价证券之间相互转换的成本，如买卖佣金、手续费、证券过户费、印花税、实物交割费等。转换成本可以分为两类：一是与委托金额相关的费用，如买卖佣金、印花税等；二是与委托金额无关，只与转换次数有关的费用，如委托手续费、过户费等。证券转换成本与现金持有量即有价证券变现额的多少，必然对有价证券的变现次数产生影响；即现金持有量越少，进行证券变现的次数越多，相应的转换成本就越大。

【例 4-1】　德胜达公司为寻求最佳现金持有量，现拟定 4 种现金持有方案，有关成本资料如表 4-1 所示。假设公司的投资收益率为 10%，请确定最佳现金持有量。

表 4-1　现金持有方案的成本资料　　　　　　　　　　　　　　　单位：元

项目	A 方案	B 方案	C 方案	D 方案
现金持有量	150 000	200 000	300 000	400 000
机会成本率	10%	10%	10%	10%
管理成本	2 000	2 000	2 000	2 000
短缺成本	40 000	25 000	10 000	4 000

德胜达公司最佳现金持有量计算表如表 4-2 所示。

表 4-2　最佳现金持有量测算表　　　　　　　　　　　单位:元

项目	A 方案	B 方案	C 方案	D 方案
机会成本	15 000	20 000	30 000	40 000
管理成本	2 000	2 000	2 000	2 000
短缺成本	40 000	25 000	10 000	4000
总成本	57 000	47 000	42 000	46 000

根据计算结果,C 方案的总成本最低,因此最佳现金持有量为 300 000 元。

(二) 存货模式

存货模式是将现金看作企业的一种存货,按照存货管理中的经济批量法的原理,确定企业最佳现金持有量的一种方法。

企业平时持有较多的现金,会降低现金的短缺成本,但也会增加现金占用的机会成本;平时持有较少的现金,则会增加现金的短缺成本,却能减少现金占用的机会成本。如果企业平时只持有较少的现金,在有现金需要时(如手头的现金用尽),通过出售有价证券换回现金或从银行借入现金,既能满足现金的需要,避免短缺成本,又能减少机会成本。因此,适当的现金与有价证券之间的转换,是企业提高资金使用效率的有效途径。存货模式下,确定存货持有量只考虑交易成本和机会成本。现金的交易成本与现金的机会成本所组成的相关总成本曲线如图 4-2 所示。

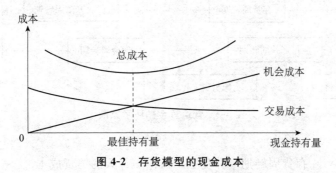

图 4-2　存货模型的现金成本

在图 4-2 中,持有现金的机会成本和交易成本是两条随现金持有量呈不同方向发展的曲线,两条曲线交叉点对应的现金持有量为最佳持有量,此时相关总成本最低。

假定企业一定期间的现金需求量用 T 表示;每次出售有价证券以补充现金所需的交易成本用 F 表示;持有现金的机会成本率用 K 表示;最佳现金持有量量用 C^* 表示。

一定时期内出售有价证券的总交易成本为:交易(转换)成本$=(T/C)\times F$

一定时期内持有现金的总机会成本表示为:机会成本$=(C/2)\times K$

则:相关总成本$=$机会成本$+$交易成本$=(C/2)\times K+(T/C)\times F$

从图 4-2 可知,最佳现金持有量 C^* 是机会成本线与交易成本线交叉点所对应的现金持有量。因此 C^* 应当满足机会成本$=$交易成本,即$(C^*/2)\times K=(T/C^*)\times F$。整理可知:

$$C = \sqrt{2TF \div K} \qquad (4.1)$$

【例 4-2】 德胜达公司预计全年现金需求总量为 200 000 元,每次出售有价证券的成本为 100 元,持有现金的机会成本率约为 10%,则企业的最佳现金持有量可以计算如下:

$$C = \sqrt{2TF \div K} = \sqrt{2 \times 200\,000 \times 100 \div 10\%} = 20\,000$$

该企业最佳现金持有量为 20 000 元,持有超过 20 000 元则会降低现金的投资收益率,低于 20 000 元则会加大企业正常现金支付的风险。

三、现金收支日常管理

(一) 现金周转期

现金周转期是现金从投入生产经营到最终再转化为现金所经历的时间。

$$现金周转期 = 存货周转期 + 应收账款周转期 - 应付账款周转期 \qquad (4.2)$$
$$存货周转期 + 应收账款周转期 = 经营周期 \qquad (4.3)$$

从收到原材料、将原材料投入生产、形成产成品到将产成品卖出的这一时期称为存货周转期;产品卖出后到收到顾客货款的这一时期称为应收账款周转期;企业取得材料存货到支付货款的时间间隔为应付账款周转期。营运资金循环过程如图 4-3 所示。

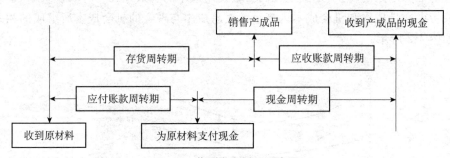

图 4-3 营运资金循环示意图

其中:

$$存货周转期 = 存货平均余额 \div 每天的销货成本 \qquad (4.4)$$
$$应收账款周转期 = 应收账款平均余额 \div 每天的销货收入 \qquad (4.5)$$
$$应付账款周转期 = 应付账款平均余额 \div 每天的购货 \qquad (4.6)$$

(二) 收款管理

一个高效率的收款系统能够使收款成本和收款浮动期达到最小,同时能够保证客户汇款及其他现金流入来源相关信息的质量。

1. 收款成本

收款成本包括浮动期成本、管理收款系统的相关费用(如银行手续费)及第三方处理费用或清算等费用。在获得资金之前,收款在途期间使企业无法利用这些资金,也会产生机会成本。

2. 收款浮动期

收款浮动期是指从支付开始到企业收到资金的时间间隔。收款浮动期主要是由纸基支付工具导致的,有下列三种类型:

(1) 邮寄浮动期:从付款人寄出支票到收款人或收款人的处理系统收到支票的时间间隔。

(2) 处理浮动期:支票的接受方处理支票和将支票存入银行以收回现金的时间间隔。

(3) 结算浮动期:通过银行系统进行支票结算所需的时间。

3. 信息的质量

信息质量包括收款方得到的付款人的姓名、付款的内容和付款时间。信息要求及时、准确地到达收款人一方,以便收款人及时处理资金,作出发货的安排。

(三) 付款管理

现金支出管理的主要任务是尽可能延缓现金的支出时间。当然,这种延缓必须是合理合法的。控制现金支出的目标是在不损害企业信誉的条件下,尽可能推迟现金的支出。

1. 使用现金浮游量

现金浮游量是指由于企业提高收款效率和延长付款时间所产生的企业账户上的现金余额和银行账户上的企业存款余额之间的差额。

2. 推迟应付款的支付

推迟应付款的支付是指企业在不影响自己信誉的前提下,充分运用供货方所提供的信用优惠,尽可能地推迟应付款的支付期。

3. 商业汇票代替支票

商业汇票分为商业承兑汇票和银行承兑汇票。这一方式的优点是它推迟了企业付款时间。

4. 争取现金流出与现金流入同步

企业应尽量使现金流出与流入同步,这样就可以降低交易性现金余额,同时可以减少有价证券转换为现金的次数,提高现金的利用效率,节约转换成本。

5. 使用零余额账户

使用零余额账户即企业与银行合作,保持一个主账户和一系列子账户。企业只在主账户保持一定的安全储备,而在一系列子账户不需要保持安全储备。当从某个子账户签发的支票需要现金时,所需要的资金立即从主账户划拨过来,从而使更多的资金可以用作他途。

任务二　应收账款管理

【任务描述】

应收账款是指企业在对外赊销产品、材料、供应劳务等而应向购货或劳务接收的单位收取的款项。应收账款对企业来说是一把双刃剑,一方面可以扩大销售和减少存货,另一方面也会增加成本或损失。而企业应收账款的多少和企业执行的信用政策松紧有关。

本任务主要介绍应收账款的成本和信用政策的制定等内容。

【知识准备】

一、应收账款的成本

应收账款作为企业为增加销售和盈利进行的投资,会发生一定的成本。应收账款的成本主要有如下几种。

(一)应收账款的机会成本

应收账款会占用企业一定量的资金,而企业若不把这部分资金投放于应收账款,便可以用于其他投资并可能获得收益,如投资债券获得利息收入。这种因投放于应收账款而放弃其他投资的收益,即为应收账款的机会成本,其计算公式如下:

$$应收账款平均余额 = 日销售额 \times 平均收现期 \qquad (4.7)$$
$$应收账款占用资金 = 应收账款平均余额 \times 变动成本率 \qquad (4.8)$$

$$
\begin{aligned}
应收账款占用资金的应计利息(即机会成本) &= 应收账款占用资金 \times 资本成本率\\
&= 应收账款平均余额 \times 变动成本率\\
&\quad \times 资本成本率\\
&= 日销售额 \times 平均收现期 \times 变动成本率\\
&\quad \times 资本成本率\\
&= 全年销售额/360 \times 平均收现期\\
&\quad \times 变动成本率 \times 资本成本率\\
&= (全年销售额 \times 变动成本率)/360\\
&\quad \times 平均收现期 \times 资本成本率\\
&= 全年变动成本/360 \times 平均收现期\\
&\quad \times 资本成本率 \qquad (4.9)
\end{aligned}
$$

式中,平均收现期指的是各种情形下收现期的加权平均数。

(二)应收账款的管理成本

应收账款的管理成本主要是指在进行应收账款管理时所增加的费用,主要包括调查顾客信用状况的费用、收集各种信息的费用、账簿的记录费用、收账费用、数据处理成本、相关管理人员成本和从第三方购买信用信息的成本等。

(三)应收账款的坏账成本

在赊销交易中,债务人由于种种原因无力偿还债务,债权人就有可能因无法收回应收账款而发生损失,这种损失就是坏账成本。可以说,企业发生坏账成本是不可避免的,而此项成本一般与应收账款发生的数量成正比。坏账成本一般用下列公式测算:

$$应收账款坏账成本 = 赊销额 \times 预计坏账损失率 \qquad (4.10)$$

二、信用政策

信用政策包括信用标准、信用条件和收账政策 3 个方面。

(一) 信用标准

信用标准是指信用申请者获得企业提供信用所必须达到的最低信用水平,通常以预期的坏账损失率作为判别标准。如果企业执行的信用标准过于严格,可能会降低对符合可接受信用风险标准客户的赊销额,减少坏账损失,减少应收账款的机会成本,但不利于扩大企业销售量,甚至会因此限制企业的销售机会;如果企业执行的信用标准过于宽松,可能会对不符合可接受信用风险标准的客户提供赊销,会增加随后还款的风险并增加应收账款的管理成本与坏账成本。

1. 信用的定性分析

信用的定性分析是指对申请人"质"的方面的分析。常用的信用定性分析法是 5C 信用评价系统,即评估申请人信用品质的 5 个方面:品质、能力、资本、抵押和条件。

(1) 品质(character):品质是指个人申请人或企业申请人管理者的诚实和正直表现。品质反映了个人或企业在过去的还款中所体现的还款意图和愿望,这是 5C 中最主要的因素。品质通常要根据过去的记录结合现状调查来进行分析,包括企业经营者的年龄、文化、技术结构、遵纪守法情况、开拓进取及领导能力、有无获得荣誉奖励或纪律处分、团结协作精神及组织管理能力。

(2) 能力(capacity):能力是指经营能力,通常通过分析申请者的生产经营能力及获利情况、管理制度是否健全、管理手段是否先进、产品生产销售是否正常、在市场上有无竞争力、经营规模和经营实力是否逐年增长等来评估。

(3) 资本(capital):资本是指如果企业或个人当前的现金流不足以还债,他们在短期和长期内可供使用的财务资源。企业资本雄厚说明企业具有强大的物质基础和抗风险能力。因此,信用分析必须调查了解企业资本规模和负债比率,反映企业资产或资本对于负债的保障程度。

(4) 担保(collateral):抵押是指当企业或个人不能满足还款条款时,可以用作债务担保的资产或其他担保物。信用分析必须分析担保抵押手续是否齐备、抵押品的估值和出售有无问题、担保人的信誉是否可靠等。

(5) 条件(condition):条件是指影响申请者还款能力和还款意愿的经济环境。经济环境对企业的发展前途具有一定影响,也是影响企业信用的一项重要的外部因素。信用分析必须对企业的经济环境,包括企业发展前景、行业发展趋势、市场需求变化等进行分析,预测其对企业经营效益的影响。

2. 信用的定量分析

进行商业信用的定量分析可以从考察信用申请人的财务报表开始。通常使用比率分析法评价顾客的财务状况,常用的指标有:流动性和营运资本比率(如流动比率、速动比率以及现金对负债总额比率);债务管理和支付比率(利息保障倍数、长期债务对资本比率、带息债务对资产总额比率,以及负债总额对资产总额比率);盈利能力指标(销售回报率、总资产回报率和净资产收益率)。将这些指标和信用评级机构及其他协会发布的行业标准进行比较,可以观察申请人的信用状况。

(二)信用条件

信用条件是销货企业要求赊购客户支付货款的条件,由信用期间、折扣期限和现金折扣3个要素组成。

1. 信用期间

信用期间是企业允许顾客从购货到付款之间的时间间隔,或者说是企业给予顾客的付款期间,一般简称为信用期。

信用期的确定主要是分析改变现行信用期对收入和成本的影响。延长信用期会使销售额增加,产生有利影响;与此同时,应收账款、收账费用和坏账损失增加,会产生不利影响。当前者大于后者时,可以延长信用期,否则不宜延长。如果缩短信用期,情况则与此相反。因此,信用期限的确定应进行利弊分析,以确定最佳信用期限。

2. 现金折扣和折扣期限

现金折扣是企业为了鼓励客户尽早在规定的期限内付款而给予的价格扣减。如果企业给顾客提供现金折扣,那么顾客在折扣期付款时少付的金额所产生的"成本"将影响企业收益。当顾客利用了企业提供的现金折扣,而现金折扣又没有促使销售额增长时,企业的净收益则会下降。当然,上述收入方面的损失可能会全部或部分地由应收账款持有成本的下降所补偿。

现金折扣包括两方面的内容:一是折扣期限,即在多长时间内给予折扣;二是折扣率,即在折扣期限内给予客户多少折扣。现金折扣的表示常用如"5/10、3/20、$N/30$"这样的符号。这3个符号的含义为:5/10表示10天内付款,可享受5%的价格优惠,即只需支付原价的95%,如原价为10 000元,只支付9 500元;3/20表示20天内付款,可享受3%的价格优惠,即只需支付原价的97%,若原价为10 000元,则只需支付9 700元,$N/30$表示付款的最后期限为30天,此时付款无优惠。

企业采用什么程度的现金折扣,要与信用期间结合起来考虑。比如,要求顾客最迟不超过30天付款,若希望顾客20天、10天付款,能给予多大折扣?或者给予5%、3%的折扣,能吸引顾客在多少天内付款?不论是信用期间还是现金折扣,都可能给企业带来收益,但也会增加成本。当企业给予顾客某种现金折扣时,应当考虑折扣所能带来的收益与成本孰高孰低,权衡利弊。

【例4-3】 德胜达公司目前的信用条件是$N/30$,即无现金折扣,预计销售收入为3 000万元,公司变动成本率为60%,资本成本率为10%,估计坏账损失率为2%,收账费用为30万元。为了扩大销售,公司拟将信用期增加为60天,有关资料如表4-3所示,试为该公司做出信用条件决策。

表 4-3　德胜达公司信用期间备选方案资料　　　　　　　　　单位:万元

备选方案	信用条件	销售额	坏账损失率	收账费用
A	N/30	3 000	2%	30
B	N/60	3 600	3%	40

（1）增加的收益。

$$增加的收益＝增加的销售量×单位边际贡献＝（3\ 600－3\ 000）×（1－60\%）$$
$$＝240（万元）$$

（2）增加的应收账款占用资金的应计利息。

$$增加的应收账款占用资金的应计利息＝3\ 600÷360×60×60\%×10\%－3\ 000÷360$$
$$×30×60\%×10\%＝36－15＝21（万元）$$

（3）增加的收账费用和坏账损失。

$$增加的收账费用＝40－30＝10（万元）$$
$$增加的坏账损失＝3\ 600×3\%－3\ 000×2\%＝108－60＝48（万元）$$

（4）$$增加的税前收益＝240－21－10－48＝161（万元）$$

延长信用期使税前收益增加 161 万元，故应该选择 60 天信用期。

【例 4-4】 仍以〖例 4-3〗所列资料为例，如果德胜达公司采用 B 方案，但为了加速应收账款回收，决定提供现金折扣，将信用条件改为"2/10,1/20,N/60"（C 方案），预计有 60%的客户利用 2%的现金折扣，15%的客户将利用 1%的折扣，坏账损失率下降为 1.5%，收账费用下降为 35 万元，试做出德胜达公司是否采用现金折扣方案的决策。

德胜达公司现金折扣的决策过程如下：

$$应收账款的机会成本＝3\ 600÷360×（60\%×10＋15\%×20＋25\%×60）$$
$$×60\%×10\%＝14.4（万元）$$

$$现金折扣成本＝3\ 600×（60\%×2\%＋15\%×1\%）＝48.6（万元）$$

根据以上资料计算如表 4-4 所示。

表 4-4　现金折扣分析评价表　　　　　　　　　　　单位:万元

项目	B 方案	C 方案
年赊销额	3 600	3 600
变动成本	3 600×60%＝2160	3 600×60%＝2 160
边际收益	3 600－2 160＝1 440	3 600－2 160＝1 440
信用成本		
机会成本	3 600÷360×60×60%×10%＝36	13.8
坏账成本	3 600×3%＝108	3 600×1.5%＝54
收账成本	40	35
现金折扣成本		48.6
小计	184	151.4
净收益	1 256	1 288.6

以上计算表明，C 方案比 B 方案增加的收益更多，因此应采用现金折扣方案。

（三）收账政策

收账政策是指信用条件被违反时企业采取的收账策略。企业如果采取较积极的收账政策,可能会减少应收账款投资,减少坏账损失,但要增加收账成本。如果采用较消极的收账政策,则可能会增加应收账款投资,增加坏账损失,但会减少收账费用。企业需要做出适当的权衡,一般来说,可以参照评价信用标准、信用条件的方法来评价收账政策。

三、应收账款日常管理

应收账款的管理难度比较大,在确定合理的信用政策之后,还要做好应收账款的日常管理工作,包括对客户的信用调查和分析评价、应收账款的催收工作等。

(一) 调查客户信用

信用调查是指收集和整理反映客户信用状况有关资料的工作。信用调查是企业应收账款日常管理的基础,是正确评价客户信用的前提条件。企业对顾客进行信用调查主要通过以下两种方法。

1. 直接调查

直接调查是指调查人员与被调查单位直接进行接触,通过当面采访、询问、观看等方式获取信用资料的一种方法。直接调查可以保证收集资料的准确性和及时性,但也有一定的局限,获得的往往是感性资料,同时若不能得到被调查单位的合作,则会使调查工作难以开展。

2. 间接调查

间接调查是以被调查单位以及其他单位保存的有关原始记录和核算资料为基础,通过加工整理获得被调查单位信用资料的一种方法,这些资料主要来自以下几个方面。

(1) 财务报表。通过财务报表分析,可以基本掌握一个企业的财务状况和信用状况。

(2) 信用评估机构。专门的信用评估部门,因为它们的评估方法先进,评估调查细致,评估程序合理,所以可信度较高。在我国,目前的信用评估机构有 3 种形式:第一种是独立的社会评级机构,它们只根据自身的业务吸收有关专家参加,不受行政干预和集团利益的牵制,独立自主地开办信用评估业务;第二种是政策性银行、政策性保险公司负责组织的评估机构,一般由银行、保险公司有关人员和各部门专家进行评估;第三种是由商业银行、商业性保险公司组织的评估机构,由商业性银行、商业性保险公司组织专家对其客户进行评估。

(3) 银行。银行是信用资料的一个重要来源,许多银行都设有信用部,为其顾客服务,并负责对顾客信用状况进行记录、评估。但银行的资料一般仅愿意在内部及同行间进行交流,而不愿向其他单位提供。

(4) 其他途径,如财税部门、工商管理部门、消费者协会等机构都可能提供相关的信用状况资料。

(二) 评估客户信用

收集好信用资料以后,就需要对这些资料进行分析、评价。企业一般采用"5C"系统来评价,并对客户信用进行等级划分。在信用等级方面,目前主要有两种:一种是三类九等,即将企业的信用状况分为 AAA、AA、A、BBB、BB、B、CCC、CC、C,其中 AAA 为信用最优等级,C为信用最低等级。另一种是三级制,即分为 AAA、AA、A 3 个信用等级。

（三）收账的日常管理

应收账款发生后，企业应采取各种措施，尽量争取按期收回款项，否则会因拖欠时间过长而发生坏账，使企业蒙受损失。因此，企业必须在对收账的收益与成本进行比较分析的基础上，制定切实可行的收账政策。通常企业可以采取寄发账单电话催收、派人上门催收、法律诉讼等方式进行催收应收账款，然而催收账款要发生费用，某些催款方式的费用还会很高。一般来说，收账的花费越大，收账措施越有力，可收回的账款就越多，坏账损失也就越小。因此，制定收账政策，需要在收账费用和所减少坏账损失之间做出权衡。制定有效、得当的收账政策很大程度上凭借有关人员的经验。从财务管理的角度讲，也有一些数量化的方法可以参照。根据应收账款总成本最小化的原则，可以通过比较各收账方案成本的大小对其加以选择。

任务三　存货管理

【任务描述】

存货是指企业在生产经营过程中为销售或者耗用而储备的物资。存货管理的目标就是在保证生产或销售等经营需要的前提下，最大限度地降低存货成本。本任务主要学习存货经济订货批量模型及存货的日常管理。

【知识准备】

一、存货的成本

（一）存货的取得成本

取得成本是指为取得某种存货而支出的成本，通常用 TCa 来表示，其又分为订货成本和购置成本。

1. 订货成本

订货成本指取得订单的成本，如办公费、差旅费、邮资、电话费、运输费等支出。订货成本中有一部分与订货次数无关，如常设采购机构的基本开支等，称为固定的订货成本，用 F_1 表示；另一部分与订货次数有关，如差旅费、邮资等，称为订货的变动成本。每次订货的变动成本用 K 表示；订货次数等于存货年需要量 D 与每次进货量 Q 之商。订货成本的计算公式为：

$$TCa = F_1 + \frac{D}{Q}K \tag{4.11}$$

2. 取得成本

存货取得成本包括购置成本和订货成本。购置成本指为购买存货本身所支出的成本，即存货本身的价值，经常用数量与单价的乘积来确定。年需要量用 D 表示，单价用 U 表示，

于是购置成本为 DU。

订货成本加上购置成本,就等于存货的取得成本,其公式可表示为:

取得成本＝订货成本＋购置成本＝订货固定成本＋订货变动成本＋购置成本

$$TCa = F_1 + \frac{D}{Q}K + DU \tag{4.12}$$

(二) 储存成本

储存成本指为保持存货而发生的成本,包括存货占用资金所应计的利息、仓库费用、保险费用、存货破损和变质损失等,通常用 TCc 来表示。

储存成本又分为固定成本和变动成本。固定储存成本与存货数量的多少无关,如仓库折旧、仓库职工的固定工资等,常用 F_2 表示。变动储存成本与存货的数量有关,如存货资金的应计利息、存货的破损和变质损失、存货的保险费用等,单位变动储存成本用 Kc 来表示。储存成本用公式表示为:

储存成本＝固定储存成本＋变动储存成本

$$TCc = F_2 + Kc\frac{Q}{2} \tag{4.13}$$

(三) 缺货成本

缺货成本指由于存货供应中断而给企业造成的损失,包括材料供应中断造成的停工损失、产成品库存缺货造成的拖欠发货损失和丧失销售机会的损失及造成的商誉损失等。如果生产企业以紧急采购代用材料解决库存材料中断之急,那么缺货成本表现为紧急额外购入成本。缺货成本用 TCs 表示。如果以 TC 来表示储备存货的总成本,存货总成本的计算公式可以写为:

$$TC = TCa + TCc + TCs = F_1 + \frac{D}{Q}K + DU + F_2 + Kc\frac{Q}{2} + TCs \tag{4.14}$$

企业存货的最优化,就是使企业存货总成本,即上式 TC 值最小。

二、存货经济订货批量模型及其改进

存货的决策涉及4项内容:决定进货项目、选择供应单位、决定进货时间和决定进货批量。按照存货管理的目的,需要通过控制合理的进货批量和进货时间,使存货的总成本最低,这个批量称为经济订货量或经济批量,主要运用经济订货模型进行计算。

(一) 经济订货基本模型

经济订货基本模型是建立在一系列严格假设基础上的,这些假设包括:

(1) 能够及时补充存货,即企业在有订货需求时能够立即购得足够存货。

(2) 所订购的全部存货能够一次到位,不需陆续入库。

(3) 没有固定订货成本和固定储存成本。

(4) 需求量稳定且能准确预测。

(5) 存货供应稳定且单价不变。

(6) 企业现金充足,不会因为现金短缺而影响进货。

(7) 不允许缺货,即无缺货成本,TCs 为零。

设立上述假设后,前述的总成本公式可以简化为:

$$TC = TCa + TCc = F_1 + \frac{D}{Q}K + DU + F_2 + Kc\frac{Q}{2} \qquad (4.15)$$

当 $F1$、K、D、U、$F2$、Kc 为常数时,TC 的大小取决于经济批量 Q。由于 $F1$、DU、$F2$、为常数,属于决策无关成本,相关总成本就只有变动储存成本和变动订货成本,即:

$$TC(Q) = K \times \frac{D}{Q} + \frac{Q}{2} \times K_c \qquad (4.16)$$

此时 TC 有最小值的经济批量为:

$$Q = \sqrt{\frac{2KD}{K_c}} \qquad (4.17)$$

其中,Q 表示经济订货批量,K 表示单次订货变动成本,D 表示存货需用总量 K_c 单位存货储存变动成本。此时的相关最低总成本为:

$$TC(Q) = \sqrt{2KDK_c} \qquad (4.18)$$

存货相关总成本与经济批量的关系可由图 4-4 表示。

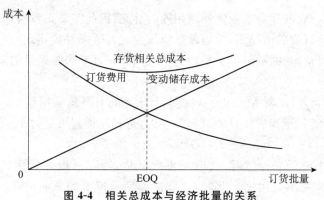

图 4-4 相关总成本与经济批量的关系

此时,全年订货次数为:

$$N = \frac{D}{Q} \qquad (4.19)$$

订货间隔期为:

$$T = \frac{360}{N} \qquad (4.20)$$

经济订货量所占用资金为:

$$U = \frac{Q}{2} \times P \qquad (4.21)$$

【例 4-5】 德胜达公司本年需耗用 A 材料 36 000 千克,该材料采购成本为 200 元/千克,年度储存成本为 16 元/千克,平均每次进货费用为 20 元。

要求:

(1) 每次应采购多少可使相关总成本最低?

（2）此时最低总成本是多少？

（3）全年需采购 A 材料多少次？

（4）经济批量的资金平均占用额是多少？

解析：（1）本年度 A 材料的经济订货批量：

$$Q=\sqrt{2\times36\ 000\times20\div16}=300(千克)$$

（2）此时的最低总成本：

$$U=\sqrt{2\times36\ 000\times20\times16}=4\ 800(元)$$

（3）本年度需采购 A 材料＝36 000/300＝120（次）

进货间隔时间＝360/120＝3（天）

（4）本年度 A 材料经济进货批量下的平均资金占用额＝（300÷2）×200＝30 000（元）

（二）经济订货基本模型的扩展

放宽经济订货基本模型的相关假设，就可以扩展经济订货模型，以扩大其适用范围。

1. 再订货点

一般情况下，企业的存货不能做到随用随时补充，因此需要在没有用完时提前订货。再订货点就是在提前订货的情况下，为确保存货用完时订货刚好到达，企业再次发出订货单时应保持的存货库存量，它的数量等于平均交货时间和每日平均需用量的乘积：

$$R=L\times D \qquad\qquad (4.22)$$

式中，R 表示再订货点，L 表示平均交货时间，D 表示每日平均需用量。

例如，企业订货日至到货期日的时间为 5 天，每日存货需用量为 20 千克，那么：

$$R=L\times D=5\times20=100(千克)$$

企业在尚存 100 千克存货时，就应当再次订货，等到下批订货到达时（再次发出订货单 5 天后），原有库存刚好用完。此时，订货提前期的情形如图 4-5 所示。这就是说，订货提前期对经济订货量并无影响。每次订货批量、订货次数、订货间隔时间等与瞬时补充相同。

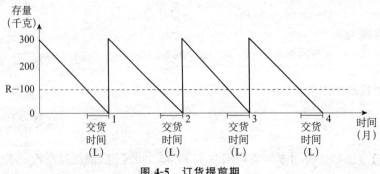

图 4-5　订货提前期

2. 存货陆续供应和使用模型

经济订货基本模型是建立在存货一次全部入库的假设之上的。事实上，各批存货一般都是陆续入库,库存量陆续增加。特别是产成品入库和在产品转移,几乎总是陆续供应和陆续耗用的。在这种情况下,需要对经济订货的基本模型做一些修正。

假设每批订货数为 Q,每日送货量为 p,则该批货全部送达所需日数即送货期为:

$$送货期 = \frac{Q}{P} \tag{4.23}$$

假设每日耗用量为 d,则送货期内的全部耗用量为:

$$送货期内耗用量 = \frac{Q}{P} \times d \tag{4.24}$$

由于零件边送边用,所以每批送完时,送货期内平均库存量为:

$$送货期内平均库存量 = \frac{1}{2} \times \left(Q - \frac{Q}{P} \times d \right) \tag{4.25}$$

假设存货年需用量为 D,每次订货费用为 K,单位存货储存费率为 K_c,则与批量有关的总成本为:

$$TC(Q) = \frac{D}{Q} \times K + \frac{1}{2} \times \left(Q - \frac{Q}{P} \times d \right) \times K_c = \frac{D}{Q}K + \frac{Q}{2}\left(1 - \frac{d}{p} \right) \times K_c \tag{4.26}$$

在订货变动成本与储存变动成本相等时,$TC(Q)$ 有最小值,故存货陆续供应和使用的经济订货量公式为:

$$Q = \sqrt{\frac{2KD}{K_c} \times \frac{P}{P - b}} \tag{4.27}$$

将这一公式代入式(4.26),可得出存货陆续供应和使用的经济订货量相关总成本公式为:

$$TC(Q) = \sqrt{2KDK_c\left(1 - \frac{d}{p} \right)} \tag{4.28}$$

【例 4-6】 某零件年需用量(D)为 3 600 件,每日送货量(p)为 30 件,每日耗用量(d)为 10 件,单价(U)为 10 元,一次订货成本(生产准备成本)(K)为 25 元,单位储存变动成本(K_c)为 2 元。要求计算该零件的经济订货量和相关总成本。

将例中数据代入相关公式,则:

$$Q = \sqrt{\frac{2 \times 25 \times 3\ 600}{2} \times \frac{10}{30 - 10}} = 367(件)$$

$$TC(Q) = \sqrt{2 \times 25 \times 3\ 600 \times 2 \times \left(1 - \frac{10}{30} \right)} = 490(元)$$

3. 存在商业折扣的经济订货批量模型

为了鼓励客户购买更多的商品,销售企业通常会给予不同程度的价格优惠,即实行商业折扣或称价格折扣。此时,进货企业对经济进货批的确定,除了考虑进货费用与储存成本外,还应考虑存货的进价成本,因为此时的存货进价成本已经与进货数量的大小有了直接的联系,属于决策的相关成本,即在经济进货批量基本模式其他各种假设条件均具备的前提下,存在商业折扣时存货相关总成本应为存货进价、相关进货费用、相关存储成本之和。

实行商业折扣的经济进货批量具体确定步骤如下：

第一步，按照经济进货批量基本模式确定经济进货批量及存货相关总成本。

第二步，计算享受商业折扣的最低进货批量的存货相关总成本。如果给予商业折扣的进货批量是一个范围，如进货数量在 1 000~1 999 千克之间可享受 2％ 的价格优惠，此时按给予商业折扣的最低进货批量，即按 1 000 千克计算存货相关总成本。因为在给予商业折扣的进货批量范围内，无论进货量是多少，存货进价成本总额都是相同的，而相关总成本的变动规律是进货批量越小，相关总成本就越低，即按 1 000 千克计算的存货相关总成本＜按 1 001 千克计算的相关总成本＜按 1 002 千克计算的相关总成本＜……＜按 1 999 千克计算的相关总成本。

第三步，比较不同进货批量的存货相关总成本，最低存货相关总成本对应的进货批量，就是存在商业折扣的最佳经济进货批量。

（三）保险储备

经济订货量是以供需稳定为前提的。但实际情况并非完全如此，企业对存货的需求量可能发生变化，交货时间也可能会延误。在交货期内，如果需求量增大或交货时间延误，就会缺货。为防止由此造成的损失，企业应有一定的保险储备。保险储备又称安全存量，是指为防止耗用突然增加或交货误期等而建立的储备，其计算公式为：

$$保险储备量＝（预计每天最大用量－平均每天正常用量）×订货提前期 \quad (4.29)$$

为防止存货中断，再订货点应等于交货期内的预计需求与保险储备之和，即：

$$再订货点＝预计交货期内的需求＋保险储备存货量 \quad (4.30)$$

【例 4-7】 德胜达公司全年需耗用 A 材料 2 500 千克。该种材料单位成本为 10 元，平均每次订货成本 100 元，单位储存成本为存货成本的 2％，A 材料的日均正常用量为 7 千克，订货提前期为 20 天，预计 A 材料的最大用量为 10 千克。要求：计算该公司保险储备及再订货点。

$$A 材料的保险储备量＝（10-7）×20＝60（千克）$$
$$A 材料的再订货点＝7×20＋60＝200（千克）$$

三、存货的日常管理

存货的日常管理是指在日常生产活动中，根据存货计划和生产经营活动的实际要求，对各种存货的使用和周转状况进行组织、调节和监督，将存货数量保持在一个合理的水平上，最常见的方法为存货的 ABC 分类管理法。存货 ABC 分类管理法就是按照一定标准，将企业的存货划分为 A、B、C 3 类，分别实行按品种重点管理、按类别一般控制和按总额灵活掌握的存货管理办法。

存货依据其重要程度、价值大小或者资金占用等标准分为 3 大类：A 类为高价值存货，品种数量约占全部存货的 10％~15％，但价值约占全部存货的 50％~70％；B 类为中等价值存货，品种数量约占全部存货的 20％~25％，价值约占全部存货的 15％~

20％；C类为低价值存货，品种数量多，约占全部存货的 60％～70％，价值约占全部存货的 10％～35％。针对不同类别的存货分别采用不同的管理方法，A类存货应作为管理的重点，实行重点控制、严格管理；而对 B类和 C类存货的重视程度则可依次降低，采取一般管理。

【案例分析】

泽璟制药 2021 年向特定对象发行 A 股股票

　　苏州泽璟生物制药股份有限公司(以下简称"泽璟制药"或"公司")是上海证券交易所科创板上市公司。公司董事会 2021 年 11 月 25 日发布公告称，为满足公司业务发展的资金需求，增强公司的资本实力和盈利能力，根据《中华人民共和国公司法》《中华人民共和国证券法》和《科创板上市公司证券发行注册管理办法(试行)》(以下简称"《注册管理办法》")等有关法律、行政法规、部门规章或规范性文件及《苏州泽璟生物制药股份有限公司章程》的规定，公司编制了《苏州泽璟生物制药股份有限公司 2021 年度向特定对象发行 A 股股票发行方案论证分析报告》。报告在谈及证券发行必要性时提出：本次向特定对象发行股票募集资金部分用于补充流动资金，这将有利于缓解公司的流动资金压力，推进公司业务规模的拓展，保障公司研发创新及产品商业化等活动的持续正常开展，并可进一步优化公司的财务结构，有利于降低公司财务风险，提高公司的偿债能力和抗风险能力，保障公司的持续、稳定、健康发展。

　　解析：① 营运资金并不是越多越好。试想一下，企业拥有巨额的应收账款、仓库里还有巨量的存货，没有多少流动负债(如应付账款)，虽然该企业的营运资金非常多，但应收账款、存货占用了企业大量现金，这绝不是一个好的征兆。

　　② 营运资金占用高的企业，管理大都有问题，它是在"被别人用钱"。营运资金占用一般表现为应收账款与存货。从存货到应收账款，代表了企业经营管理的主线。应收账款占用高，销售存在困难，因此，给予客户的信用政策较为宽松，说不定产品质量与售后服务存在瑕疵；存货占用高，企业对市场与客户的把握不准确，风险较大。一句话，营运资金占用高，说明企业产品竞争力不够。

　　③ 营运资金占用低的企业，如果是它的竞争优势导致的，它是在"用别人的钱"。好企业能够将占用在存货和应收账款上的资金及其资金成本转嫁给供应商。因为它在产业链中具有明显的竞争优势，如产品优势、销售渠道优势等，它可以通过预收购买方的部分货款，延期支付供应商货款。营运资金占用低，如果经营活动产生的现金流量长期丰盈，说明企业产品的竞争力强，在产业链中处于强势地位。

　　④ 结合现金循环周期可以更好地理解营运资金。现金循环周期＝存货周转天数＋应收账款周转天数－应付账款周转天数，现金循环周期的变化会直接影响所需营运资金的数额。

　　⑤ 企业在不存在营运资金缺口的情况下，营运资金越少越好，甚至为负数更好！

　　资料来源：马靖昊．马靖昊说会计[EB/OL]．(2021-12-13)[2022-03-11]．https://mp.weixin.qq.com/s/QK5od3ZJvIk9srPlNV7g2A.

【拓展阅读】

价值链导向的企业营运资金管理

一、价值链导向的营运资金管理的含义及特点

（一）价值链导向的营运资金管理的含义

价值链概念最早由迈克尔·波特提出，他认为每一个企业都是用来进行设计、生产、营销、交货以及对产品起辅助作用的各种活动的集合，这些活动都可以用价值链表示出来。企业的各项活动都可以被视为价值活动，各种价值活动之间不是孤立的，而是存在有序的联系的，这些有序联系的价值活动就形成了企业的价值链。价值链涵盖资金流、信息流和实物流。

价值链导向的营运资金管理是指以企业价值链中的营运资金活动为对象，从价值链管理视角出发，依托先进的信息技术，对企业的业务流程进行再造以优化价值链，对营运资金管理实现事前、事中和事后控制，实时反映和控制营运资金管理情况，实现企业价值增值最大化目标的管理方法。运用价值链导向营运资金管理模式，合理进行资源配置，提高资金使用效率，从而使资金创造最大化的价值，最终实现企业价值增值最大化的财务目标。

（二）价值链导向的营运资金管理的特点

对于价值链导向的营运资金管理，在时间上对营运资金的动态变化情况进行实时反映与评价，强调营运资金管理信息生成、披露和分析评价的实时性。在空间上对营运资金管理进行多维立体控制，营运资金贯穿价值链的各个环节，涵盖企业的内部价值链和外部价值链，企业内部的各项经济活动以及上游供应商和下游客户都是营运资金流动经过的节点。价值链导向的营运资金管理将财务数据与非财务数据结合，使营运资金管理由以前的以营运资金收支为管理对象扩展到以价值链形式存在的一切可以量化的管理对象，强调计量方式的多维性。

二、价值链导向的营运资金管理的内容

（一）传统营运资金管理内容划分的局限性

营运资金管理是企业资金管理的基础，传统的营运资金是指企业一定时期流动资产和流动负债的统称，营运资金管理包括企业流动资产管理和流动负债管理。传统的营运资金管理关注于资金收支，研究如何确定各种营运资金项目的最佳持有量，忽视企业其他业务活动以及营运资金在价值创造过程中的优化配置，对营运资金项目之间的逻辑关系关注甚微。传统营运资金管理是集权式管理，主要管理部门是财务部门，而实质上营运资金贯穿产品的设计、生产和销售全过程，贯穿价值链的各环节，如何优化价值链，协调各业务活动、各职能部门之间的关系，以及平衡营运资金项目之间的关系应成为研究重点。

（二）价值链导向的营运资金管理内容的划分

价值链导向的营运资金管理是以业务流程重组为主线，以营运资金活动为标的，与企业的营运资金预算、决策及控制相结合的有效管理。从价值链角度审视营运资金，营运资金贯穿价值链的各个环节：首先，企业必须为生产投入必要的资金；其次，为顾客提供价值的过程不断消耗资金，在顾客价值实现时伴随着资金的收回。营运资金管理包括经营活动营运资

金管理和理财活动营运资金管理。经营活动营运资金可划分为采购渠道营运资金、生产渠道营运资金和营销渠道营运资金。其他的营运资金项目如库存现金、应收利息、应收股利、交易性金融资产、应付利息、应付股利和短期借款等不直接参与经营活动，称为理财活动营运资金。这种划分能够明确地反映营运资金在价值链上的分布状况，为价值链导向的营运资金管理策略和管理模式奠定基础。

采购渠道营运资金是为价值创造事先需投入各类营运资金，营运资金的项目包括原材料、应付账款和预付账款。采购活动选择信誉良好的供应商，可以节约成本、降低库存，为企业创造更多收益。生产渠道营运资金是为顾客提供价值过程中实际耗用的营运资金，货币资金被耗用并转移到产品当中，生产过程中营运资金项目体现为在产品、应付职工薪酬等；营销渠道营运资金是企业为顾客提供的价值得以实现，营运资金体现为产成品、应收账款、应交税费等项目。

三、价值链导向的营运资金管理的实现途径

营运资金管理在整个企业管理中占据举足轻重的地位，直接关系到企业的资产变现能力和获利能力。通过优化企业价值链、对企业业务流程进行合理重组、进行资金流程再造来加速营运资金的周转，提高营运资金的管理效率，可以实现有效的营运资金管理。

（一）价值链优化

企业建立科学合理的价值链，在此基础上能更有效地进行营运资金管理。对企业价值链进行重构，能够使企业采取有所不同、效率更高的方式来设计、生产、分销或销售产品。企业通过对价值链审视、梳理和整合，识别增值作业和非增值作业，提高资金的利用率。

（二）业务流程重组

价值链导向的营运资金管理的重点是业务流程重组，价值链导向的营运资金管理应将企业的业务流程按照"链"的特征进行再造，使企业的供、产、销系统形成一条链，将企业的订单、采购、生产、营销、财务、人力资源等方面有机地整合起来，做好计划、协调、监督和控制等环节的工作，使它们形成相互关联的整体。通过业务流程重组，形成扁平化的管理结构。扁平化的管理结构适于企业员工参与企业管理和实现企业内部各层次的有效沟通，灵活性更强。业务流程重组以满足客户需求为中心，借助于现代信息技术，将企业内部各个独立的部分联系起来，共享信息资源、优势互补，企业部门之间打破原有界限而更好地协作。业务流程重组可以降低组织和经营成本，控制经营风险，提高企业的效率和效益，促进价值增值。

（三）营运资金流程再造

加强营运资金管理，通过价值链上战略联盟的信息共享，对上、下游市场的信息做出快速的反应，减少不必要的营运资金占用，提高营运资金流通速度和效率，降低周转成本，实现增值最大化。价值链导向的营运资金管理采用先进的信息技术，形成完备的信息流，通过信息实时共享，最大限度地减少原材料到制造再到销售的全过程库存成本。

资料来源：阎达五．价值链会计研究：回顾与展望[J]．会计研究，2004(2)．

刘树海，齐二石．流程管理模式下的营运资金管理研究[J]．现代管理科学，2008(10)．

王竹泉，逢咏梅，孙建强．国内外营运资金管理研究的回顾与展望[J]．会计研究，2007(2)．

【课证融通】

一、单项选择题

1. 广义的营运资金是指占用在（　　）的资金。

A. 流动资产　　　　B. 存货　　　　　　C. 现金　　　　　　D. 应收账款

2. 流动负债不包括（　　）。

A. 短期借款　　　　B. 未分配利润　　　C. 应付股利　　　　D. 应付工资

3. 营运资金的特点不包括（　　）。

A. 营运资金周转期短　　　　　　　　B. 营运资金形态波动大

C. 营运资金变现性强　　　　　　　　D. 营运资金投资风险大

4. 现金作为一种资产，它的（　　）。

A. 流动性强，盈利性也强　　　　　　B. 流动性强，盈利性差

C. 流动性差，盈利性强　　　　　　　D. 流动性差，盈利性也差

5. 下列有关现金的成本中，属于固定成本性质的是（　　）。

A. 现金管理成本　　　　　　　　　　B. 机会成本

C. 转换成本中的委托手续费　　　　　D. 现金短缺成本

6. 企业置存现金的原因，主要是为了满足（　　）。

A. 交易性、预防性、收益性需要　　　B. 交易性、投机性、收益性需要

C. 交易性、预防性、投机性需要　　　D. 预防性、收益性、投机性需要

7. 在一定时期的现金需求总量一定时，与现金持有量呈反方向变动的成本是（　　）。

A. 管理成本　　　　B. 机会成本　　　　C. 短缺成本　　　　D. 委托买卖佣金

8. 在确定最佳现金持有量时，成本分析模式和存货模式均需考虑的因素是（　　）。

A. 持有现金的机会成本　　　　　　　B. 固定性转换成本

C. 现金短缺成本　　　　　　　　　　D. 现金保管费用

9. 某企业预测的年度赊销收入净额为 600 万元，应收账款收账期为 30 天，变动成本率为 60%，资金成本率为 10%，则应收账款的机会成本为（　　）万元。

A. 10　　　　　　　B. 6　　　　　　　　C. 3　　　　　　　　D. 2

10. 预计赊销额将由 6 000 万元变为 9 000 万元，收账期由 60 天变为 90 天，变动成本率为 80%，资金成本率为 10%，则该企业应收账款占用资金的应计利息增加额为（　　）万元。

A. 80　　　　　　　B. 180　　　　　　　C. 100　　　　　　　D. 50

11. 将资金投资于应收账款而不能进行其他投资所丧失的收益是指应收账款的（　　）。

A. 坏账成本　　　　B. 机会成本　　　　C. 转换成本　　　　D. 管理成本

12. 放宽信用标准带来的好处是（　　）。

A. 降低坏账成本　　　　　　　　　　B. 降低机会成本

C. 增加利润　　　　　　　　　　　　D. 增加销售收入

13. 下列项目中，属于存货储存成本的是（　　）。

A. 进货差旅费　　　　　　　　　　　B. 存货占有资金的应计利息

C. 由于材料供应中断所造成的停工损失　　D. 采购人员工资

14. 某企业全年需用 A 材料 2 400 吨，每次的订货成本为 400 元，每吨材料年储备成本

12 元,则每年最佳订货次数为( )次。

    A. 12   B. 6   C. 3   D. 4

15. 因采购存货而发生的邮资和差旅费构成了存货的( )。

    A. 取得成本   B. 订货的固定成本   C. 订货的变动成本   D. 缺货成本

二、多项选择题

1. 提供比较优惠的信用条件,可增加销售量,但也会付出一定的代价,主要有( )。

    A. 应收账款机会成本   B. 坏账损失

    C. 收账费用   D. 现金折扣成本

2. 企业对客户进行资信评估应当考虑的因素主要包括( )。

    A. 信用品质   B. 偿付能力   C. 资本和抵押品   D. 经济状况

3. 在其他情况不变的情况下,缩短应收账款周转天数,有利于( )。

    A. 提高资产的流动性   B. 缩短现金周转期

    C. 企业减少资金占用   D. 企业扩大销售规模

4. 假设某企业预测的年度赊销额为 3 000 000 元,应收账款平均收账天数为 60 天,变动成本率为 60%,资金成本率为 10%。下列说法正确的有( )。

    A. 应收账款平均余额为 500 000 元

    B. 维持赊销业务所需的资金为 300 000 元

    C. 维持赊销业务所需的资金为 30 000 元

    D. 应收账款的机会成本为 30 000 元

5. 企业持有应收账款发生的费用包括( )。

    A. 坏账成本   B. 管理成本   C. 机会成本   D. 现金折扣

6. 确定最佳现金持有量的模式包括( )。

    A. 存货模式   B. 现金周转期模式

    C. 成本分析模式   D. 随机模式

7. 企业持有现金总额通常小于交易、预防、投机 3 种动机各自所需现金持有量的简单相加,其原因有( )。

    A. 现金可在各动机中调剂使用

    B. 企业存在可随时借入的信贷资金

    C. 满足各种动机所需现金的存在形态可以多样化

    D. 现金与有价证券可以互相转换

8. 为了提高现金的使用效率,企业应加速收款,为此,可采取的方法有( )。

    A. 加快资金向开户银行集中的速度   B. 减少客户付款的邮寄时间

    C. 缩短收款支付兑现的时间间隔   D. 尽量使用现金浮游量

9. 企业运用存货模式确定最佳现金持有量所依据的假设包括( )。

    A. 所需现金只能通过银行借款取得   B. 预算期内现金需要总量可以预测

    C. 现金支出过程比较稳定   D. 证券利率及转换成本可以知悉

10. 流动资产按占用时间标志可分为( )。

    A. 应收账款   B. 永久性流动资产

    C. 波动性流动资产   D. 储备资产

11. 营运资金的内容则包括了（　　　）的管理。

A. 流动资产　　　　　　　　　　　　B. 流动负债

C. 债券筹资　　　　　　　　　　　　D. 项目投资

12. 常见的自发性负债包括（　　　）。

A. 短期借款　　　　B. 短期融资券　　　　C. 应付账款　　　　D. 应付票据

13. 营运资金的特点有（　　　）。

A. 营运资金周转期短　　　　　　　　B. 营运资金形态波动大

C. 营运资金变现性强　　　　　　　　D. 营运资金来源多而灵活

14. 一般来说,营运资金管理的目的是通过管理活动的实施实现（　　　）。

A. 保证企业具有足够的流动性

B. 同时努力提高企业的盈利能力

C. 足够的偿债能力

D. 首先保证企业实现利润最大化

15. 在确定经济订货量时,下列表述中正确的有（　　　）。

A. 随每次进货批量的变动,进货费用和储存成本呈反方向变化

B. 储存成本的高低与每次进货批量成正比

C. 订货成本的高低与每次进货批量成反比

D. 年变动储存成本与年变动进货费用相等时的采购批量,即为经济订货量

16. 下列存货储存成本与决策相关的有（　　　）。

A. 存货资金的应计利息　　　　　　　B. 存货残损或变质损失

C. 仓库折旧费　　　　　　　　　　　D. 存货的保险费用

17. 下列各项中,与经济批量有关的因素是（　　　）。

A. 每日消耗量　　　　　　　　　　　B. 每日供应量

C. 储存变动成本　　　　　　　　　　D. 订货提前期

18. 某零件年需要量 16 200 件,日供应量 60 件,一次订货成本 25 元,单位储存成本 1 元/年。假设一年为 360 天。需求是均匀的,不设置保险库存并且按照经济订货量进货,则（　　　）。

A. 经济订货量为 1 800 件　　　　　　B. 最高库存量为 450 件

C. 平均库存量为 225 件　　　　　　　D. 与进货批量有关的总成本为 600 元

19. 缺货成本中包括（　　　）。

A. 材料供应中断造成的停工损失

B. 产成品库存缺货造成的拖欠发货损失

C. 主观估计的商誉损失

D. 紧急额外购入成本

20. 在其他情况不变的情况下,缩短应收账款周转天数有利于（　　　）。

A. 提高短期偿债能力　　　　　　　　B. 缩短现金周转期

C. 企业减少资金占用　　　　　　　　D. 企业扩大销售规模

三、判断题

1. 营运资金管理就是流动资产管理。　　　　　　　　　　　　　　　　　　（　　　）

2. 企业应该尽可能减少流动资产。　　　　　　　　　　　　　　　　　（　　）

3. 流动负债风险较大,因此应该尽可能减少流动负债。　　　　　　　　（　　）

4. 营运资金的变现能力较弱。　　　　　　　　　　　　　　　　　　　（　　）

5. 流动资产只能通过流动负债融资。　　　　　　　　　　　　　　　　（　　）

6. 在利用成本分析模式和存货模式确定现金最佳持有量时,可以不考虑现金管理成本的影响。　　　　　　　　　　　　　　　　　　　　　　　　　　　　（　　）

7. 由于现金的收益能力较差,企业不宜保留过多的现金。　　　　　　　（　　）

8. 在利用存货模式计算最佳现金持有量时,一般不考虑机会成本。　　（　　）

9. 银行业务集中法能加速现金回收,但只有当分散收账收益净额为正时企业采用此法才有利,否则会得不偿失。　　　　　　　　　　　　　　　　　　　　　　　（　　）

10. 企业所持有的现金余额应大于或等于各种动机所需现金余额之和。　（　　）

11. 应收账款的机会成本等于年赊销净额和资金成本率的乘积。　　　　（　　）

12. 现金折扣是企业为了鼓励客户提前还款而给予的价格优惠,是信用条件的组成因素。　　　　　　　　　　　　　　　　　　　　　　　　　　　　　　　　（　　）

13. 应收账款周转速度越快,一定量资金所能维持的赊销额就越大,或者一定赊销额所需要的资金就越少。　　　　　　　　　　　　　　　　　　　　　　　　（　　）

14. 由于竞争引起的应收账款属于商业信用,由于销售和收款的时间差而形成的应收账款不属于商业信用。　　　　　　　　　　　　　　　　　　　　　　　（　　）

15. 提高现金折扣会减少企业利润。　　　　　　　　　　　　　　　　　（　　）

16. 如果存货市场供应不足,即使满足其他基本假设条件,也不能利用经济订货量模型。　　　　　　　　　　　　　　　　　　　　　　　　　　　　　　　（　　）

17. 现金折扣是企业为了鼓励客户提前还款而给予的价格优惠,是信用条件的组成因素。　　　　　　　　　　　　　　　　　　　　　　　　　　　　　　　　（　　）

18. 能够使企业的进货成本、储存成本和缺货成本之和最低的进货批量,便是经济进货批量。　　　　　　　　　　　　　　　　　　　　　　　　　　　　　　　（　　）

19. 经济订货量与确定合理的保险储备量相关。　　　　　　　　　　　　（　　）

20. 经济订货量影响缺货成本,但不影响保险储备成本。　　　　　　　　（　　）

【岗位能力检测】

1. 已知:某公司现金收支平衡,预计全年(按 360 天计算)现金需要量为 250 000 元,现金与有价证券的转换成本为每次 500 元,有价证券年利率为 10%。

要求:

(1) 计算最佳现金持有量。

(2) 计算最佳现金持有量下的全年现金管理相关总成本、全年现金转换成本和全年现金持有机会成本。

2. 某公司的年赊销收入为 720 万元,平均收账期为 60 天,坏账损失为赊销额的 10%,年收账费用为 5 万元。该公司认为通过增加收账人员等措施,可以使平均收账期降为 50 天,坏账损失降为赊销额的 7%。假设公司的资金成本率为 6%,变动成本率为 50%。要求:计算为使上述变更经济上合理,新增收账费用的上限(每年按 360 天计算)。

3. A 公司是一个商业企业。由于目前的收账政策过于严厉,不利于扩大销售,且收账费用较高,该公司正在研究修改现行的收账政策。现有甲和乙两个放宽收账政策的备选方案,有关数据如表 4-5 所示。

表 4-5　A 公司收账政策资料

项目	现行收账政策	甲方案	乙方案
销售额/(万元/年)	2 400	2 600	2 700
收费费用/(万元/年)	40	20	10
所有账户的平均收账期	2 个月	3 个月	4 个月
所有账户的坏账损失率/%	2	2.5	3

已知 A 公司的销售毛利率为 20%,应收账款投资要求的最低报酬率为 15%。坏账损失率是指预计年度坏账损失和销售额的百分比。假设不考虑所得税的影响。

要求:通过计算分析回答应不应该改变现行收账政策? 如果改变,应选择甲方案还是乙方案?

4. 某公司预计的年度赊销收入为 6 000 万元,信用条件是"2/10,1/20,N/60",其变动成本率为 65%,资金成本率为 8%,收账费用为 70 万元,坏账损失率为 4%。预计占赊销额 70% 的客户会利用 2% 的现金折扣,占赊销额 10% 的客户利用 1% 的现金折扣。一年按 360 天计算。

要求:计算下列各项指标:

(1) 年赊销净额;

(2) 信用成本前收益;

(3) 平均收账期;

(4) 应收账款机会成本;

(5) 信用成本后收益。

5. 某企业每年需要耗用甲材料 5 000 千克,该材料的单位采购成本为 8 元,单位存货年变动储存成本为 3 元,平均每次订货成本为 1 200 元。

要求:

(1) 计算经济订货批量;

(2) 计算最佳订货次数;

(3) 计算最佳订货周期;

(4) 计算与批量有关的存货总成本;

(5) 计算经济订货批量占用的资金;

(6) 假设材料的订货提前期为 4 天,保险储备量为 50 千克,计算再订货点。

【小试牛刀】

根据创业公司实际和公司经营目标,为公司制定合理的营运资金管理策略。

项目五 企业预算管理

【项目导入】

凡事预则立,不预则废。预算管理也称预算控制,属于财务控制的主要手段。预算管理是指企业以战略目标为导向,通过对未来一定期间内的经营活动和相应的财务结果进行全面预测和筹划,科学、合理地配置企业各项财务和非财务资源,并对执行过程进行监督和分析,对执行结果进行评价和反馈,指导经营活动的改善和调整,进而推动实现企业战略目标的管理活动。预算体系复杂,预算种类繁多,编制程序烦琐,涉及面广。包括小秦在内的广大创业者要取得创业成功,甚至成就一个百年老字号,必须重视预算管理。本项目主要介绍预算的概念、预算编制方法、预算体系构成及预算编制。

任务一 认知企业预算

【任务描述】

预算是企业在预测、决策的基础上,以数量和金额的形式反映企业未来一定时期内经营、投资、财务等活动的具体计划,是为实现企业目标而对各种资源和企业活动做的详细安排。预算是一种可据以执行和控制经济活动的最为具体的计划,是对目标的具体化,是将企业活动导向预定目标的有力工具。本任务主要介绍预算的基本概念。

【知识准备】

一、预算的分类

(一) 按照预算管理内容不同,分为经营预算、专门决策预算和财务预算

经营预算(也称业务预算)是指与企业日常业务直接相关的一系列预算,包括销售预算、生产预算、采购预算、费用预算等。专门决策预算是指企业重大的或不经常发生的、需要根据特定决策编制的预算,包括投融资决策预算等。财务预算是指与企业资金收支、财务状况或经营成果等有关的预算,包括资金预算、预计资产负债表、预计利润表等。财务预算作为全面预算体系的最后环节,从价值方面总括反应业务预算和专门决策预算的结果,故亦称总预算,其他预算则称分预算或辅助预算。

（二）按预算指标覆盖时间长短分长期预算和短期预算

通常将预算期在一年（含一年）以内的叫短期预算，超过一年的叫长期预算。在预算编制过程中往往根据预算特点和实际需要将长短期预算结合使用。一般情况下，业务预算和财务预算多为一年期的短期预算，年内再按季、月细分。通常情况下，预算期限和会计期限一致。

（三）全面预算体系

一般将由业务预算、专门决策预算、财务预算组成的预算体系，称为全面预算体系。全面预算体系构成如图 5-1 所示。

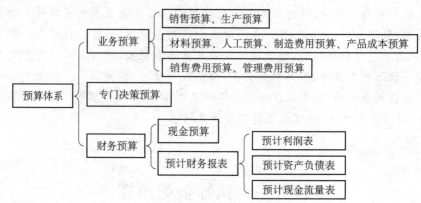

图 5-1　全面预算体系构成

全面预算体系各预算之间的关系如图 5-2 所示。

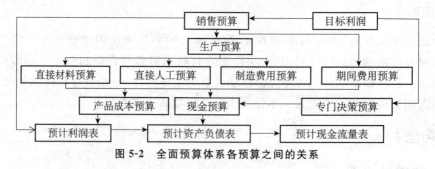

图 5-2　全面预算体系各预算之间的关系

二、预算管理的原则

企业进行预算管理，一般应遵循以下几个原则。

（1）战略导向原则。预算管理应围绕企业的战略目标和业务计划有序开展，引导各预算责任主体聚焦战略、专注执行、达成绩效。

（2）过程控制原则。预算管理应通过及时监控、分析等把握预算目标的实现进度并实施有效评价，对企业经营决策提供有效支撑。

（3）融合性原则。预算管理应以业务为先导、以财务为协同，将预算管理嵌入企业经营管理活动的各个领域、层次、环节。

（4）平衡管理原则。预算管理应平衡长期目标与短期目标、整体利益与局部利益、收入与支出、结果与动因等关系，促进企业的可持续发展。

（5）权变性原则。预算管理应刚性与柔性相结合，强调预算对经营管理的刚性约束，又可根据内外环境的重大变化调整预算，并针对例外事项进行特殊处理。

三、预算的编制方法

企业全面预算的构成内容比较复杂，编制预算需要采用适当的方法。常见的预算编制方法主要包括零基预算法与增量预算法、固定预算法和弹性预算法、定期预算法与滚动预算法，这些方法被广泛应用于营业活动有关预算的编制。

（一）零基预算法与增量预算法

按其出发点的特征不同，编制预算的方法可分为零基预算法和增量预算法两大类。

1. 零基预算法

零基预算是指企业不以历史期经济活动及其预算为基础，以零为起点，从实际需要出发分析预算期经济活动的合理性，经综合平衡，形成预算的预算编制方法。零基预算适用于企业各项预算的编制，特别是不经常发生的预算项目或预算编制基础变化较大的预算项目。零基预算法的全称为"以零为基础的编制计划和预算的方法"，它不考虑以往会计期间所发生的费用项目或费用数额，而是一切以零为出发点，根据实际需要逐项审议预算期内各项费用的内容及开支标准是否合理，在综合平衡的基础上编制费用预算。

零基预算法的程序如下。

第一，企业内部各级部门的员工，根据企业的生产经营目标，详细讨论计划期内应该发生的费用项目，并对每一费用项目编写一套方案，提出费用开支的目的以及需要开支的费用数额。

第二，划分不可避免费用项目和可避免费用项目。在编制预算时，对不可避免费用项目必须保证资金供应；对可避免费用项目则需要逐项进行成本与效益分析，尽量控制可避免项目纳入预算当中。

第三，划分不可延缓费用项目和可延缓费用项目。在编制预算时，应把预算期内可供支配的资金在各费用项目之间分配，应优先安排不可延缓费用项目的支出，然后再根据需要按照费用项目的轻重缓急确定可延缓项目的开支。

零基预算的优点表现在：① 不受现有费用项目的限制；② 不受现行预算的束缚；③ 能够调动各方面节约费用的积极性；④ 有利于促使各基层单位精打细算，合理使用资金。零基预算的缺点是编制工作量大。零基预算是相对于增量预算的一种预算编制方法。

2. 增量预算法

增量预算是指以历史期实际经济活动及其预算为基础，结合预算期经济活动及相关影响因素的变动情况，通过调整历史期经济活动项目及金额形成预算的预算编制方法。

增量预算法以过去的费用发生水平为基础，主张不需在预算内容上作较大的调整，它的编制遵循如下假定：

第一,企业现有业务活动是合理的,不需要进行调整;

第二,企业现有各项业务的开支水平是合理的,在预算期予以保持;

第三,以现有业务活动和各项活动的开支水平,确定预算期各项活动的预算数。

增量预算法的缺陷是可能导致无效费用开支项目无法得到有效控制。因为不加分析地保留或接受原有的成本费用项目,可能使原来不合理的费用继续开支而得不到控制,形成不必要开支合理化,造成预算上的浪费。

(二)固定预算法和弹性预算法

预算编制方法按其业务量基础的数量特征不同,分为固定预算法和弹性预算法。

1. 固定预算法

固定预算法是指在编制预算时,只根据预算期内正常、可实现的某一固定的业务量(如生产量、销售量等)水平作为唯一基础来编制预算的方法。

固定预算法的缺点表现在两个方面。一是适应性差。因为编制预算的业务量基础是事先假定的某个业务量,在这种方法下,不论预算期内业务量水平实际可能发生哪些变动,都只按事先确定的某一个业务量水平作为编制预算的基础。二是可比性差。当实际的业务量与编制预算所依据的业务量发生较大差异时,有关预算指标的实际数与预算数就会因业务量基础不同而失去可比性。

例如,某企业预计业务量为销售 100 000 件产品,按此业务量销售部门的预算费用为 5 000 元。如果该销售部门实际销售量达到 120 000 件,超出了预算业务量,固定预算下的费用预算仍为 5 000 元。

2. 弹性预算法

弹性预算法又称动态预算法,是在成本性态分析的基础上,依据业务量、成本和利润之间的联动关系,按照预算期内可能的一系列业务量(如生产量、销售量、工时等)水平编制系列预算的方法。理论上,弹性预算法适用于编制全面预算中所有与业务量有关的预算,但实务中主要用于编制成本费用预算和利润预算,尤其是成本费用预算。编制弹性预算,要选用一个最能代表生产经营活动水平的业务量计量单位。例如,以手工操作为主的车间,就应选用人工工时;制造单一产品或零件的部门,可以选用实物数量;修理部门可以选用直接修理工时等。弹性预算法所采用的业务量范围,视企业或部门的业务量变化情况而定,务必使实际业务量不至于超出相关的业务量范围,一般来说,可定在正常生产能力的 $70\% \sim 110\%$,或以历史上最高业务量和最低业务量为其上下限。弹性预算法编制预算的准确性,在很大程度上取决于成本性态分析的可靠性。与按特定业务量水平编制的固定预算法相比,弹性预算法有两个显著特点:第一,弹性预算是按一系列业务量水平编制的,从而扩大了预算的适用范围;第二,弹性预算是按成本性态分类的,在预算执行中可以计算一定实际业务量的预算成本,以便于预算执行的评价和考核。

运用弹性预算法编制预算的基本步骤是:第一步,选择业务量的计量单位;第二步,确定适用的业务量范围;第三步,逐项研究并确定各项成本和业务量之间的数量关系;第四步,计算各项预算成本,并用一定的方式来表达。

弹性预算法又分为公式法和列表法两种。

（1）公式法。公式法是运用总成本性态模型，测算预算期的成本费用数额，并编制成本费用预算的方法。根据成本性态，成本与业务量之间的数量关系可用公式表示为：

$$y = a + bx$$

式中，y 表示某项预算成本总额；a 表示该项成本中的预算固定成本额；b 表示该项成本中的预算单位变动成本额；x 表示预计业务量。

【例 5-1】 德胜达公司制造费用中的修理费用与修理工时密切相关。经测算，预算期修理费用中的固定修理费用为 3 000 元，单位工时的变动修理费用为 2 元；预计预算期的修理工时为 3 500 小时。运用公式法，测算预算期的修理费用总额为：$3\ 000 + 2 \times 3\ 500 = 10\ 000$（元）。因为任何成本都可用公式"$y = a + bx$"来近似地表示，所以只要在预算中列示 a（固定成本）和 b（单位变动成本），便可随时利用公式计算任一业务量（x）的预算成本（y）。

【例 5-2】 德胜达公司经过分析得出某种产品的制造费用与人工工时密切相关，采用公式法编制的制造费用预算如表 5-1 所示。

表 5-1 制造费用预算（公式法）

业务量范围：420～660（人工工时）

费用项目	固定费用/月	变动费用/（元/人工工时）
运输费用		0.20
电力费用		1.00
材料费用		0.10
修理费用	85	0.85
油料费用	108	0.20
折旧费用	300	
人工费用	100	
合计	593	2.35

在业务量为 420～600 人工工时的情况下，$y = 593 + 2.35x$；如果业务量为 500 人工工时，则制造费用预算为 $593 + 2.35 \times 500 = 1\ 768$（元）。

公式法的优点是便于在一定范围内计算任何业务量的预算成本，可比性和适应性强，编制预算的工作量相对较小；缺点是按公式进行成本分解比较麻烦，对每个费用子项目甚至细目逐一进行成本分解，工作量很大。

（2）列表法。列表法是在预计的业务量范围内将业务量分为若干个水平，然后按不同的业务量水平编制预算。应用列表法编制预算，首先要在确定的业务量范围内，划分出若干个不同业务量水平，然后分别计算各项预算值，汇总列入一个预算表格。

列表法的优点是：不管实际业务量多少，不必经过计算即可找到与业务量相近的预算成本;但是,运用列表法编制预算,在评价和考核实际成本时,往往需要使用插值法来计算实际业务量的预算成本,比较麻烦。

【例 5-3】 根据表 5-1,德胜达公司采用列表法编制的 2020 年 6 月制造费用预算如表 5-2 所示。

表 5-2　制造费用预算(列表法)　　　　　　　　　　单位:元

业务量(直接人工工时)	420	480	540	600	660
占正常生产能力百分比/%	70	80	90	100	110
变动成本:					
其中:运输费用($b=0.2$)	84	96	108	120	132
电力费用($b=1.0$)	420	480	540	600	660
材料费用($b=0.1$)	42	48	54	60	66
合计	546	624	702	780	858
混合成本:					
其中:修理费用　$a=85$　$b=0.85$	442	493	544	595	646
油料费用　$a=108$　$b=0.2$	192	204	216	228	240
合计	634	697	760	823	886
固定成本:					
其中:折旧费用	300	300	300	300	300
人工费用	100	100	100	100	100
合计	400	400	400	400	400
总计	1 580	1 721	1 862	2 003	2 144

(三)定期预算法与滚动预算法

预算编制方法按其预算期时间特征不同,分为定期预算法和滚动预算法两大类。

1. 定期预算法

定期预算法是指在编制预算时,以不变的会计期间(如日历年度)作为预算期的一种编制方法。这种方法的优点是能够使预算期间与会计期间相对应,便于将实际数与预算数进行对比,也有利于对预算执行情况进行分析和评价。但这种方法固定以 1 年为预算期,在执行一段时期之后,往往使管理人员只考虑剩下的几个月的业务量,缺乏长远打算,导致一些短期行为的出现。

2. 滚动预算法

滚动预算是指企业根据上一期预算执行情况和新的预测结果,按既定的预算编制周期和滚动频率,对原有的预算方案进行调整和补充,逐期滚动,持续推进的预算编制方法。预算编制周期是指每次预算编制所涵盖的时间跨度。滚动频率是指调整和补充预算的时间间隔,一般以月度、季度、年度等为滚动频率。滚动预算一般由中期滚动预算和短期滚动预算组成。中期滚动预算的预算编制周期通常为3年或5年,以年度作为预算滚动频率。短期滚动预算通常以1年为预算编制周期,以月度、季度作为预算滚动频率。这种预算能使企业各级管理人员对未来始终保持整整12个月时间的考虑和规划,从而保证企业的经营管理工作能够稳定而有序地进行。采用滚动预算法编制预算,按照滚动的时间单位不同可分为逐月滚动、逐季滚动和混合滚动。

(1)逐月滚动。逐月滚动是指在预算编制过程中,以月份为预算的编制和滚动单位,每个月调整一次预算的方法。按照逐月滚动方式编制的预算比较精确,但工作量较大。

(2)逐季滚动。逐季滚动是指在预算编制过程中,以季度为预算的编制和滚动单位,每个季度调整一次预算的方法。逐季滚动编制的预算比逐月滚动的工作量小,但精确度较差。

(3)混合滚动。混合滚动是指在预算编制过程中,同时以月份和季度作为预算的编制和滚动单位的方法。这种预算方法的理论依据是:人们对未来的了解程度具有对近期把握较大,对远期的预计把握较小的特征。混合滚动预算方式如图5-3所示。

图5-3　混合滚动示意图

滚动预算的优点是使预算期间依时间顺序向后滚动,能够保持预算的持续性,有利于结合企业近期目标和长期目标,考虑未来业务活动。使预算随时间的推进不断加以调整和修订,能使预算与实际情况更加适应,有利于充分发挥预算的指导和控制作用。

四、预算管理流程

企业应用预算管理工具方法,一般按照预算编制、预算控制、预算调整、预算考核等程序进行。

(一)预算编制

企业编制预算一般应按照"上下结合、分级编制、逐级汇总"的程序进行,具体分为以下步骤:下达目标、编制上报、审查平衡、审议批准、下达执行。

企业应建立和完善预算编制的工作制度,明确预算编制依据、编制内容、编制程序和编制方法,确保预算编制依据合理、内容全面、程序规范、方法科学,确保形成各层级广泛接受的、符合业务假设的、可实现的预算控制目标。企业一般按照分级编制、逐级汇总的方式,采用自上而下、自下而上、上下结合或多维度相协调的流程编制预算。预算编制流程与编制方法的选择应与企业现有管理模式相适应。预算编制完成后,应按照相关法律法规及企业章程的规定报经企业预算管理决策机构审议批准,以正式文件形式下达执行。预算审批包括预算内审批、超预算审批、预算外审批等。预算内审批事项应简化流程,提高效率;超预算审批事项应执行额外的审批流程;预算外审批事项应严格控制,防范风险。

(二)预算的执行

预算执行一般按照预算控制、预算调整等程序进行。

1. 预算控制

预算控制是指企业以预算为标准,通过预算分解、过程监督、差异分析等促使日常经营不偏离预算标准的管理活动。企业预算一经批复下达,各预算执行单位就必须认真组织实施,将预算指标层层分解,从横向到纵向落实到内部各部门、各单位、各环节和各岗位,形成全方位的预算执行责任体系。企业应当将预算作为预算期内组织协调各项经营活动的基本依据,将年度预算细分为月份和季度预算,以分期预算控制确保年度预算目标的实现。企业应当强化现金流量的预算管理,按时组织预算资金的收入,严格控制预算资金的支付,调节资金收付平衡,控制支付风险。对于预算内的资金拨付,按照授权审批程序执行;对于预算外的项目支出,应当按预算管理制度规范支付程序;对于无合同、无凭证、无手续的项目支出,不予支付。

企业应当严格执行销售、生产和成本费用预算,努力完成利润指标。在日常控制中,企业应当健全凭证记录,完善各项管理规章制度,严格执行生产经营月度计划和成本费用的定额、定率标准,加强适时监控。对预算执行中出现的异常情况,企业有关部门应及时查明原因,提出解决办法。

企业应当建立预算报告制度,要求各预算执行单位定期报告预算的执行情况。对于预算执行中发现的新情况、新问题及出现偏差较大的重大项目,企业财务管理部门以至预算委员会应当责成有关预算执行单位查找原因,提出改进经营管理的措施和建议。

企业财务管理部门应当利用财务报表监控预算的执行情况,及时向预算执行单位、企业预算委员会以至董事会或经理办公会提供财务预算的执行进度、执行差异及其对企业预算目标的影响等财务信息,促进企业完成预算目标。

2. 预算调整

企业正式下达执行的预算,一般不予调整。企业应在制度中严格明确预算调整的条件、主体、权限和程序等事宜。预算执行单位在执行中由于市场环境、经营条件、政策法规等发生重大变化,致使预算的编制基础不成立,或者将导致预算执行结果产生重大偏差的,可以调整预算。企业应当建立内部弹性预算机制,对于不影响预算目标的业务预算、资本预算、筹资预算之间的调整,企业可以按照内部授权批准制度执行,鼓励预算执行单位及时采取有效的经营管理对策,保证预算目标的实现。企业调整预算应当由预算执行单位逐级向企业预算委员会提出书面报告,阐述预算执行的具体情况、客观因素变化情况及其对预算执行造成的影响程度,提出预算指标的调整幅度。

企业财务管理部门应当对预算执行单位的预算调整报告进行审核分析,集中编制企业年度预算调整方案,提交预算委员会以至企业董事会或经理办公会审议批准,然后下达执行。对于预算执行单位提出的预算调整事项,企业进行决策时,一般应当遵循以下要求:① 预算调整事项不能偏离企业发展战略;② 预算调整方案应当在经济上能够实现最优化;③ 预算调整重点应当放在预算执行中出现的重要的、非正常的、不符合常规的关键性差异方面。

(三) 预算的分析与考核

预算考核主要针对定量指标进行考核,企业预算执行考核是企业绩效评价的主要内容,应当结合年度内部经济责任制进行考核,与预算执行单位负责人的奖惩挂钩,并作为企业内部人力资源管理的参考。企业应当建立预算分析制度,由预算委员会定期召开预算执行分析会议,全面掌握预算的执行情况,研究、解决预算执行中存在的问题,纠正预算执行偏差。开展预算执行分析,企业管理部门及各预算执行单位应当充分收集有关财务、业务、市场、技术、政策、法律等方面的信息资料,根据不同情况分别采用比率分析、比较分析、因素分析、平衡分析等方法,从定量与定性两个层面充分反映预算执行单位的现状、发展趋势及其存在的潜力。针对预算执行偏差,企业财务管理部门及各预算执行单位应当充分、客观地分析产生的原因,提出相应的解决措施或建议,提交董事会或经理办公会研究决定。企业预算委员会应当定期组织预算审计,纠正预算执行中存在的问题,充分发挥内部审计的监督作用,维护预算管理的严肃性。

任务二 全面预算体系编制

【任务描述】

全面预算体系包括经营预算、专门决策预算和财务预算。预算编制应以销售预算为起点。本任务主要介绍从销售预算、生产预算到财务预算的预算体系编制流程及各预算编制方法。

【知识准备】

一、经营预算的编制

(一) 销售预算

销售预算是在销售预测的基础上,根据企业年度目标利润确定的预计销售量、销售单价和销售收入等参数编制的,用于规划预算期销售活动的一种业务预算。销售预算是整个预算体系的编制起点,其他预算的编制都以销售预算作为基础。销售预算中通常还包括预计现金收入的计算,其目的是为编制现金预算提供必要的资料。本期现金收入包括两部分,即本期销售中收到的现金货款以及上期销售在本期收到的应收货款。

$$某种产品预计销售收入＝该种产品预计单价×该产品预计销售量 \quad (5.1)$$

$$预算期现金收入＝预算期现销收入＋前期应收账款收回 \quad (5.2)$$

【例5-4】 德胜达公司预计 2020 年只生产和销售一种产品,每季产品销售货款有 60％于当期收到现金,有 40％下一个季度收到现金。上一年(基期)末应收账款为 175 000 元。德胜达公司 2020 年的销售预算如表 5-3 所示。

表 5-3 德胜达公司 2020 年的销售预算

项目	第一季度	第二季度	第三季度	第四季度	全年
预计销量/件	2 000	2 500	3 000	2 500	10 000
单价/元	250	250	250	250	250
预计销售收入/元	500 000	625 000	750 000	625 000	2 500 000
应收账款期初/元	175 000				175 000
第一季度销售收现/元	300 000	200 000			500 000
第二季度销售收现/元		375 000	250 000		625 000
第三季度销售收现/元			450 000	300 000	750 000
第四季度销售收现/元				375 000	375 000
现金收入合计/元	475 000	575 000	700 000	675 000	2 425 000

注:为方便计算,本章均不考虑增值税。

销售预算通常要分品种、分月份、分销售区域、分推销员来编制。为了简化,本例只划分了季度销售数据。

(二)生产预算(反应产品产量、库存、销量之间的关系)

生产预算是为规划预算期生产规模而编制的一种业务预算,它是在销售预算的基础上编制的,并可以作为编制直接材料预算和产品成本预算的依据,其主要内容有销售量、期初和期末产成品存货、生产量。在生产预算中,只涉及实物量指标,不涉及价值量指标。

【例5-5】 德胜达公司 2020 年年初结存产成品 300 件,本年各季末结存产成品分别为:500 件、550 件、500 件和 400 件,预计各季度的销售量分别是 2 000、2 500、3 000 和 2 500 件。2020 年德胜达公司的生产预算如表 5-4 所示。

表 5-4 2020 年德胜达公司生产预算 单位:件

项目	第一季度	第二季度	第三季度	第四季度	全年
预计销量	2 000	2 500	3 000	2 500	10 000
加:预计期末结存	500	550	500	400	400
预计需要量	2 500	3 050	3 500	2 900	10 400
减:期初结存量	300	500	550	500	300
预计生产量	2 200	2 550	2 950	2 400	10 100

在编制生产预算时,应注意保持生产量、销售量、存货量之间合理的比例关系,以避免储备不足、产销脱节或超储备积压等。期末产成品存货数量通常按下期销售量的一定百分比确定:

$$预计期末产成品存货=下一会计期间销售量×留存比例 \quad (5.3)$$
$$预计期初产成品存货=上一会计期间期末产成品存货 \quad (5.4)$$
$$预计生产量=预计销售量+预计期末产成品存货-预计期初产成品存货 \quad (5.5)$$

生产预算在实际编制时是比较复杂的,产量受到生产能力的限制,产成品存货数量受到仓库容量的限制,只能在此范围内来安排产成品各期生产量和存货数量。此外,有的季度可能销量很大,可以用赶工方法增产,为此要多付加班费。如果提前在淡季生产,会因增加产成品存货而多付资金利息。因此,要权衡利弊得失,选择成本最低的方案。生产预算是在销售预算的基础上编制的,并可以作为编制材料采购预算和生产成本预算的依据。

(三) 直接材料预算(反应材料库存、购进、出库消耗之间的关系)

直接材料预算是指为规划一定预算期内因组织生产活动和材料采购活动预计发生的直接材料需用量、采购数量和采购成本而编制的一种经营预算。直接材料预算编制的依据主要包括生产预算的预计生产量、单位产品的材料消耗定额、预算期间的期初期末存料量、材料预计单价、采购材料的付款条件等。

直接材料预算编制的方法,主要应按材料类别分别依据下列公式计算出预计采购量,然后再乘以单价,填入预算表。

$$预计采购量=预计生产需用量+预计期末存料量-预计期初存料量 \quad (5.6)$$
$$预计生产需用量=预计生产量×单位产品材料用量 \quad (5.7)$$

预计生产量的数据来自生产预算;单位产品材料用量的数据来自标准成本资料或消耗定额资料;预计期初存料量来源于上期末材料存货,各期预计期末材料存量根据下期生产需用量的一定百分比确定,编制直接材料预算的同时,需要编制现金支出预算,作为现金预算编制的基础。

【例 5-6】 德胜达公司 2020 年期初材料结存量 720 千克,本年各季末结存材料依次为:820 千克、980 千克、784 千克和 860 千克,每季度的购料款于当季支付 40%,60%于下一季度支付,应付账款年初余额为 120 000 元。预计各季度生产量量分别是 2 200 件、2 550 件、2 950 件和 2 400 件,每件耗用材料 5 千克,材料单价 20 元/千克。2020 年德胜达公司直接材料预算如表 5-5 所示。

表 5-5 2020 年德胜达公司直接材料预算

项目	第一季度	第二季度	第三季度	第四季库	全年
预计生产量/件	2 200	2 550	2 950	2 400	10 100
材料定额单耗/千克	5	5	5	5	5
预计生产需要量/千克	11 000	12 750	14 750	12 000	50 500

续表

项目	第一季度	第二季度	第三季度	第四季度	全年
加:期末结存量	820	980	784	860	860
预计需要量合计	11 820	13 730	15 534	12 860	51 360
减:期初结存量	720	820	980	784	720
预计材料采购量	11 100	12 910	14 554	12 076	50 640
材料计划单价	20	20	20	20	20
预计购料金额	222 000	258 200	291 080	241 520	1 012 800
应付账款年初余额	120 000				120 000
第一季度购料付现	88 800	133 200			222 000
第二季度购料付现		103 280	154 920		258 200
第三季度购料付现			116 432	174 648	291 080
第四季度购料付现				96 608	96608
现金支出合计	208 800	236 480	271 352	271 256	987 888

（四）直接人工预算

直接人工预算是指为规划一定预算期内人工工时的消耗水平和人工成本水平而编制的一种经营预算。

直接人工成本包括:直接工资和按直接工资的一定比例计算的其他直接费用(如应付福利费)。

直接人工预算也是以生产预算为基础编制的,其主要内容有预计产量、单位产品工时、人工总工时、每小时人工成本和人工总成本。

$$直接人工预算 = 预计生产量 \times \sum(单位工时工资 \times 单位产品工时定额) \quad (5.8)$$

预计生产量数据来自生产预算;单位产品人工工时和每小时人工成本数据来自标准成本资料;人工总工时和人工总成本是在直接人工预算中计算出来的。由于人工工资都需要使用现金支付,所以,不需要另外预计现金支出,可直接参加现金预算的汇总。

【例 5-7】 德胜达公司 2020 年预计各季度的生产量分别是 2 200 件、2 550 件、2 950 件和 2 400 件,每件耗用人工工时为 5 小时,每小时工资率为 5 元。2020 年德胜达公司的直接人工预算如表 5-6 所示。

表 5-6　2020 年度德胜达公司直接人工预算

项目	第一季度	第二季度	第三季度	第四季度	全年
预计生产量/件	2 200	2 550	2 950	2 400	10 100
单耗工时/小时	6	6	6	6	6
直接人工小时数	13 200	15 300	17 700	14 400	60 600
单位工时工资率/元	5	5	5	5	5
预计直接人工成本/元	66 000	76 500	88 500	72 000	303 000

（五）制造费用预算

制造费用预算是指用于规划生产成本中除直接材料和直接人工以外的一切不能直接计入产品制造成本的间接费用的一种业务预算。

制造费用预算通常分为变动制造费用预算和固定制造费用预算两部分。变动制造费用预算以生产预算为基础来编制。如果有完善的标准成本资料，用单位产品的标准成本与产量相乘，即可得到相应的预算金额。如果没有标准成本资料，就需要逐项预计计划产量需要的各项制造费用。固定制造费用需要逐项进行预计，通常与本期产量无关，按每季度实际需要的支付额预计，然后求出全年数。

$$变动制造费用预算分配率＝变动制造费用预算总额÷直接人工标准总工时 \quad (5.9)$$
$$固定制造费用分配率＝固定制造费用预算总额÷直接人工标准总工时 \quad (5.10)$$

【**例 5-8**】 德胜达公司 2020 年预计各季度的生产量分别是 2 200 件、2 550 件、2 950 件和 2 400 件，每件耗用人工工时为 6 小时，变动的间接人工、间接材料、维护费用、水电费用、机物料每个工时分配率分别为 0.2、0.1、0.15、0.25 和 0.05 元，固定的维护费用、折旧费用、管理费用、保险费用、财产税分别为 4 000、73 200、35 000、6 000 和 3 000 元。德胜达公司 2020 年制造费用预算如表 5-7 所示。

表 5-7　2020 年德胜达公司制造费用预算　　　　　　　　单位：元

变动性制造费用	金额	固定性制造费用	金额
间接人工	0.2×60 600＝12 120	维护费用	4 000
间接材料	0.1×60 600＝6 060	折旧费用	73 200
维护费用	0.15×60 600＝9 090	管理费用	35 000
水电费用	0.25×60 600＝15 150	保险费用	6 000
机物料	0.05×60 600＝3 030	财产税	3 000
小计	0.75×60 600＝45 450	小计	121 200
固定制造费用合计			121 200
减：不减少现金的折旧：			73 200
付现固定制造费用			48 000
变动制造费用付现支出			45 450
全部制造费用付现支出			93 450

为了便于以后编制现金预算，需要预计现金支出。制造费用中，除折旧费外都需支付现金。所以，根据每个季度制造费用数额扣除折旧费后，即可得出现金支出的费用，它是编制现金预算的基础。

（六）产品成本预算（原材料、人工、制造费用）

产品成本预算是指用于规划预算期的单位产品成本、生产成本总额、销售成本以及期初、期末产成品存货成本等内容的一种业务预算。

产品成本预算是生产预算、直接材料预算、直接人工预算、制造费用预算的汇总,其主要内容是产品的单位成本和总成本。

产品单位成本取决于单位产品的材料费用、单位产品人工费用及单位产品应分担的制造费用。其中:

$$单位产品的直接材料费用=单位产品材料消耗量×材料预计单价 \qquad (5.11)$$

$$单位产品的直接人工费用=单位产品工时×预计每小时人工成本 \qquad (5.12)$$

$$单位产品的制造费用=每小时制造费用×单位产品工时=制造费用总额$$
$$÷产品工时总额×单位产品工时 \qquad (5.13)$$

$$产品总成本=预计生产量×产品单位成本 \qquad (5.14)$$

【例 5-9】 德胜达公司预计 2020 年生产量是 10 100 件,年初和年末存货分别为 300 件和 400 件,材料采购量为 50 640 千克,采购成本为 1 012 800 元,期初和期末预计材料存货分别为 720 千克和 860 千克,材料采购单价为 20 元;全年预计人工总工时为 60 600 工时,每小时工资率为 5 元;预计全年变动制造费用分配率为 0.75 元/小时,固定制造费用为 121 200 元,其中含折旧费用为 73 200 元。德胜达公司 2020 年产品成本预算如表 5-8 所示。

表 5-8 2020 年德胜达公司产品成本预算

成本项目	单位用量	单位价格	单位成本
直接材料	5 千克	20 元/千克	100
直接人工	6 小时	5 元/小时	30
变动制造费用	6 小时	0.75 元/小时	4.5
单位变动生产成本			134.5
单位固定成本	(121 200÷60 600)×6=12		12
单位生产成本			146.5
总成本			1 479 650
销售成本(1 465 000)			
第一季度(2 000 件)	第二季度(2 500 件)	第三季度(3 000 件)	第四季度(2 500 件)
293 000	366 250	439 500	366 250
期末存货预算	期末存货数量		400 件
	期末存货成本		58 600

(七) 销售及管理费用预算

销售及管理费用预算是指为规划预算期与组织产品销售活动和一般行政管理活动有关费用而编制的一种业务预算。

销售及管理费用预算编制的主要依据是预算期全年和各季度的销售量及各种有关的标

准耗用量和标准价格资料。

销售费用预算以销售预算为基础,分析销售收入、销售利润和销售费用的关系,力求实现销售费用的最有效使用。销售费用预算应和销售预算相配合,应有按品种、按地区、按用途等不同方法分类的具体预算数额。销售费用可分为变动销售费用和固定销售费用。

在编制管理费用预算时,要分析企业的业务成绩和一般经济状况,务必做到费用合理化。管理费用多属于固定成本,它一般以过去的实际开支为基础,按预算期的可预见变化来调整。

在编制销售及管理费用预算时应编制现金支出预算。

【例 5-10】 德胜达公司编制 2020 年销售与管理费用预算时,将二者合并编制,变动性的费用以人工工时为计量单位,人工工时为 60 600 小时,其中销售佣金、办公费用、运输费用等费用每小时分配率分别为 0.1 元、0.2 元、0.2 元,变动性费用合计 30 300 元,固定性费用广告费用、管理人员工资、保险费用、折旧费用、财产税等分别为 80 000、125 000、8 000、50 000、4 000 元,合计为 267 000 元,其中折旧费用为 50 000 元。2020 年德胜达公司销售及管理费用预算如表 5-9 所示。

表 5-9 2020 年德胜达公司销售及管理费用预算 单位:元

费用明细项目		预算金额
变动费用	销售佣金 0.1×60 600	6 060
	办公费用 0.2×60 600	12 120
	运输费用 0.2×60 600	12 120
	合计	30 300
固定费用	广告费	80 000
	人工费	125 000
	保险费	8 000
	折旧费	50 000
	财产税	4 000
	合计	267 000
预计现金支出	销售及管理费用总额	297 300
	减:折旧	50 000
	现金支出	247 300

二、专门决策预算编制

专门决策预算主要是长期投资预算(又称资本支出预算),通常是指与项目投资决策相关的专门预算,它往往涉及长期建设项目的资金投放与筹集,并经常跨越多个年度。编制专门决策预算的依据是项目财务可行性分析资料以及企业筹资决策资料。

专门决策预算的要点是准确反映项目资金投资支出与筹资计划,它同时也是编制现金预算和预计资产负债表的依据。

【例 5-11】 德胜达公司决定于 2020 年上马一条新的生产线,年内安装完毕,并于年末投入使用,预计各个季度依次发生投资额为 50 000 元、40 000 元、70 000 元、80 000 元,预计分别在第一和第四季度借款 40 000 元、80 000 元。德胜达公司 2020 年关于生产线的专门决策预算如表 5-10 所示。

表 5-10　2020 年德胜达公司专门决策预算　　　　　　　单位:元

项目	第一季度	第二季度	第三季度	第四季度	全年
投资支出预算	50 000	40 000	70 000	80 000	240 000
借入长期借款	40 000			80 000	120 000

三、财务预算编制

财务预算包括现金预算和预计财务报表。

(一) 现金预算

现金预算是用来反映企业在计划期间预计的现金收支的详细情况而编制的预算。现金预算的编制是以业务预算和专门决策预算为依据编制的,实际上是其他预算有关现金收支部分的汇总。现金预算专门反映预算期内预计现金收入与现金支出,以及为满足理想现金余额而进行筹资或归还借款等的预算。

现金预算包括现金收入、现金支出、现金溢余或短缺、资金的筹集和运用。

现金收入包括期初现金余额和预算期现金收入;现金支出包括预算期预计的各项现金支出;现金余缺是当前可动用现金合计数与预计现金支出合计数的差额;资金的筹集和运用是根据预算期现金收支的差额和企业有关资金管理的各项政策确定筹集和运用资金的数额。

现金预算四个部分之间的关系如下:

$$可供使用现金＝期初现金余额＋现金收入 \tag{5.15}$$

$$现金余缺＝可供使用现金－现金支出 \tag{5.16}$$

$$现金余缺＋资金的筹集与运用＝期末现金余额 \tag{5.17}$$

【例 5-12】 德胜达公司预计 2020 年初现金余额为 80 000 元,每季支付各种流转税按经营收入的 6% 计算,前三季度预交所得税 50 000 元,年末汇缴 89 440 元,年末支付股利 250 000 元。公司最低现金持有量为 50 000 元。第一至第四季度现金收支见前述各预算资料;预计在第一和第四季度取得长期借款 40 000 元、80 000 元;各个季度预计支付利息为 15 345 元、15 165 元、13 293 元和 11 999 元,第一和第四季度取得短期借款分别为 5 000 元和 20 000 元;第二季度归还短期借款 5 000 元,第二、第三季度分别进行短期投资 22 000 元和 78 000 元,并于第四季度出售。2020 年德胜达公司现金预算如表 5-11 所示。

表 5-11　2020 年德胜达公司现金预算　　　　　　　　　　单位:元

项目	第一季度	第二季度	第三季度	第四季度	合计
期初现金余额	80 000	98 605	108 585	107 065	80 000
经营现金收入	475 000	575 000	700 000	675 000	2 425 000
可供使用现金	555 000	673 605	808 585	782 065	2 505 000
经营现金支出:					
直接材料支出	208 800	236 480	271 352	271 256	987 888
直接人工支出	66 000	76 500	88 500	72 000	303 000
制造费用	21 900	23 475	25 275	22 800	93 450
销售及管理费用	60 850	61 900	63 100	61 450	247 300
支付流转税	28 500	34 500	42 000	40 500	145 500
预交所得税	50 000	50 000	50 000	89 400	239 400
分配股利				250 000	250 000
资本性现金支出	50 000	40 000	70 000	80 000	240 000
现金支出合计	486 050	522 855	610 227	887 406	2 506 538
现金余缺	68 950	150 750	198 358	−105 341	−1 538
资金筹措与运用:					
长期借款	40 000			80 000	120 000
支付利息	−15 345	−15 165	−13 293	−11 999	−55 802
取得短期借款	5 000			20 000	25 000
偿还短期借款		−5 000			−5 000
进行短期投资		−22 000	−78 000		−100 000
出售短期投资				100 000	100 000
期末现金余额	98 605	108 585	107 065	82 660	82 660

“经营现金收入”的主要来源是销货取得的现金收入,销货取得的现金收入数据来自销售预算。“现金支出”部分包括预算期的各项现金支出,是“直接材料”“直接人工”“制造费用”“销售及管理费用”“专门决策预算”的汇总。

(二)预计利润表

利润表预算是在各项经营预算的基础上,根据权责发生制编制的损益表,用来综合反映企业在计划期的预计经营成果。

编制预计利润表的目的在于企业可以了解预期的盈利水平。预计利润表综合反映计划期内预计销售收入、销售成本和预计可实现的利润或可能发生的亏损,有助于管理人员及时调整经营策略。编制预计利润表的依据是各业务预算、专门决策预算和现金预算,是在汇总销售、成本、销售及管理费用、营业外收支、资本支出等预算的基础上加以编制的。

【例5-13】 德胜达公司预计2020年各个季度销售收入分别为500 000元、625 000元、750 000元、625 000元,销售成本分别为293 000元、366 250元、439 500元和366 250元,销售与管理费用、财务费用各个季度分别为74 325元(各季度平均)和20 000元;所得税前3个季度都是50 000元,第四季度为89 440元。德胜达公司2020年的预计利润如表5-12所示。

表5-12 2020年德胜达公司预计利润表
单位:元

项目	第一季度	第二季度	第三季度	第四季度	全年
销售收入	500 000	625 000	750 000	625 000	2 500 000
减:销售成本	293 000	366 250	439 500	366 250	1 465 000
销售毛利	207 000	258 750	310 500	258 750	1 035 000
减:销售及管理费用	74 325	74 325	74 325	74 325	297 300
财务费用	20 000	20 000	20 000	20 000	80 000
营业利润	112 675	164 425	216 175	164 425	657 700
减:所得税	50 000	50 000	50 000	89 440	239 440
净利润	62 675	114 425	166 175	74 985	418 260

(三) 预计资产负债表

预计资产负债表用来反映企业在计划期末的预计财务状况。编制预计资产负债表的目的在于判断预算反映的财务状况的稳定性和流动性。如果通过预计资产负债表的分析发现某些财务比率不佳,必要时可修改有关预算,以改善财务状况。预计资产负债表的编制需以计划期开始日的资产负债表为基础,结合计划期间各项业务预算、专门决策预算、现金预算和预计利润表进行编制,它是编制全面预算的终点。预计资产负债表与实际的资产负债表内容、格式相同,只不过数据是反映预算期末的财务状况(在这里我们采用简化格式)。

【例5-14】 德胜达公司预计2020年末现金余额为56 000元,预计原材料和库存商品存货金额分别为58 600元和17 200元,年初固定资产800 000元,计提折旧200 000元,当年投资生产线为240 000元,没有完工,无形资产为184 200元,期末短期借款为20 000元,应付账款、应交税金和其他流动负债分别为144 912元、10 000元和24 198元,预计股本为500 000元,资本公积金为100 000元,留存收益为486 890元。德胜达公司预计资产负债表如表5-13所示。

表5-13 德胜达公司预计资产负债表
2020年12月31日
单位:元

资产	金额	负债及权益	金额
流动资产		流动负债	
现金	56 000	短期借款	20 000

续表

资产	金额	负债及权益	金额
应收账款	250 000	应付账款	144 912
存货	75 800	应付税金	10 000
流动总产合计	381 800	其他流动负债	24 198
长期资产		流动负债合计	199 110
固定资产	800 000	长期负债	120 000
减:累计折旧	200 000	股东权益	
固定资产净额	600 000	股本	500 000
在建工程	240 000	资本公积	100 000
无形资产	184 200	留存收益	486 890
长期资产合计	1 024 000	权益合计	1 086 890
资产总计	1 406 000	负债及权益总计	1 406 000

注:长期负债120 000元来源于现金预算。

【案例分析】

全面预算——徐工集团的全面预算"315"法则解析

徐工集团在全面预算管理中遵循"315"法则,即突出目标平衡、专业平衡、分级平衡,打通一个从战略到考核的管理闭环,坚持确定责任、制定标准、推行集成、强化考核、明确流程这5项基础,全面规范全面预算管理各子系统的运行。其主要做法如下。

一是按照"预算管理委员会—预算管理办公室—事业部—分子公司—职能部室—业务活动"的体系架构,搭建预算管理责任体系。

二是以战略为起点,打通"战略—计划—预算编制—执行—考核"闭环管理。徐工集团为年度预算制定了贯穿全年的关键时间节点,并实行上述闭环管理,要求各成员单位每月在系统内完成相应流程,从而使预算控制细化到每天的具体活动。

三是各部门广泛参与预算、多方面确保预算的合理性。以研发预算为例,徐工集团规定,分子公司的研发预算不仅在公司层面进行目标平衡和分级平衡,还需要总部科技质量部与研究院的专业平衡;对每一个研发项目活动,用完全成本法将与项目有关的费用支出全部分配归集到相关项目。

四是坚持"制度管人、流程管事",并实现了系统的横向集成。一方面,集团制定并发布了公司内部的《全面预算信息化系统运行管理规定》,规范预算流程。另一方面,集团以全面预算管理信息化系统为主线,采用多项系统集成技术全面打通了包括企业资源计划(ERP)、客户关系管理(CRM)等主要业务系统,建设了灵活高效的预算管控平台。

五是打造从预算到考核的闭环管理。集团通过商业智能(BI),实时分析反映企业运营状况。年度经济工作会议上,集团各事业部、各科室管理者分别签订年度经营责任状。集团审计部门按年度、半年度进行经营责任状审计,将责任人薪酬与指标挂钩;人力部门将各事业部和科室的关键业绩指标(KPI)的完成情况作为其月度工资薪酬系数的考评依据。

资料来源:管理会计案例索引(五)[EB/OL].(2018-01-19)[2021-10-23].http://yeda.shm.com.cn/forum.php?mod=viewthread&tid=751.

【拓展阅读】

"预算"不是财务机构的"孤芳自赏"

谁来编制预算?这可以说是财务领域的大"冤案"。无论是财务部门还是业务部门或公司高层,都想当然地认为编制预算是财务部门的事。迄今为止,企业预算绝大多数以单一的会计语言来描述和反映企业预算。当预算单调地表现为会计语言时,由会计机构编制预算自然顺理成章,而真正与预算资源直接相关的业务部门则被排斥在预算编制之外。结果,编制预算的不使用资源,使用资源的不编制预算,预算与业务脱节,业务部门不关心预算,预算成为财务机构的"孤芳自赏"。

一、传统问题

一项对150位首席财务官(CFO)的调查表明,预算编制基本由财务机构独立包揽,而业务部门不愿参与的理由则反映了传统预算本身存在的问题。

(1)不想在预算上花费时间。业务部门根本不知道编制预算是其责任,而不是多余的负担,是财务机构长期独揽预算的后果。

(2)不知道如何编制预算。预算使用单一的会计语言的传统,使业务部门无法参与预算编制,是预算不分层次、编制语言单调的后果。

(3)未参加培训。企业预算编制的前期准备不当,关于预算的认识未在企业内部统一,职能部门对预算应承担什么责任不清楚,编制预算的技术未普及。

(4)对预算系统有抵触。传统预算在业务活动中并未证明其对组织目标的控制效应,只是简单压制,脱离实际,造成业务部门的普遍反感。

二、重新建立的预算编制规则

当企业把预算分为不同层次并可以使用非会计语言编制预算,预算编制就不再只是财务机构的"家务事"。

第一,业务层次的预算编制规则是谁做事、谁花钱、谁编预算。

(1)由于预算被分为不同层次,被允许使用非会计语言编制,业务部门已经具备了编制预算的技术前提。

(2)业务部门最了解业务,又承担着明确的目标和任务,所以最清楚实现目标和完成任务的资源需求。

第二,公司层次的预算编制的原则是编制预算框,以预算框约束部门预算。

公司层次的预算是实现期望目标的资源约束,用来限制实现路径所需资源的边界。期望目标成立的前提是,在预算编制阶段,不得超越预算框边界,是财务机构的责任。

第三,通过信息化手段实现最小工作量与信息透明。

(1)信息化的介入是必需的,当预算管理体系以业务语言来说话时,手工条件下的编制流程无疑增加了成倍的工作量。

（2）实现预算编制、执行、控制、分析一体化，实现预算的事前预警、事中控制、事后分析。

资料来源：玩转全面预算．预算不是财务机构的"孤芳自赏"［EB/OL］．（2021-02-23）［2021-10-23］．https：mp．weixin．qq．com/s/7rZVODOUDxzAyZSinKgbKQ．

【课证融通】

一、单项选择题

1. 下列关于财务预算的说法不正确的是（　　　）。

A. 财务预测以财务预算为根据

B. 财务预算具有规划、沟通和协调、资源分配、营运控制和绩效评估功能

C. 财务预算的编制需要以财务预测的结果为根据，并受财务预测质量的制约

D. 财务预算必须服从决策目标的要求，使决策目标具体化、系统化、定量化

2. 下列不属于日常业务预算的是（　　　）。

A. 经营决策预算　　　　　　　　　　B. 制造费用预算

C. 应交增值税、销售税金及附加预算　　D. 管理费用预算

3. 企业不经常发生的、一次性的重要决策预算包括（　　　）。

A. 销售预算　　　B. 生产预算　　　C. 材料采购预算　　　D. 资本支出预算

4. 财务预算作为全面预算体系的最后环节，是以（　　　）总括地反映企业业务预算与专门决策预算的结果，故亦称为总预算。

A. 数量形式　　　B. 综合形式　　　C. 实物形式　　　D. 价值形式

5. 年度预算的起点一般是（　　　）。

A. 销售预算　　　B. 生产预算　　　C. 材料采购预算　　　D. 资产负债表预算

6. 某企业编制"销售预算"，已知上上期的销售收入为 600 万元，上期的销售收入为 800 万元，预计预算期销售收入为 1 000 万元，销售收入的 60%于当期收现，40%于下期收现，假设不考虑其他因素，则本期期末应收账款的余额为（　　　）万元。

A. 720　　　B. 600　　　C. 1 080　　　D. 960

7. 某企业编制"应交税金及附加预算"时，采用简捷法预计应交增值税，预计 10 月份不含税销售收入总额为 100 万元，不含税采购额为 60 万元，适用的增值税率为 17%，该企业应交增值税估算率为 7%，则预计 10 月份应交增值税为（　　　）万元。

A. 6.8　　　B. 7　　　C. 17　　　D. 10.2

8. 某企业编制"直接材料预算"，预计第四季度期初应付账款为 7 000 元，第四季度期初直接材料存量 500 千克，该季度生产需用量 1 500 千克，预计期末存量为 400 千克，材料单价（不含税）为 10 元，若材料采购货款有 50%在本季度内付清，另外 50%在下季度付清，增值税税率为 17%，则该企业预计资产负债表年末"应付账款"项目为（　　　）元。

A. 15 190　　　B. 7 000　　　C. 8 190　　　D. 14 000

9. 下列预算中只使用实物量计量单位的是（　　　）。

A. 现金预算　　　B. 预计资产负债表　　C. 生产预算　　　D. 销售预算

10. 下列项目中，本质上属于日常业务预算，但因其需要根据现金预算的相关数据来编

制,因此被纳入财务预算的是(　　　)。

    A. 财务费用预算   B. 预计利润表   C. 销售费用预算   D. 预计资产负债表

11. 在下列预算方法中,能够适应多种业务量水平并能克服固定预算方法缺点的是
(　　　)。

    A. 弹性预算方法   B. 增量预算方法   C. 零基预算方法   D. 流动预算方法

12. 不受已有费用项目和开支水平限制,并能够克服增量预算方法缺点的预算方法是
(　　　)。

    A. 弹性预算方法   B. 固定预算方法   C. 零基预算方法   D. 滚动预算方法

13. 可以保持预算的连续性和完整性,并能克服传统定期预算缺点的预算方法是
(　　　)。

    A. 弹性预算   B. 零基预算   C. 滚动预算   D. 固定预算

14. 某企业按百分比法编制弹性利润预算表,预算销售收入为 800 万元,变动成本为
600 万元,固定成本为 130 万元,营业利润为 70 万,如果预算销售收入达到 1 000 万元,则预
算营业利润为(　　　)万元。

    A. 120   B. 87.5   C. 270   D. 100

15. 固定预算编制方法的致命缺点是(　　　)。

    A. 过于机械呆板   B. 可比性差

    C. 计算量大   D. 可能导致保护落后

二、多项选择题

1. 财务预算是一系列专门反映企业未来一定预算期内预计财务状况和经营成果,以及
现金收支等价值指标的各种预算的总称,下列属于财务预算的有(　　　)。

    A. 现金预算   B. 财务费用预算   C. 预计利润表   D. 预计利润分配表

2. 全面预算具体包括(　　　)。

    A. 经营决策预算   B. 投资决策预算   C. 日常业务预算   D. 财务预算

3. 财务预算的主要作用包括(　　　)。

    A. 明确工作目标   B. 协调部门关系   C. 控制日常活动   D. 考核业绩标准

4. 在下列各项中,属于日常业务预算的有(　　　)。

    A. 销售预算   B. 现金预算   C. 生产预算   D. 销售费用预算

5. 预算指标覆盖的时间在一年或一年以内的预算有(　　　)。

    A. 销售预算   B. 现金预算   C. 生产预算   D. 资本支出预算

6. 某期现金预算中假定出现了正值的现金余缺额,且超过额定的期末现金余额,单纯
从财务预算调剂现金余缺的角度看,该期可以采用的措施有(　　　)。

    A. 偿还部分借款利息   B. 偿还部分借款本金

    C. 抛售短期有价证券   D. 购入短期有价证券

7. 已知 A 公司在预算期间,销售当季度收回货款 60%,下季度收回货款 30%,下下季
度收回货款 10%,预算年度期初应收账款金额为 28 万元,其中包括上年第三季度销售的应
收账款 4 万元,第四季度销售的应收账款 24 万元,则下列说法正确的有(　　　)。

    A. 上年第四季度的销售额为 60 万元

    B. 上年第三季度的销售额为 40 万元

C. 上年第三季度销售的应收账款 4 万元在预计年度第一季度可以全部收回

D. 第一季度收回的期初应收账款为 24 万元

8. 下列关于本期经营现金收入的计算公式中正确的有( )。

A. 本期经营现金收入＝本期销售收入(含销项税)＋期初应收账款－期末应收账款

B. 本期经营现金收入＝本期销售收入(含销项税)＋期初应付账款－期末应付账款

C. 本期经营现金收入＝本期销售本期收现部分(含销项税)＋以前期赊销本期收现的部分

D. 本期经营现金收入＝本期销售收入(含销项税)－期初应收账款＋期末应收账款

9. 现金预算的编制基础包括( )。

A. 销售预算 　　　B. 投资决策预算 　　　C. 销售费用预算 　　　D. 预计利润表

10. 下列( )是在生产预算的基础上编制的。

A. 直接材料预算 　　B. 直接人工预算 　　C. 产品成本预算 　　D. 管理费用预算

11. 理论上,弹性预算方法适用于编制全面预算中所有与业务量有关的预算,但实务中,主要用于编制弹性成本费用预算和弹性利润预算,尤其是编制费用预算。编制弹性成本(费用)预算的主要方法包括( )。

A. 公式法 　　　　B. 列表法 　　　　C. 图示法 　　　　D. 百分比法

12. 增量预算方法的缺点包括( )。

A. 受原有费用项目限制,可能导致保护落后

B. 滋长预算中的"平均主义"和"简单化"

C. 不利于企业未来发展

D. 工作量大

13. 相对固定预算而言,弹性预算的优点有( )。

A. 预算成本低 　　B. 预算工作量小 　　C. 预算可比性强 　　D. 预算适用范围宽

14. 滚动预算按照预算编制和滚动的时间单位不同分为( )。

A. 逐月滚动 　　　B. 逐季滚动 　　　C. 逐年滚动 　　　D. 混合滚动

15. 滚动预算的优点包括( )。

A. 透明度高 　　　B. 及时性强 　　　C. 连续性好 　　　D. 完整性突出

三、判断题

1. 财务预算作为全面预算体系中的最后环节,可以从价值方面总括地反映经营期决策预算与业务预算的结果,财务预算属于总预算的一部分。 （ ）

2. 财务预算具有资源分配的功能。 （ ）

3. 资本支出预算也涉及现金支出,因此也属于财务预算。 （ ）

4. 预计的利润表和资产负债表在最后编制,因此这两个预算不重要。 （ ）

5. 企业财务管理部门应该对各部门上报的财务预算方案进行审查、汇总,提出综合平衡的建议。 （ ）

6. 现金预算也称现金收支预算,是以日常业务预算和特种决策预算为基础所编制的反映现金收支情况的预算。现金预算中的现金收入主要反映经营性现金收入,现金支出则同时反映经营性现金支出和资本性现金支出。编制现金预算需要以日常业务预算和财务预算为依据。 （ ）

7. 预计资产负债表是指用于总括反映企业预算期末财务状况的一种财务预算。预计资产负债表中的项目均应在前述各项日常业务预算和专门决策预算的基础上分析填列。　　　　　　　　　　　　　　　　　　　　　　　　　　　　　（　　）

8. 在财务预算的编制过程中,编制预计财务报表的正确程序是:先编制预计资产负债表,然后再编制预计利润表。　　　　　　　　　　　　　　　　　　　　（　　）

9. 特种决策预算包括经营决策预算和投资决策预算,特种决策预算的数据要直接纳入日常业务预算体系,同时也将影响现金预算等财务预算。　　　　　　　　　　（　　）

10. 编制生产预算时,关键是正确地确定预计销售量。　　　　　　　　　　　（　　）

11. 与传统的定期预算方法相比,按滚动预算方法编制的预算具有透明度高、及时性强、连续性好,以及完整性和稳定性突出的优点;其主要缺点是预算工作量较大。（　　）

12. 从实用的角度看,弹性预算适用于编制全面预算中所有与业务量有关的各种预算。　　　　　　　　　　　　　　　　　　　　　　　　　　　　　　　　（　　）

13. 零基预算是指在编制预算时,对于所有的预算支出均以零字为基础,不考虑其以往情况如何,从根本上研究、分析每项费用是否有支出的必要性和支出数额的大小。（　　）

14. 在编制零基预算时,应以企业现有的费用水平为基础。　　　　　　　　　（　　）

15. 增量预算与零基预算相比能够调动各部门降低费用的积极性。　　　　　　（　　）

【岗位能力检测】

1. A公司只生产和销售甲产品,单价1 200元/件。A公司预计2012年4个季度甲产品的销售量分别为800件、1 100件、1 500件和1 200件。合同规定的付款方式为:各季度的货款应在当季支付60%,其余40%在下季付讫。目前,客户尚欠A公司50万元货款,预计将在2020年第一季度付清。根据上述资料编制A公司2020年销售预算(见表5-14)。

表5-14 A公司2020年销售预算

项目	第一季度	第二季度	第三季度	第四季度	全年
预计销售量/件					
预计单价/元					
预计销售收入/元					
期初应收账款					
第一季度销售收现					
第二季度销售收现					
第三季度销售收现					
第四季度销售收现					
现金收入合计					

2. (续1)A公司预计,为保证供货的连续性,预算期内各季度的期末产品库存量应达到下期销售量的20%。同时,根据与客户的长期合作关系来看,公司预算年末的产品库存量应维持和年初相一致的水平,大约为200件左右,能够保证及时为客户供货。根据上述资料编制A公司2020年生产预算(见表5-15)。

表 5-15　A 公司 2020 年生产预算

项目	第一季度	第二季度	第三季度	第四季度	全年
预计销售量（件）					
加：预计期末产品存货					
减：预计期初产品存货					
预计生产量					

3.（续 2）A 公司生产甲产品主要使用一种合金材料。根据以往的加工经验来看，平均每件产品需用料 5 千克。这种合金材料一直由公司以每千克 200 元的价格跟一位长期合作的供应商定购，并且双方约定，购货款在购货当季和下季各付一半。目前，A 公司尚欠该供应商货款 400 000 元，预计将在 2021 年一季度付清。公司为保证生产的连续性，规定预算期内各期末的材料库存量应达到下期生产需要量的 10%，同时规定各年末的预计材料库存应维持在 600 千克左右。依据上述资料编制 A 公司 2020 年材料采购预算（见表 5-16）。

表 5-16　A 公司 2020 年材料采购预算

项目	第一季度	第二季度	第三季度	第四季度	全年
预计生产量/件					
单位产品材料用量/千克					
预计生产需用量					
加：预计期末材料存货量					
预计需要量合计					
减：预计期初材料存货量					
预计材料采购量					
材料计划单价/（元/千克）					
预计采购金额/元					
期初应付账款					
第一季度购料付现					
第二季度购料付现					
第三季度购料付现					
第四季度购料付现					
现金支出合计					

4. 某企业 2020 年有关预算资料如下：

（1）预计该企业 3～7 月的销售收入分别为 40 000 元、50 000 元、60 000 元、70 000 元、80 000 元。每月销售收入中，当月收到现金 30%，下月收到现金 70%。

（2）各月直接材料采购成本按下一个月销售收入的 60% 计算，所购材料款于当月支付现金50%，下月支付现金50%。

（3）预计该企业4～6月的制造费用分别为4 000元、4 500元、4 200元，每月制造费用中包括折旧费1 000元。

（4）预计该企业4月购置固定资产需要现金15 000元。

（5）企业在3月末有长期借款20 000元，年利率为15%。

（6）预计该企业在现金不足时，向银行申请短期借款（为1 000元的倍数）；现金有多余时归还银行借款（为1 000元的倍数）。借款在期初，还款在期末，短期借款年利率为12%。

（7）预计该企业期末现金余额的额定范围是6 000～7 000元，长期借款利息每季度末支付一次，短期借款利息还本时支付，其他资料见表5-17。

要求：根据以上资料，完成该企业4～6月现金预算的编制工作。

表5-17　某企业预计现金流量表　　　　　　　　　　　　单位：元

月份	4	5	6
期初现金余额	7 000		
经营现金收入			
经营性现金支出			
直接材料采购支出			
直接工资支出	2 000	3 500	2 800
制造费用支出			
其他付现费用	800	900	750
预交所得税			8 000
资本性现金支出			
现金余缺			
支付利息			
取得短期借款			
偿还短期借款			
期末现金余额			

5. 资料一：甲企业根据销售预测，对某产品预算年度的销售量作如下预计：第一季度为5 000件，第二季度为6 000件，第三季度为8 000件，第四季度为7 000件，每个季度的期末结存量，应为下一季度预计销售量的10%（该条件仅适用于第一问），若年初结存量为750件（该条件仅适用于第一问），年末结存量为600件（该条件仅适用于第一问）。单位产品材料消耗定额为2千克/件，单位产品工时定额为5小时/件，单位工时的工资额为6元/小时。

资料二：若甲企业每季度材料的期末结存量为下一季度预计消耗量的10%，年初结存量为900千克，年末结存量为1 000千克，计划单价为10元。材料款当季付70%，余款下季度再付，期初应付账款为40 000元。

要求：编制该企业生产预算、直接人工预算、材料预算（见表5-18～表5-20）。

表 5-18　生产预算

项目	第一季度	第二季度	第三季度	第四季度	全年合计
预计销售量/件					
加:预计期末结存/件					
预计需要量/件					
减:预计期初结存/件					
预计生产量/件					
材料定额单耗/(千克/件)					
预计直接材料消耗量/千克					

表 5-19　直接人工预算

项目	第一季度	第二季度	第三季度	第四季度	全年合计
预计生产量/件					
单耗工时/(小时/件)					
直接人工小时数/小时					
单位工时的工资率/(元/小时)					
预计直接人工成本/元					

表 5-20　材料预算

	项目	第一季度	第二季度	第三季度	第四季度	全年合计
直接材料采购预算	预计生产量/件					
	材料定额单耗/(千克/件)					
	预计生产需要量/千克					
	加:期末结存量/千克					
	减:期初结存量/千克					
	预计材料采购量/千克					
	材料计划单价					
	预计购料金额					
预计现金支出	应付账款期初余额					
	第一季度购料付现					
	第二季度购料付现					
	第三季度购料付现					
	第四季度购料付现					
	现金支出合计					

【小试牛刀】

预测创业公司一年的经营活动,编制年度预算,并在执行过程中根据实际情况调整,年末可简单进行预算分析。

项目六　制订利润分配方案

【项目导入】

　　企业是利益相关者的集合,为维护企业和所有者、债权人及职工的合法权益,促使企业增加积累,增强风险防范能力,国家有关法律、法规对企业利润分配的基本原则、程序、比例也作了较为明确的规定。利润分配在企业内部属于重大事项,公司章程必须在不违背国家有关规定的前提下,对本企业利润分配内容作出具体而又明确的规定,并在经营中严格遵守,这对和小秦一样的创业者来讲,是非常重要的。本项目主要学习股利政策、股利分配程序、分配形式等内容。

任务一　认知股利理论与股利政策

【任务描述】

　　利润分配关系到企业、股东、债权人及职工的利益,公司执行什么样的股利政策与其认同的股利分配理论有关。制定利润分配方案应了解股利理论和不同股利政策的影响。

【知识准备】

一、股利分配理论

　　股利分配理论是指上市公司股利发放对公司股价或其筹资成本产生何种影响的理论,旨在回答公司应该发放多少股利,即股利支付率高低这一重要问题。

　　股利分配理论主要包括股利无关论、股利相关论、所得税差异理论和代理理论。

(一) 股利无关论

　　股利无关论认为,在完美的资本市场条件下,股利政策不会影响企业的股票价值或资金成本,企业的价值由企业投资决策所确定的获利能力和风险决定,而与公司的利润分配政策无关。也就是说,股利政策不影响股价高低。

(二) 股利相关论

　　股利相关理论认为,企业的股利政策会影响到股票价格。股利相关论主要有以下几种。

1. 股利重要论

股利重要论(又称"在手之鸟"理论)认为,一鸟在手胜过双鸟在林。用留存收益再投资给投资者带来的收益具有较大的不确定性,并且投资的风险随着时间的推移会进一步增大。股利收益的风险低于资本利得,股东更偏好股利收益。因此,高股利支付率会使企业股价上升。

2. 信号传递理论

信号传递理论认为,在信息不对称的情况下,公司可以通过股利政策向市场传递有关公司未来盈利能力的信息,从而会影响公司的股价。一般来讲,预期未来盈利能力强的公司往往愿意通过相对较高的股利支付水平,把自己同预期盈利能力差的公司区别开来,以吸引更多的投资者。

3. 所得税差异理论

所得税差异理论认为,通常股利收益的所得税税率高于资本利得的所得税税率,资本利得对股东更有利。因此,高股利支付率将导致股价下跌,采用低股利政策更有助于实现收益最大化目标。

4. 代理理论

代理理论认为,股利政策有助于减缓管理者与股东之间的代理冲突,股利政策是协调股东与管理者之间代理关系的一种约束机制。较多地派发现金股利具有以下两点好处:① 公司管理者将公司的盈利以股利的形式支付给投资者,则管理者自身可以支配的"闲余现金流量"就相应减少了,这在一定程度上可以抑制公司管理者过度地扩大投资或进行特权消费,从而保护外部投资者的利益;② 较多地派发现金股利,减少了内部融资,促使公司寻求外部融资,从而使公司可以接受资本市场的监督,减少代理成本。

企业选择或执行什么样的股利政策,与其认同或奉行的股利理论有关。

二、股利政策

股利政策是指在法律允许的范围内,公司是否发放股利、发放多少股利以及何时发放股利等方面的方针和策略,要解决的就是公司对其收益是分给股东还是用于再投资的问题。狭义的股利政策就是股利发放比率的确定,而广义的股利政策则包括股利宣布日、股利发放比例、股利支付日等问题。股利政策的最终目标是使公司价值最大化。

在实际工作中,通常有以下几种股利政策可供选择。

(一) 剩余股利政策

剩余股利政策是指在保证企业最佳资本结构的前提下,税后利润首先满足企业投资的需求,若有剩余才进行股利分配,剩余股利政策是一种投资优先的股利政策,是股利无关论的具体应用。

采用剩余股利政策时,公司要遵循如下 4 个步骤:

(1) 根据选定的最佳投资方案,确定投资所需的资金数额。

(2) 按照目标资本结构,确定投资需要增加的股权资本数额。

（3）税后利润首先满足投资需要增加的股权资本数额。

（4）留存收益在满足公司权益资本增加需求后，若还有剩余才用来发放股利。

【例 6-1】 德胜达公司 2019 年的税后净利润为 6 800 万元，目前的资本结构为：负债资本 40%，股东权益资本 60%。该资本结构也是下一年度的目标资本结构。如果 2020 年该公司拥有一个很好的投资项目，需要投资 9 000 万元。该公司采用剩余股利政策，分配的股利和股利支付率是多少？

步骤 1：确定投资需要的资金数额＝9 000（万元）

步骤 2：投资需要的股权资本数额＝9 000×60%＝5 400（万元）

步骤 3：税后利润中留存 5 400 万元用于投资

步骤 4：分配股利＝6 800－5 400＝1 400（万元）

股利支付率＝1 400/6 800≈20.59%

剩余股利政策的优点：留存收益优先满足再投资的需要，有助于降低再投资的资金成本，保持最佳的资本结构，实现企业价值的长期最大化。

剩余股利政策的缺陷：执行剩余股利政策，股利发放额就会每年随着投资机会和盈利水平的波动而波动。在盈利水平不变的前提下，股利发放额与投资机会的多寡呈反方向变动；而在投资机会维持不变的情况下，股利发放额将与公司盈利呈同方向波动。剩余股利政策不利于投资者安排收入与支出，也不利于公司树立良好的形象，一般适用于公司初创阶段。

（二）固定或稳定增长的股利政策

固定股利或稳定增长的股利政策是指将每年发放的每股股利额固定在某一特定水平上，然后在一段时间内维持不变，只有当企业认为未来盈利的增加足以将股利维持到一个更高水平时，才会提高每股股利发放额。这种政策下，一般不降低每股股利的发放额。

固定或稳定增长股利政策的优点有如下几点。

（1）稳定的股利向市场传递着公司正常发展的信息，有利于树立公司的良好形象，增强投资者对公司的信心，稳定股票的价格。

（2）稳定的股利额有助于投资者安排股利收入和支出，有利于吸引那些打算进行长期投资并对股利有很高依赖性的股东。

（3）固定或稳定增长的股利政策可能会不符合剩余股利理论，但考虑到股票市场会受多种因素影响（包括股东的心理状态和其他要求），为了将股利或股利增长率维持在稳定的水平上，即使推迟某些投资方案或暂时偏离目标资本结构，也可能比降低股利或股利增长率更为有利。

固定或稳定增长股利政策的缺点有：股利的支付与企业的盈利相脱节，即不论公司盈利多少，均要支付固定的或按固定比率增长的股利，这可能会导致企业资金紧缺，财务状况恶化。此外，在企业无利可分的情况下，若依然实施固定或稳定增长的股利政策，也是违反《中华人民共和国公司法》的行为。

因此，采用固定或稳定增长的股利政策，要求公司对未来的盈利和支付能力能作出准确的判断。一般来说，公司确定的固定股利额不宜太高，以免陷入无力支付的被动局面。固定或稳定增长的股利政策通常适用于经营比较稳定或正处于成长期的企业,但很难被长期采用。

（三）固定股利支付率政策

固定股利支付率政策是指公司将每年净利润的某一固定百分比作为股利分派给股东。这一百分比通常称为股利支付率。股利支付率一经确定,一般不得随意变更。在这一股利政策下,只要公司的税后利润一经计算确定,所派发的股利也就相应确定了。固定股利支付率越高,公司留存的净利润越少。

固定股利支付率政策的优点如下。

（1）采用固定股利支付率政策,股利与公司盈余紧密地配合,体现了"多盈多分、少盈少分、无盈不分"的股利分配原则。

（2）由于公司的获利能力在年度间是经常变动的,因此,每年的股利也应当随着公司收益的变动而变动。采用固定股利支付率政策,公司每年按固定的比例从税后利润中支付现金股利,从企业支付能力的角度看,这是一种稳定的股利政策。

固定股利支付率政策的缺点如下。

（1）大多数公司每年的收益很难保持稳定不变,导致年度间的股利额波动较大,由于股利的信号传递作用,波动的股利很容易给投资者带来经营状况不稳定、投资风险较大的不良影响,成为影响股价的不利因素。

（2）容易使公司面临较大的财务压力。这是因为公司实现的盈利多,并不能代表公司有足够的现金流用来支付较多的股利额。

（3）合适的固定股利支付率的确定难度比较大。

公司每年面临的投资机会、筹资渠道都不同,这些都可以影响公司的股利分派,所以,一成不变地奉行固定股利支付率政策的公司在实际中并不多见,固定股利支付率政策只适用于那些处于稳定发展且财务状况也较稳定的公司。

（四）低正常股利加额外股利政策

低正常股利加额外股利政策是指每期都支付稳定但相对较低的股利额,当企业盈利较多时,再根据实际情况发放额外股利。低正常股利加额外股利政策既具有一定的稳定性,又有较大的灵活性,一般适用于季节性经营企业或受经济周期影响较大的企业。

任务二　明确股利支付形式与程序

【任务描述】

利润分配是指企业根据国家有关规定和企业章程、投资者的决议等,对企业当年可供分配的利润所进行的分配。利润分配方案中必须明确股利支付形式、股利支付时间、股利支付水平等要素。

【知识准备】

一、股利支付形式

(一)现金股利

现金股利是以现金支付的股利,它是股利支付最常见的方式。公司选择发放现金股利除了要有足够的留存收益外,还要有足够的现金,而现金充足与否往往会成为公司发放现金股利的主要制约因素。

(二)股票股利

股票股利是公司以增发股票的方式所支付的股利,我国实务中通常也称其为红股。发放股票股利对公司来说并没有现金流出企业,也不会导致公司财产减少,而只是将公司未分配利润转化为股本和资本公积。

【例 6-2】 德胜达公司在 2019 年发放股票股利前,其资产负债表上的股东权益账户情况如表 6-1 所示。

表 6-1　德胜达公司股东权益资料　　　　　　　　　　　　单位:万元

股本(面值 1 元,发行在外 2 000 万股)	2 000
资本公积	3 000
盈余公积	2 000
未分配利润	3 000
股东权益合计	10 000

假设该公司宣布发放 10% 的股票股利,现有股东每持有 10 股即可获赠 1 股普通股。若该股票当时市价为 5 元,那么随着股票股利的发放,需从未分配利润项目划转出的资金为:

$$2\,000 \times 10\% \times 5 = 1\,000(万元)$$

由于股票面值(1 元)不变,发放 200 万股,"股本"项目应增加 200 万元,其余的 800 万元(1 000−200)应作为股票溢价转至"资本公积"项目,而公司的股东权益总额并未发生改变,仍是 10 000 万元。股票股利发放后资产负债表上的股东权益部分如表 6-2 所示。

表 6-2　德胜达公司股东权益资料(发放股票股利后)　　　　单位:万元

股本(面值 1 元,发行在外 2 200 万股)	2 200
资本公积	3 800
盈余公积	2 000
未分配利润	2 000
股东权益合计	10 000

假设一位股东派发股票股利之前持有公司的普通股 10 万股,那么他所拥有的股权比例为:

$$10 \div 2\,000 \times 100\% = 0.5\%$$

派发股利之后,他所拥有的股票数量和股份比例为:

$$10 \times (1 + 10\%) = 11(万股)$$
$$11 \div 2\,200 \times 100\% = 0.5\%$$

可见,发放股票股利不会对公司股东权益总额产生影响,但会引起资金在各股东权益项目间的再分配。

发放股票股利的动机是降低股票价格,吸引更多的投资者;留存企业现金,用于企业投资。

股票股利不减少企业现金,不改变企业的股东权益总额,不改变股东的持股比例,也不改变股票面值。股票股利会增加流通股票数量,降低股票价格,改变股东权益内部结构。发放股票股利虽不直接增加股东的财富,也不增加公司的价值,但对股东和公司都有特殊意义。

对股东来讲,股票股利的优点主要有如下两点。

(1) 理论上,派发股票股利后,每股市价会成反比例下降。但实务中这并非必然结果,因为市场和投资者普遍认为,发放股票股利往往预示着公司会有较大的发展和成长,这样的信息传递会稳定股价或使股价下降比例减小甚至不降反升,股东便可以获得股票价值相对上升的好处。

(2) 由于股利收入和资本利得税率的差异,如果股东把股票股利出售,还会给他带来资本利得纳税上的好处。

对公司来讲,股票股利的优点主要有如下几点。

(1) 发放股票股利不需要向股东支付现金,在再投资机会较多的情况下,公司就可以为再投资提供成本较低的资金,这有利于公司的发展。

(2) 发放股票股利可以降低公司股票的市场价格,既有利于促进股票的交易和流通,又有利于吸引更多的投资者成为公司股东,进而使股权更为分散,有效地防止公司被恶意控制。

(3) 股票股利的发放可以传递公司未来发展前景良好的信息,从而增强投资者的信心,在一定程度上稳定股票价格。

(三)财产股利

财产股利是以现金以外的其他资产支付的股利,主要是以公司所拥有其他公司的有价证券如债券、股票等作为股利支付给股东。

(四)负债股利

负债股利是以负债方式支付的股利,通常以公司的应付票据支付给股东,有时也以发放公司债券的方式支付股利。

财产股利和负债股利实际上是现金股利的替代,但这两种股利支付形式在我国公司实务中很少使用。

二、股利支付程序

公司股利发放必须遵守相关要求,按照日程安排来进行。一般情况下,先由董事会提出分配预案,然后提交股东大会决议,股东大会决议通过后才能进行分配。股东大会决议通过分配预案后,要向股东宣布发放股利的方案,并确定股权登记日、除息日和股利发放日。

(1) 股利宣告日,即股东大会决议通过并由董事会将股利支付情况予以公告的日期。公告中将宣布每股应支付的股利、股权登记日、除息日以及股利支付日。

(2) 股权登记日,即有权领取本期股利的股东资格登记截止日期。凡是在此指定日期收盘之前取得公司股票,成为公司在册股东的投资者都可以作为股东享受公司本期分派的股利。在这一天之后取得股票的股东则无权领取本次分派的股利。

(3) 除息日,即领取股利的权利与股票分离的日期。在除息日之前购买股票的股东才能领取本次股利,而在除息日当天或是以后购买股票的股东则不能领取本次股利。由于失去了"收息"的权利,除息日的股票价格会下跌。除息日是股权登记的下一个交易日。

(4) 股利发放日,即公司按照公布的分红方案向股权登记日在册的股东实际支付股利的日期。

【例 6-3】 德胜达公司于 2020 年 5 月 10 日公布 2019 年度的最后分红方案,公司将按照 2020 年 5 月 25 日股东名录,每股分派 0.15 元现金股利。股权登记日为 5 月 25 日,除息日为 5 月 26 日,股利发放日为 5 月 27 日。

那么,该公司的股利支付程序如图 6-1 所示。

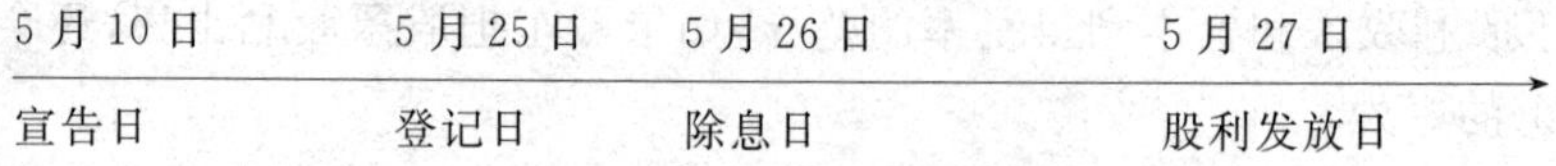

5 月 10 日	5 月 25 日	5 月 26 日	5 月 27 日
宣告日	登记日	除息日	股利发放日

图 6-1 股利支付程序图

任务三 认识股票分割与股票回购

【任务描述】

在资本市场上,当公司管理层认为公司股票价值被严重低估或估价较高时,公司可实行股票分割或回购措施,以影响公司股价,从而实现公司战略目标。

【知识准备】

一、股票分割

(一) 股票分割的概念

股票分割又称拆股,即将一股股票拆分成多股股票的行为。股票分割一般只会增加发行在外的股票总数,但不会对公司的资本结构产生任何影响。股票分割与股票股利非常相似,都是在不增加股东权益的情况下增加了股份的数量。不同的是,股票股利虽不会引起股东权益总额的改变,但股东权益的内部结构会发生变化;而股票分割之后,股东权益总额及其内部结构都不会发生任何变化,变化的只是股票面值。

(二)股票分割的作用

(1)降低股票价格。股票分割会使每股市价降低,买卖该股票所需资金量减少,从而促进股票的流通和交易。流通性的提高和股东数量的增加会在一定程度上加大对公司股票恶意收购的难度。此外,降低股票价格还可以为公司发行新股做准备,因为股价太高会使许多潜在投资者力不从心而不敢轻易对公司股票进行投资。

(2)向市场和投资者传递"公司发展前景良好"的信号,有助于提高投资者对公司股票的信心。

(三)股票反分割

与股票分割相反,如果公司认为其股票价格过低,不利于其在市场上的声誉和未来的再筹资时,为提高股票的价格,会采取反分割措施。反分割又称为股票合并或逆向分割,是指将多股股票合并为一股股票的行为。反分割显然会降低股票的流通性,提高公司股票投资的门槛,它向市场传递的信息通常是不利的。例如,2014 年 5 月 15 日,港股市场上的第一高价股腾讯控股(00700,HK)实施拆股计划,1 股分割为 5 股。股票分割后,腾讯股价从 500港元左右下降到 100 港元左右,投资门槛从 5 万港元下降到 1 万港元,大大增强了股票的流动性。

【例 6-4】　德胜达公司 2019 年年末资产负债表上的股东权益账户情况如表 6-3所示。

表 6-3　德胜达公司 2019 年年末资产负债表上的股东权益　　　　　　单位:万元

股本(面值 10 元,发行在外 1 000 万股)	10 000
资本公积	10 000
盈余公积	5 000
未分配利润	8 000
股东权益合计	33 000

要求:

(1)假设股票市价为 20 元,该公司宣布发放 10%的股票股利,即现有股东每持有 10股可获赠 1 股普通股。发放股票股利后,股东权益有何变化?每股净资产是多少?

(2)假设该公司按照 1∶2 的比例进行股票分割。股票分割后,股东权益有何变化?每股净资产是多少?

发放股票股利后股东权益情况如表 6-4 所示。

表 6-4　德胜达公司发放股票股利后股东权益资料　　　　单位:万元

股本(面值 10 元,发行在外 1 100 万股)	11 000
资本公积	11 000
盈余公积	5 000
未分配利润	6 000
股东权益合计	33 000
每股净资产	33 000÷(1 000＋100)＝30(元/股)

股票分割后股东权益情况如表 6-5 所示。

表 6-5　德胜达公司股票分割后股东权益资料　　　　单位:万元

普通股(面值 5 元,发行在外 2 000 万股)	10 000
资本公积	10 000
盈余公积	5 000
未分配利润	8 000
股东权益合计	33 000
每股净资产	33 000÷(1 000×2)＝16.5(元/股)

二、股票回购

(一) 股票回购的含义及方式

股票回购是指上市公司出资将其发行在外的普通股以一定价格购买回来予以注销或作为库存股的一种资本运作方式。公司不得随意收购本公司的股份,只有满足相关法律规定的情形才允许股票回购。

我国公司法规定允许回购的情形如表 6-6 所示。

表 6-6　允许回购的情形

可以收购的情形	注销或转让期限
① 减少公司注册资本	应当自收购之日起 10 日内注销
② 与持有本公司股份的其他公司合并	应当在 6 个月内转让或者注销
③ 股东因对股东大会作出的公司合并、分立决议持异议,要求公司收购其股份	
④ 将股份用于员工持股计划或者股权激励	公司合计持有的本公司股份数不得超过本公司已发行股份总额的 10%,并应当在 3 年内转让或者注销
⑤ 将股份用于转换上市公司发行的可转换为股票的公司债券	
⑥ 上市公司为维护公司价值及股东权益所必需	

股票回购的方式主要包括公开市场回购、要约回购和协议回购 3 种。公开市场回购是指公司在公开交易市场上以当前市价回购股票;要约回购是指公司在特定期间向股东发出以高出当前市价的某一价格回购既定数量股票的要约,并根据要约内容进行回购;协议回购是指公司以协议价格直接向一个或几个主要股东回购股票。

(二)股票回购的动机

在证券市场上,股票回购的动机多种多样,主要有以下几种。

(1)现金股利的替代。现金股利政策会对公司产生未来的派现压力,而股票回购不会。当公司有富余资金时,通过购回股东所持股票将现金分配给股东,这样,股东就可以根据自己的需要选择继续持有股票或出售获得现金。

(2)改变公司的资本结构。无论是现金回购还是举债回购股份,都会提高公司的财务杠杆水平,改变公司的资本结构。公司认为权益资本在资本结构中所占比例较大时,为了调整资本结构而进行股票回购,可以在一定程度上降低整体资本成本。

(3)传递公司信息。由于信息不对称和预期差异,证券市场上的公司股票价格可能被低估,而过低的股价将会对公司产生负面影响。一般情况下,投资者会认为股票回购意味着公司认为其股票价值被低估而采取的应对措施。

(4)基于控制权的考虑。控股股东为了保证其控制权不被改变,往往采取直接或间接的方式回购股票,从而巩固既有的控制权。另外,股票回购使流通在外的股份数变少,股价上升,从而可以有效地防止敌意收购。

例如,为了挽救股价不断下挫的危局,2012 年 8 月 28 日,宝钢股份(600019)公布股票回购预案,2012 年 9 月 21 日,披露《宝山钢铁股份有限公司回购报告书》。在随后的 8 个月中,宝钢股份拿出 50 亿元现金累计回购股票 104 032 3164 股。回购股份全部注销,导致总股本减少 5.9%。

(三)股票回购的影响

股票回购对上市公司的影响主要表现在以下几个方面。

(1)股票回购需要大量资金支付回购成本,容易造成资金紧张,降低资产流动性,影响公司的后续发展。

(2)股票回购无异于股东退股和公司资本的减少,也可能会使公司的发起人股东更注重创业利润的实现,从而不仅在一定程度上削弱了对债权人利益的保护,而且忽视了公司的长远发展,损害了公司的根本利益。

(3)股票回购容易导致公司操纵股价。公司回购自己的股票容易导致其利用内幕消息进行炒作,加剧公司行为的非规范化,损害投资者的利益。

【案例分析】

关于××公司 2019 年年度利润分配方案的公告

本公司董事会及全体董事保证本公告内容不存在任何虚假记载、误导性陈述或者重大遗漏,并对其内容的真实性、准确性和完整性承担个别及连带责任。

重要内容提示：

● 每股派发现金红利 8.20 元(含税)。

● 本次利润分配以 2019 年 12 月 31 日的总股本 11 932 675 162 股为基数,具体股权登记日将在权益分派实施公告中明确。

● 在实施权益分派的股权登记日前公司总股本发生变动的,拟维持每股分配金额不变,相应调整分配总额,并将另行公告具体调整情况。

一、利润分配方案内容

经立信会计师事务所(特殊普通合伙)审计,截至 2019 年 12 月 31 日,××公司合并报表期末可供分配利润为人民币 106 308 453 088.09 元。经董事会决议,公司拟以 2019 年 12 月 31 日的总股本 11 932 675 162 股为基数分配 2019 年年度利润。本次利润分配方案如下:

公司拟向全体股东每 10 股派发现金红利 8.20 元(含税)。截至 2019 年 12 月 31 日,公司总股本 11 932 675 162 股,以此计算合计拟派发现金红利 9 784 793 632.84 元(含税)。本年度公司现金分红占合并报表归属于母公司股东的净利润为 35.00%。

如在本公告披露之日起至实施权益分派股权登记日期间,公司总股本发生变动的,拟维持每股分配金额不变,相应调整分配总额,并将另行公告具体调整情况。

本次利润分配方案尚需提交公司 2019 年年度股东大会审议。

二、公司履行的决策程序

(一)董事会会议的召开、审议和表决情况

公司于 2020 年 4 月 14 日召开第六届董事会第二次会议,以 9 票同意、0 票反对、0 票弃权审议通过了《关于 2019 年度利润分配预案的议案》,并同意提请公司 2019 年年度股东大会审议。

(二)独立董事意见

公司独立董事认为本次利润分配相关事项符合《公司章程》《分红管理制度》《2018—2020 年股东回报规划》的相关要求,结合公司经营情况制定,有利于公司持续发展,不存在损害公司和股东利益的情况。同意 2019 年度利润分配方案。

(三)监事会意见

监事会以 3 票同意、0 票反对、0 票弃权审议通过了《关于 2019 年度利润分配预案的议案》,认为本次利润分配方案符合《公司章程》《分红管理制度》及《2018—2020 年股东回报规划》的相关要求。

三、相关风险提示

本次利润分配方案对公司每股收益、现金流状况及生产经营等均无重大不利影响,不会影响公司正常经营和长期发展。

特此公告。

××公司董事会

二〇二〇年四月十六日

资料来源:东方财富证券官网。

【拓展阅读】

《中华人民共和国公司法》对利润分配的有关规定

第三十五条　股东按照实缴的出资比例分取红利;公司新增资本时,股东有权优先按照实缴的出资比例认缴出资。但是,全体股东约定不按照出资比例分取红利或者不按照出资比例优先认缴出资的除外(公司章程有约定的)。

第一百六十七条　公司分配当年税后利润时,应当提取利润的百分之十列入公司法定公积金。公司法定公积金累计额为公司注册资本的百分之五十以上的,可以不再提取。公司的法定公积金不足以弥补以前年度亏损的,在依照前款规定提取法定公积金之前,应当先用当年利润弥补亏损。公司从税后利润中提取法定公积金后,经股东会或者股东大会决议,还可以从税后利润中提取任意公积金。公司弥补亏损和提取公积金后所余税后利润,有限责任公司依照本法第三十五条的规定分配;股份有限公司按照股东持有的股份比例分配,但股份有限公司章程规定不按持股比例分配的除外。股东会、股东大会或者董事会违反前款规定,在公司弥补亏损和提取法定公积金之前向股东分配利润的,股东必须将违反规定分配的利润退还公司。公司持有的本公司股份不得分配利润。

第一百六十九条　公司的公积金用于弥补公司的亏损、扩大公司生产经营或者转为增加公司资本。但是,资本公积金不得用于弥补公司的亏损。法定公积金转为资本时,所留存的该项公积金不得少于转增前公司注册资本的百分之二十五。

资料来源:法律出版社法规中心.2020最新公司法及司法解释汇编[M].北京:法律出版社,2020.

【课证融通】

一、单项选择题

1. 利润分配是指对(　　)的分配。

A. 息税前利润　　　B. 营业利润　　　C. 利润总额　　　D. 净利润

2. 我国公司法规定当年净利润抵补亏损后按(　　)计提法定盈余公积金。

A. 1%　　　　　B. 5%　　　　　C. 10%　　　　　D. 25%

3. 法定盈余公积金可用于弥补亏损、扩大公司生产经营或转增资本,但企业用盈余公积金转增资本后,法定盈余公积金的余额不得低于公司注册资本的(　　)。

A. 1%　　　　　B. 5%　　　　　C. 10%　　　　　D. 25%

4. 股利分配涉及的方面很多,如股利支付程序中各日期的确定、股利支付比率的确定、股利支付形式的确定、支付现金股利所需资金的筹集方式的确定等。其中,最主要的是确定(　　)。

A. 股利支付程序中各日期的确定　　　B. 股利支付比率

C. 股利支付形式　　　　　　　　　　D. 支付现金股利所需资金

5. 下列说法不正确的是(　　)。

A. 处于经营收缩的公司,由于资金短缺,多采取低股利政策

B. 在通货膨胀时期公司股利政策往往偏紧

C. 盈余不稳定的公司一般采取低股利政策

D. 举债能力弱的公司往往采取较紧的股利政策

6. 主要依靠股利维持生活的股东最赞成的公司股利政策是( )。

A. 剩余股利政策　　　　　　　　　B. 固定或持续增长的股利政策

C. 固定股利支付率政策　　　　　　D. 低正常股利加额外股利政策

7. 关于股利分配政策,下列说法不正确的是( )。

A. 剩余股利分配政策能充分利用筹资成本最低的资金资源,保持理想的资本结构

B. 固定或持续增长的股利政策有利于公司股票价格的稳定

C. 固定股利支付率政策体现了风险投资与风险收益的对等

D. 低正常股利加额外股利政策不利于股价的稳定和上涨

8. 某公司现有发行在外的普通股 100 万股,每股面额 1 元,资本公积 100 万元,未分配利润 800 万元,股票市价 20 元;若按 10% 的比例发放股票股利并按市价折算,公司资本公积的报表列示将为( )万元。

A. 100　　　　　　B. 190　　　　　　C. 290　　　　　　D. 300

9. 某股份公司目前的每股收益和每股市价分别为 2.4 元和 24 元,现拟实施 10 送 2 的送股方案,如果盈利总额不变,市盈率不变,则送股后的每股收益和每股市价分别为( )元。

A. 2 和 20　　　　B. 2.4 和 24　　　　C. 1.8 和 18　　　　D. 1.8 和 22

10. 股票回购不改变( )。

A. 股价　　　　B. 资产总额　　　　C. 流通在外股数　　　　D. 每股面值

二、多项选择题

1. 下列关于发放股票股利的说法不正确的是( )。

A. 直接增加股东的财富　　　　　　B. 对公司股东权益总额产生影响

C. 改变每位股东所持股票的市场价值总额　　D. 改变股东权益内部项目的比例关系

2. 发放股票股利对股价的影响包括( )。

A. 可能不会引起股价立即变化　　　B. 可能会稳定住股价甚至反致略有上升

C. 可能加剧股价的下跌　　　　　　D. 可能导致股价大幅上涨

3. 股票分割之后( )。

A. 公司价值不变　　　　　　　　　B. 股东权益内部结构发生变化

C. 股东权益总额不变　　　　　　　D. 每股面额降低

4. 股票分割对股东的意义包括( )。

A. 股票分割后,只要每股现金股利的下降幅度小于股票分割幅度,股东仍能多获得现金股利

B. 股票分割向社会传递有利消息,降低了股价反而促使购买股票的人增加,股价上扬,进而增加股东财富

C. 降低股价,传递有利消息,吸引更多的投资者

D. 传递继续发展的消息

5. 股票回购会减少公司的资产总额以及股东权益,但也能够起到以下作用( )。

A. 稳定公司股价

B. 帮助股东从股票回购中获得少纳税或推迟纳税的好处

C. 降低股价,传递有利消息,吸引更多的投资者

D. 分配公司超额现金

6. 股利支付的方式包括(　　)。

A. 现金股利　　　　　B. 财产股利　　　　　C. 负债股利　　　　　D. 股票股利

7. 下列说法正确的是(　　)。

A. 具有较强的举债能力的公司往往采取较宽松的股利政策

B. 盈余相对稳定的公司有可能支付较高的股利

C. 资产流动性较低的公司往往支付较低的股利

D. 有良好投资机会的公司往往少发股利

8. 低正常股利加额外股利政策的基本特点是体现了(　　)两者的统一。

A. 现实性　　　　　B. 灵活性　　　　　C. 对等性　　　　　D. 稳定性

9. 剩余股利政策的优点是(　　)。

A. 留存收益优先保证再投资的需要,从而有助于降低再投资的资金成本

B. 保持最佳的资本结构,实现企业价值的长期最大化

C. 有利于吸引那些打算作长期投资的股东

D. 股利与公司盈余紧密地结合

10. 公司股利的发放必须遵循相关的要求,按照日程安排来进行,股东应关注以下时间(　　)。

A. 预案公布日　　　B. 股利宣布日　　　C. 股权登记日　　　D. 除息日

三、判断题

1. 应该按照抵减年初累计亏损后的本年净利润计提法定公积金,"补亏"要符合税法的规定。　　　　　　　　　　　　　　　　　　　　　　　　　　　　　　　　(　　)

2. 法定盈余公积金达到注册资本的50%时,可不再提取。　　　　　　　　(　　)

3. 企业在进行收益分配时将对股东的回报放在第一位考虑。　　　　　　　(　　)

4. 以公司所拥有的其他企业的债券作为股利支付给股东属于负债股利支付方式。
　　　　　　　　　　　　　　　　　　　　　　　　　　　　　　　　　　(　　)

5. 依靠股利维持生活的股东,往往要求公司支付较高的股利。　　　　　　(　　)

6. 在剩余股利政策下,"保持目标资本结构"是指一年中始终保持同样的资本结构。
　　　　　　　　　　　　　　　　　　　　　　　　　　　　　　　　　　(　　)

7. 具有较高债务偿还需要的公司,一定会减少股利的支付。　　　　　　　(　　)

8. 发放股票股利会引起每股利润下降,每股市价也可能下跌,因而每位股东所持的股票市场总价值也将下降。　　　　　　　　　　　　　　　　　　　　　　　　(　　)

9. 股票分割与股票股利对公司股东权益的影响完全一样。　　　　　　　　(　　)

10. 股票股利能直接增加股东财富。　　　　　　　　　　　　　　　　　　(　　)

【岗位能力检测】

1. 德达公司开始经营的前8年中实现的税前利润(发生亏损以"－"号表示)如表6-7所示。

表 6-7　德达公司前 8 年税前利润　　　　　　　　　　单位:万元

年份	1	2	3	4	5	6	7	8
利润	−100	−40	30	10	10	10	60	40

假设除弥补亏损以外无其他纳税调整事项,该公司的所得税率一直为 25%,华夏公司按规定享受连续五年税前利润弥补亏损的政策,税后利润(弥补亏损后)按 10% 计提法定盈余公积金,公司不提取任意盈余公积金。

问题:该公司第七年是否需要缴纳企业所得税?是否有利润用于提取法定盈余公积金?

2. 通达公司 2019 年年终利润分配前的股东权益项目资料如下:

股本—普通股(每股面值 2 元)1 000 万元,资本公积 4 000 万元,未分配利润 2 000 万元,所有者权益合计 7 000 万元,公司股票的每股现行市价为 14 元。

假设 2019 年净利润为 500 万元,期初未分配利润为 1 500 万元,按规定,本年应该提取 10% 的公积金,2020 年预计需要增加投资资本 600 万元,目标资本结构为权益资本占 60%,债务资本占 40%,公司采用剩余股利政策计算每股股利。

3. 顺达公司 2019 年度提取公积金和公益金后的净利润为 800 万元,2019 年支付股利 320 万元。2020 年度投资计划所需资金 700 万元,公司的目标资本结构为自有资金占 60%,借入资金占 40%。

要求:

(1) 若公司实行剩余股利政策,如果 2019 年净利润与 2020 年净利润相同,则该公司 2020 年度可向投资者发放多少股利?

(2) 若公司实行固定或稳定增长的股利政策,固定股利增长率为 10%,如果 2020 年净利润比 2019 年净利润净增 5%,则该公司 2020 年度向投资者支付股利为多少?

(3) 若公司实行固定股利支付率政策,公司每年按 40% 的比例分配股利,如果 2020 年净利润比 2019 年净利润净增 5%,则该公司 2020 年度应向投资者分配的股利为多少?

(4) 若公司实行低正常股利加额外股利政策,规定当净利润增长 5% 时,增长后净利润的 1% 作为额外股利,如果 2012 年净利润增长 5%,则该公司 2012 年度应向投资者支付的股利为多少?

4. 通达公司 2019 年全年实现净利润为 1 200 万元,年末股东权益账户余额见表 6-8。

表 6-8　通达公司 2019 年年末股东权益资料　　　　　　　　单位:万元

股东权益	账户余额
股本(每股面值 2 元)	1 000
资本公积	2 000
盈余公积	500
未分配利润	1 500
合计	5 000

完成以下互不相关的问题:

(1) 若公司决定发放 20% 的股票股利(按照市价折算),股票目前市价为 5 元/股,并按发放股票股利后的股数支付现金股利每股 0.1 元。计算发放股票股利后的普通股股数、每股账面价值、每股收益和每股市价。

（2）假设按照 1 股换成 2 股的比例进行股票分割，股票分割后净利润不变、市净率不变，计算分割后的每股面额、普通股股数、每股账面价值、每股收益和每股市价。

【小试牛刀】

在你的公司章程中，结合公司规划，完善利润分配的相关内容。

项目七　撰写财务分析报告

【项目导入】

财务报表给利益关系人提供了反映公司财务状况、经营成果和现金流量的财务数据,但这些数据是死的,不能给决策者提供直接依据。财务分析旨在评估企业现在或过去的财务状况及经营成果,其主要目的在于对企业未来的状况及经营业绩进行预测。实现企业的可持续发展,必须根据财务管理政策与业务发展需求,撰写符合企业实际、领导满意的财务分析报告,为公司财务决策提供分析支持。本项目主要学习财务分析的方法、内容及财务分析报告撰写的基本要求等。

任务一　财务分析方法

【任务描述】

财务分析是以会计核算和报表资料及其他相关资料为依据,采用一系列专门的分析技术和方法,对企业等经济组织过去和现在有关筹资活动、投资活动、经营活动、分配活动的盈利能力、营运能力、偿债能力和增长能力状况等进行分析与评价的经济管理活动。财务分析的主要目的是为企业的投资者、债权人、经营者及其他关心企业的组织或个人了解企业过去、评价企业现状、预测企业未来做出正确决策提供准确的信息或依据。本任务主要介绍 3 种财务分析方法,即比较分析法、比率分析法、因素分析法。

【知识准备】

一、比较分析法

比较分析法是按照特定的指标体系将客观事物加以比较,从而认识事物的本质和规律并做出正确的评价。财务报表的比较分析法是指对两个或两个以上的可比数据进行对比,找出企业财务状况、经营成果中的差异与问题。

根据比较对象的不同,比较分析法分为趋势分析法、横向比较法和预算差异分析法。趋势分析法的比较对象是本企业的历史;横向比较法比较的对象是同类企业,比如行业平均水平或竞争对手;预算差异分析法的比较对象是预算数据。在财务分析中,最常用的比较分析法是趋势比较分析法。

二维码 7-1
财务分析方法

趋势比较分析法是通过对比两期或连续数期财务报告中的相同指标,确定其增减变动的方向、数额和幅度,来说明企业财务状况或经营成果变动趋势的一种方法。采用这种方法,可以分析引起变化的主要原因、变动的性质,并预测企业未来的发展趋势。

比较分析法的具体运用主要有重要财务指标的比较、会计报表的比较和会计报表项目构成的比较 3 种方式。下面以趋势分析法为例进行进一步阐述。

（一）重要财务指标的比较

这种方法是指将不同时期财务报告中的相同指标或比率进行纵向比较,直接观察其增减变动情况及变动幅度,考察其发展趋势,预测其发展前景。用于不同时期财务指标比较的比率主要有以下两种。

（1）定基动态比率,是以某一时期的数额为固定的基期数额而计算出来的动态比率,其计算公式为:

$$定基动态比率=分析期数额÷固定基期数额×100\% \tag{7.1}$$

（2）环比动态比率,是以每一分析期的数据与上期数据相比较计算出来的动态比率,其计算公式为:

$$环比动态比率=分析期数额÷前期数额×100\% \tag{7.2}$$

（二）会计报表的比较

会计报表的比较是指将连续数期的会计报表的金额并列起来,比较各指标不同期间的增减变动金额和幅度,据以判断企业财务状况和经营成果发展变化的一种方法,具体包括资产负债表比较、利润表比较和现金流量表比较等。

（三）会计报表项目构成的比较

这种方法是在会计报表比较的基础上发展而来的,是以会计报表中的某个总体指标作为 100\%,再计算出各组成项目占该总体指标的百分比,从而比较各个项目百分比的增减变动,以此来判断有关财务活动的变化趋势。

采用比较分析法时,应当注意以下问题:

（1）用于对比的各个时期的指标,其计算口径必须保持一致;

（2）应剔除偶发性项目的影响,使分析所利用的数据能反映正常的生产经营状况;

（3）应运用例外原则对某项有显著变动的指标作重点分析,研究其产生的原因,以便采取对策,趋利避害。

二、比率分析法

比率分析法是通过计算各种比率指标来确定财务活动变动程度的方法,比率指标的类型主要有构成比率、效率比率和相关比率 3 类。

（　）构成比率

构成比率又称结构比率,是某项财务指标的各组成部分数值占总体数值的百分比,反映部分与总体的关系,其计算公式为:

$$构成比率=某个组成部分数值÷总体数值×100\% \tag{7.3}$$

比如,企业资产中流动资产、固定资产和无形资产占资产总额的百分比(资产构成比率);企业负债中流动负债和长期负债占负债总额的百分比(负债构成比率)等。利用构成比率可以考察总体中某个部分的形成和安排是否合理,以便协调各项财务活动。

(二) 效率比率

效率比率是某项财务活动中所费与所得的比率,反映投入与产出的关系。利用效率比率指标可以进行得失比较,考察经营成果,评价经济效益。比如,将利润项目与销售成本、销售收入、资本金等项目加以对比可以计算出成本利润率、销售利润率和资本金利润率等指标,从不同角度观察比较企业盈利能力的高低及其增减变化情况。

(三) 相关比率

相关比率是以某个项目和与其有关但又不同的项目加以对比所得的比率,反映有关经济活动的相互关系。利用相关比率指标可以考察企业相互关联的业务安排得是否合理,以保障经营活动顺畅进行。

比如,将流动资产与流动负债进行对比,计算出流动比率,可以判断企业的短期偿债能力;将负债总额与资产总额进行对比可以判断企业的长期偿债能力。

采用比率分析法时,应当注意以下几点:①对比项目的相关性;②对比口径的一致性;③衡量标准的科学性。

三、因素分析法

因素分析法是依据分析指标与其影响因素的关系,从数量上确定各因素对分析指标影响方向和影响程度的一种方法。因素分析法具体有两种,即连环替代法和差额分析法。

(一) 连环替代法

连环替代法是将分析指标分解为各个可以计量的因素,并根据各个因素之间的依存关系,顺次用各因素的比较值(通常为实际值)替代基准值(通常为标准值或计划值),据以测定各因素对分析指标的影响。

【例 7-1】 德胜达公司 2020 年 10 月某种原材料费用的实际数是 4 620 元,而其计划数是 4 000 元,实际比计划增加 620 元。由于原材料费用是由产品产量、单位产品材料消耗量和材料单价 3 个因素的乘积组成,因此就可以把材料费用这一总指标分解为 3 个因素,然后逐个来分析它们对材料费用总额的影响程度。现假设这 3 个因素的数值如表 7-1 所示。

表 7-1　德胜达公司材料费用变动资料

项目	单位	计划数	实际数
产品产量	件	100	110
单位产品材料消耗量	千克	8	7
材料单价	元	5	6
材料费用总额	元	4 000	4 620

根据表 7-1 资料,材料费用总额实际数较计划数增加 620 元。运用连环替代法,可以计算各因素变动对材料费用总额的影响。

计划指标：$100 \times 8 \times 5 = 4\,000$（元）　　　　　　　　　　　　　　①

第一次替代：$110 \times 8 \times 5 = 4\,400$（元）　　　　　　　　　　　　　②

第二次替代：$110 \times 7 \times 5 = 3\,850$（元）　　　　　　　　　　　　　③

第三次替代：$110 \times 7 \times 6 = 4\,620$（元）　　　　　　　　　　　　　④

实际指标：

②－① $= 4\,400 - 4\,000 = 400$（元）　　　　　　产量变动（增加）的影响

③－② $= 3\,850 - 4\,400 = -550$（元）　　　　材料变动（节约）的影响

④－③ $= 4\,620 - 3\,850 = 770$（元）　　　　　价格变动（提高）的影响

$400 - 550 + 770 = 620$（元）　　　　　　　　全部因素的影响

（二）差额分析法

差额分析法是连环替代法的一种简化形式,是利用各个因素的比较值与基准值之间的差额来计算各因素对分析指标的影响。

【例 7-2】　沿用表 7-1 中的资料,可采用差额分析法计算确定各因素变动对材料费用的影响。

(1) 由于产量增加对材料费用的影响为：$(110 - 100) \times 8 \times 5 = 400$（元）

(2) 由于材料消耗节约对材料费用的影响为：$(7 - 8) \times 110 \times 5 = -550$（元）

(3) 由于价格提高对材料费用的影响为：$(6 - 5) \times 110 \times 7 = 770$（元）

采用因素分析法时,必须注意以下问题。① 因素分解的关联性。构成经济指标的因素,必须客观上存在着因果关系,并能够反映形成该项指标差异的内在构成原因,否则就失去了应用价值。② 因素替代的顺序性。确定替代因素时,必须根据各因素的依存关系,遵循一定的顺序并依次替代,不可随意加以颠倒,否则就会得出不同的计算结果。替代的顺序一般是先替代数量指标,后替代质量指标；先替代实物量指标,后替代货币量指标；先替代主要指标,后替代次要指标。③ 顺序替代的连环性。因素分析法在计算每一因素变动的影响时,都是在前一次计算的基础上进行,并采用连环比较的方法确定因素变化的影响结果。④ 计算结果的假定性。由于因素分析法计算的各因素变动的影响数会因替代顺序不同而有差别,因而计算结果不免带有假定性,即它不可能使每个因素计算的结果都达到绝对的准确。为此,分析时应力求使这种假定合乎逻辑,具有实际意义。

任务二　单项财务能力分析

【任务描述】

对公司财务能力的分析和评价包括单项财务能力分析和综合财务能力分析两方面。本

任务主要介绍反映公司偿债能力、营运能力及盈利能力等单项财务指标及计算方法。

【知识准备】

评价公司的财务能力通常要计算一些基本的财务比率指标,也就是通过财务报表数据的相对关系来揭示企业经营管理的各方面问题,通常包括偿债能力分析、营运能力分析、盈利能力分析、发展能力分析和现金流量分析5个方面。以下分别加以介绍。

为便于说明,本节各项财务指标的计算,将主要采用德胜达公司的例子,该公司的资产负债表、利润表如表7-2和表7-3所示。

表7-2 资产负债表

编制单位:德胜达公司　　　　　　　2020年12月31日　　　　　　　单位:万元

资产	期末余额	年初余额	负债与股东权益	期末余额	年初余额
流动资产:			流动负债:		
货币资金	260	135	短期借款	310	235
交易性金融资产	40	70	交易性金融负债		
衍生金融资产			衍生金融负债		
应收票据与应收账款	2 000	1 005	应付票据与应付账款	545	585
预付款项	120	95	预收款项		
其他应收款	120	120	合同负债		
存货	605	1 640	应付职工薪酬	90	105
合同资产			应交税费	55	70
持有待售资产			其他应付款	295	180
一年内到期非流动资产	235		持有待售负债		
其他流动资产	210	65	一年内到期的非流动负债	260	
流动资产合计	3 590	3 130	其他流动负债	25	35
非流动资产:			流动负债合计	1 640	1 240
债权投资			非流动负债:		
其他债权投资			长期借款	2 260	1 235
长期应收款			应付债券	1 210	1 310
长期股权投资			其中:优先股		
其他权益工具投资			永续债		
其他非流动金融资产			长期应付款		
投资性房地产			预计负债		
固定资产	6 190	4 845	递延收益		
在建工程	100	185	递延所得税负债		
生产性生物资产			其他非流动负债	360	385
油气资产			非流动负债合计	3 830	2 930
无形资产	100	120	负债合计	5 470	4 170

续表

资产	期末余额	年初余额	负债与股东权益	期末余额	年初余额
开发支出			所有者权益		
商誉			实收资本(或股本)	3 000	3 000
长期待摊费用			其他权益工具		
递延所得税资产	35	85	其中:优先股		
其他非流动资产	25		永续债		
非流动资产合计	6 610	5 470	资本公积	90	60
			减:库存股		
			其他综合收益		
			盈余公积	380	210
			未分配利润	1 260	1 160
			所有者权益合计	4 730	4 430
资产总计	10 200	8 600	负债和所有者权益总计	10 200	8 600

表 7-3 利润表

编制单位:德胜达公司　　　　　　　　　　2020 年　　　　　　　　　　单位:万元

项目	本期金额	上期金额
一、营业收入	15 010	14 260
减:营业成本	13 230	12 525
税金及附加	150	150
销售费用	120	110
管理费用	240	210
研发费用		
财务费用	560	490
其中:利息费用		
利息收入		
资产减值损失		
信用减值损失		
加:其他收益		
投资收益(损失以"-"号填列)	210	130
其中:对联营企业和合营企业的投资收益		
净敞口套期收益(损失以"-"号填列)		
公允价值变动收益(损失以"-"号填列)	110	190
资产处置收益(损失以"-"号填列)		
二、营业利润(亏损以"-"号填列)	1 030	1 095

续表

项目	本期金额	上期金额
加:营业外收入	60	95
减:营业外支出	110	35
三、利润总额(亏损总额以"－"号填列)	980	1 155
减:所得税费用	330	385
四、净利润(净亏损以"－"号填列)	650	770
(一)持续经营净利润(净亏损以"－"号 填列)		
(二)终止经营净利润(净亏损以"－"号填列)		
五、其他综合收益的税后净额		
(一)不能重分类进损益的其他综合收益		
1.重新计量设定受益计划变动额		
2.权益法下不能转损益的其他综合收益		
3.其他权益工具投资公允价值变动		
4.企业自身信用风险公允价值变动		
……		
(二)将重分类进损益的其他综合收益		
1.权益法下可转损益的其他综合收益		
2.其他债权投资公允价值变动		
3.金融资产重分类计入其他综合收益的金额		
4.其他债权投资信用减值准备		
5.现金流量套期储备		
6.外币财务报表折算差额		

一、偿债能力分析

偿债能力是指企业偿还本身所欠债务的能力。对偿债能力进行分析有利于债权人进行正确的借贷决策,有利于投资者进行正确的投资决策,有利于企业经营者进行正确的经营决策,有利于正确评价企业的财务状况。

二维码 7-2
偿债能力分析

偿债能力的衡量方法有两种:一种是比较可供偿债资产与债务的存量,资产存量超过债务存量较多,则认为偿债能力较强;另一种是比较经营活动现金流量和偿债所需现金,如果产生的现金超过需要的现金较多,则认为偿债能力较强。

(一)短期偿债能力分析

企业在短期(一年或一个营业周期)需要偿还的负债主要指流动负债,因此短期偿债能力衡量的是对流动负债的清偿能力。企业的短期偿债能力取决于短期内企业产生现金的能力,即在短期内能够转化为现金的流动资产的多少。所以,短期偿债能力比率也称为变现能力比率或流动性比率,主要考察的是流动资产对流动负债的清偿能力。企业短期偿债能力的衡量指标主要有营运资金、流动比率、速动比率和现金比率。

1. 营运资金

营运资金是指流动资产超过流动负债的部分,其计算公式如下:

$$营运资金=流动资产-流动负债 \tag{7.4}$$

【例7-3】 根据德胜达公司表 7-2 的数据:

本年末营运资金=3 590-1 640=1 950(万元)

上年末营运资金=3 130-1 240=1 890(万元)

计算营运资金使用的"流动资产"和"流动负债",通常可以直接取自资产负债表。资产负债表项目区分为流动项目和非流动项目,并且按照流动性强弱排序,方便计算营运资金和分析流动性。营运资金越多则偿债越有保障。当流动资产大于流动负债时,营运资金为正,说明企业财务状况稳定,不能偿债的风险较小。反之,当流动资产小于流动负债时,营运资金为负,此时,企业部分非流动资产以流动负债作为资金来源,企业不能偿债的风险很大。因此,企业必须保持正的营运资金,以避免流动负债的偿付风险。营运资金是绝对数,不便于不同企业之间的比较。例如,A 公司和 B 公司有相同的营运资金(见表7-4),是否意味着它们具有相同的偿债能力呢?

表 7-4　A 公司和 B 公司营运资金表　　　　　　　　　　　　　单位:万元

项目	A 公司	B 公司
流动资产	600	2 400
流动负债	200	2 000
营运资金	400	400

尽管 A 公司和 B 公司营运资金都为 400 万元,但是 A 公司的偿债能力明显好于 B 公司,原因是 A 公司的营运资金占流动资产的比例是 2/3,即流动资产中只有 1/3 用于偿还流动负债;而 B 公司的营运资金占流动资产的比例是 1/6,即流动资产的绝大部分(5/6)用于偿还流动负债。因此,在实务中直接使用营运资金作为偿债能力的衡量指标受到局限,偿债能力更多的通过债务的存量比率来评价。

2. 流动比率

流动比率是企业流动资产与流动负债之比,其计算公式为:

$$流动比率=流动资产\div流动负债 \tag{7.5}$$

流动比率表明每 1 元流动负债有多少流动资产作为保障,流动比率越大通常短期偿债能力越强。一般认为,生产企业合理的最低流动比率是 2。这是因为流动资产中变现能力最差的存货金额约占流动资产总额的一半,剩下的流动性较大的流动资产至少要等于流动负债,企业短期偿债能力才会有保证。运用流动比率进行分析时,要注意以下几个问题。

(1)流动比率高不意味着短期偿债能力一定很强。因为流动比率假设全部流动资产可变现清偿流动负债,实际上各项流动资产的变现能力并不相同,而且变现金额可能与账面金额存在较大差异。因此,流动比率是对短期偿债能力的粗略估计,还需进一步分析流动资产的构成项目。

(2) 计算出来的流动比率,只有和同行业平均流动比率、本企业历史流动比率进行比较,才能知道这个比率是高还是低。这种比较通常并不能说明流动比率为什么这么高或低,要找出过高或过低的原因还必须分析流动资产和流动负债所包括的内容以及经营上的因素。

一般情况下,营业周期、流动资产中的应收账款和存货的周转速度是影响流动比率的主要因素。营业周期短、应收账款和存货的周转速度快的企业其流动比率低一些也是可以接受的。

> 【例 7-4】 根据表 7-2 的数据,德胜达公司 2020 年年初与年末的流动资产分别为 3 130 万元、3 590 万元,流动负债分别为 1 240 万元、1 640 万元,则该公司流动比率为:
>
> 年初流动比率=3 130÷1 240≈2.524
>
> 年末流动比率=3 590÷1 640≈2.189
>
> 德胜达公司年初年末流动比率均大于 2,说明该企业具有较强的短期偿债能力。

流动比率的缺点是该比率比较容易人为操纵,并且没有揭示流动资产的构成内容,只能大致反映流动资产整体的变现能力。但流动资产中包含像存货这类变现能力较差的资产,如能将其剔除,其所反映的短期偿债能力会更加可信,这个指标就是速动比率。

3. 速动比率

速动比率是企业速动资产与流动负债之比,其计算公式为:

$$速动比率=速动资产÷流动负债 \qquad (7.6)$$

构成流动资产的各项目流动性差别很大,其中货币资金、交易性金融资产和各种应收款项,可以在较短时间内变现,称为速动资产;另外的流动资产,包括存货、预付款项、一年内到期的非流动资产和其他流动资产等,属于非速动资产。速动资产主要剔除了存货,原因是:

(1) 流动资产中存货的变现速度比应收账款要慢得多;

(2) 部分存货可能已被抵押;

(3) 存货成本和市价可能存在差异。

由于剔除了存货等变现能力较差的资产,速动比率比流动比率能更准确、可靠地评价企业资产的流动性及偿还短期债务的能力。

速动比率表明每 1 元流动负债有多少速动资产作为偿债保障。一般情况下,速动比率越大,短期偿债能力越强。由于通常认为存货占了流动资产的一半左右,因此剔除存货影响的速动比率至少是 1。速动比率过低,企业面临偿债风险;但速动比率过高,会因占用现金及应收账款过多而增加企业的机会成本。影响此比率可信性的重要因素是应收账款的变现能力,因为应收账款的账面金额不一定都能转化为现金,而且对于季节性生产的企业而言,其应收账款金额存在着季节性波动,根据某一时点计算的速动比率不能客观反映其短期偿债能力。此外,使用该指标应考虑行业的差异性,如大量使用现金结算的企业其速动比率大大低于 1 是正常现象。

【例 7-5】　如表 7-2 所示,德胜达公司 2020 年的年初速动资产为 1 395 万元(135+70+65+1 005+120),年末速动资产为 2 470 万元(260+40+50+2 000+120)。

德胜达公司的速动比率为:

$$年初速动比率=1\ 395\div1\ 240\approx1.13$$
$$年末速动比率=2\ 470\div1\ 640\approx1.51$$

德胜达公司 2020 年年初、年末的速动比率都比一般公认标准高,说明其短期偿债能力较强。

(二)长期偿债能力分析

长期偿债能力是指企业在较长的期间偿还债务的能力。企业在长期内不仅需要偿还流动负债,还需偿还非流动负债。因此,长期偿债能力衡量的是对企业所有负债的清偿能力。企业对所有负债的清偿能力取决于其总资产水平,因此长期偿债能力比率考察的是企业资产、负债和所有者权益之间的关系,其财务指标主要有资产负债率、产权比率、权益乘数和利息保障倍数。

1. 资产负债率

资产负债率是企业负债总额与资产总额之比,其计算公式为:

$$资产负债率=(负债总额\div资产总额)\times100\% \tag{7.7}$$

资产负债率反映总资产中有多大比例是通过负债取得的,可以衡量企业清算时资产对债权人权益的保障程度。当资产负债率高于 50% 时,表明企业资产来源主要依靠的是负债,财务风险较大。当资产负债率低于 50% 时,表明企业资产的主要来源是所有者权益,财务比较稳健。这一比率越低,表明企业资产对负债的保障能力越高,企业的长期偿债能力越强。

事实上,利益主体不同,看待该指标的立场也不同。从债权人的立场看,债务比率越低越好,企业偿债有保证,贷款不会有太大风险;从股东的立场看,其关心的是举债的效益。在全部资本利润率高于借款利息率时,负债比率越大越好,因为股东所得到的利润就会加大。从经营者的角度看,其进行负债决策时,更关注如何实现风险和收益的平衡。资产负债率较低表明财务风险较低,但同时也意味着可能没有充分发挥财务杠杆的作用,盈利能力也较低;而较高的资产负债率表明较大的财务风险和较高的盈利能力。

【例 7-6】　由表 7-2 可得,德胜达公司的资产负债率为:

$$年初资产负债率=4\ 170\div8\ 600\times100\%\approx48.49\%$$
$$年末资产负债率=5\ 470\div10\ 200\times100\%\approx53.63\%$$

德胜达公司年初资产负债率为 48.49%,年末资产负债率为 53.63%,有所上升,表明企业负债水平提高。但偿债能力强弱还需结合行业水平进一步分析。如果德胜达公司所属的行业平均资产负债率为 60%,说明尽管德胜达公司资产负债率上升,财务风险有所加大,但相对于行业水平而言其财务风险仍然较低,长期偿债能力较强。企业仍有空间进一步提高负债水平,以发挥财务杠杆效应。

2. 产权比率

产权比率又称资本负债率,是负债总额与所有者权益之比,它是企业财务结构稳健与否的重要标志,其计算公式为:

$$产权比率 = 负债总额 \div 所有者权益 \times 100\% \tag{7.8}$$

产权比率反映了由债务人提供的资本与所有者提供的资本的相对关系,即企业财务结构是否稳定;而且反映了债权人资本受股东权益保障的程度,或者是企业清算时对债权人利益的保障程度。一般来说,这一比率越低,表明企业长期偿债能力越强,债权人权益保障程度越高。在分析时同样需要结合企业的具体情况加以分析,当企业的资产收益率大于负债成本率时,负债经营有利于提高资金收益率,获得额外的利润,这时的产权比率可适当高些。产权比率高是高风险、高报酬的财务结构;产权比率低是低风险、低报酬的财务结构。

【例 7-7】 由表 7-2 可得,德胜达公司的产权比率为:

$$年初产权比率 = 4\ 170 \div 4\ 430 \times 100\% \approx 94.13\%$$
$$年末产权比率 = 5\ 470 \div 4\ 730 \times 100\% \approx 115.64\%$$

由计算可知,德胜达公司年末的产权比率提高,表明年末该公司的举债经营程度加大,财务风险也有所加大,但仍然低于行业水平。(行业的产权比率是 1.5;行业的资产负债率是 60%,因此产权比率是 60%÷40%=1.5)。

产权比率与资产负债率对评价偿债能力的作用基本一致,只是资产负债率侧重于分析债务偿付安全性的物质保障程度,产权比率则侧重于揭示财务结构的稳健程度以及自有资金对偿债风险的承受能力。

3. 权益乘数

权益乘数是总资产与股东权益的比值,其计算公式为:

$$权益乘数 = 总资产 \div 股东权益 \tag{7.9}$$

权益乘数表明股东每投入 1 元钱可实际拥有和控制的金额。在企业存在负债的情况下,权益乘数大于 1。企业负债比例越高,权益乘数越大。产权比率和权益乘数是资产负债率的另外两种表现形式,是常用的反映财务杠杆水平的指标。

【例 7-8】 由表 7-2 可得,德胜达公司的权益乘数为:

$$年初权益乘数 = 8\ 600 \div 4\ 430 \approx 1.94$$
$$年末权益乘数 = 10\ 200 \div 4\ 730 \approx 2.16$$

4. 利息保障倍数

利息保障倍数是指企业息税前利润与应付利息之比,又称已获利息倍数,用以衡量偿付借款利息的能力,其计算公式为:

$$利息保障倍数 = 息税前利润 \div 应付利息$$
$$= (净利润 + 利润表中的利息费用 + 所得税) \div 应付利息 \tag{7.10}$$

公式中的分子"息税前利润"是指利润表中扣除利息费用和所得税前的利润。公式中的分母"应付利息"是指本期发生的全部应付利息,不仅包括财务费用中的利息费用,还应包括计入固定资产成本的资本化利息。资本化利息虽然不在利润表中扣除,但仍然是要偿还的。利息保障倍数主要是衡量企业支付利息的能力,没有足够大的息税前利润,利息的支付就会发生困难。

利息保障倍数不仅反映了企业获利能力的大小,而且反映了获利能力对偿还到期债务的保障程度,它既是企业举债经营的前提依据,也是衡量企业长期偿债能力大小的重要标志。要维持正常的偿债能力,利息保障倍数至少要大于1;且比值越高,企业偿债能力越强。如果利息倍数过低,企业将面临亏损偿债能力下跌的风险。

> **【例 7-9】**　由表 7-3 可得,假定表中财务费用全部为利息费用,资本化利为 0,则德胜达公司利息保障倍数为:
>
> $$上年利息保障倍数 = (1\ 155 + 490) \div 490 \approx 3.36$$
> $$本年利息保障倍数 = (980 + 560) \div 560 = 2.75$$
>
> 从以上计算结果看,德胜达公司的利息保障倍数减少,利息支付能力有所下降,但盈利能力还能支付将近 3 期的利息,有一定的偿债能力,但还需要与其他企业特别是本行业平均水平进行比较来分析评价。

二、营运能力分析

营运能力主要指资产运用循环的效率高低。一般而言,资金周转速度越快,说明企业的资金管理水平越高,资金利用效率越高,企业可以以较少的投入获得较多的收益。因此,营运能力指标是通过投入与产出(主要指收入)之间的关系反映。企业营运能力分析主要包括流动资产营运能力分析、固定资产营运能力分析和总资产营运能力分析 3 个方面。

二维码 7-3
营运能力分析

(一) 流动资产营运能力分析

反映流动资产营运能力的指标主要有应收账款周转率、存货周转率和流动资产周转率。

1. 应收账款周转率

应收账款在流动资产中有着举足轻重的地位,及时收回应收账款,不仅增强了企业的短期偿债能力,也反映出企业管理应收账款的效率。反映应收账款周转情况的比率有应收账款周转率(次数)和应收账款周转天数。

应收账款周转次数是一定时期内商品或产品销售收入与应收账款平均余额的比值,表明一定时期内应收账款平均收回的次数,其计算公式为:

$$应收账款周转次数 = 销售收入 \div 应收账款平均余额 \qquad (7.11)$$
$$应收账款平均余额 = (期初应收账款 + 期末应收账款) \div 2 \qquad (7.12)$$

应收账款周转天数指应收账款周转一次(从销售开始到收回现金)所需要的时间,其计算公式为:

$$应收账款周转天数＝计算期天数÷应收账款周转次数$$
$$＝计算期天数×应收账款平均余额÷销售收入 \qquad (7.13)$$

通常,应收账款周转次数越高(或周转天数越短)表明应收账款管理效率越高。应收账款周转率反映了企业应收账款周转速度的快慢及应收账款管理效率的高低。在一定时期内周转次数多(或周转天数少)表明:

(1) 企业收账迅速,信用销售管理严格;

(2) 应收账款流动性强,从而提高企业短期偿债能力;

(3) 可以减少收账费用和坏账损失,相对增加企业流动资产的投资收益。

(4) 通过比较应收账款周转天数及企业信用期限,可评价客户的信用程度,调整企业信用政策。

【例 7-10】 由表 7-2 和表 7-3 可知,德胜达公司 2020 年销售收入净额为 15 010 万元,2020 年应收账款、应收票据年末数为 2 050(2 000＋50)万元,年初数为 1 070(1 005＋65)万元,假设年初、年末坏账准备均为零。2020 年该公司应收账款周转率指标计算如下:

$$应收账款周转次数＝\frac{15\ 010}{(2\ 050＋1\ 070)÷2}≈9.62(次)$$

$$应收账款周转天数＝360÷9.62≈37(天)$$

运用应收账款周转率指标评价企业应收账款管理效率时,应将计算出的指标与该企业前期、与行业平均水平或其他类似企业相比较来进行判断。

2. 存货周转率

在流动资产中,存货所占比重较大,存货的流动性将直接影响企业的流动比率。存货周转率的分析同样可以通过存货周转次数和存货周转天数反映。

存货周转率(次数)是指一定时期内企业销售成本与存货平均资金占用额的比率,是衡量和评价企业购入存货、投入生产、销售收回等各环节管理效率的综合性指标。

其计算公式为:

$$存货周转次数＝销售成本÷存货平均余额 \qquad (7.14)$$

$$存货平均余额＝(期初存货＋期末存货)÷2 \qquad (7.15)$$

式中销售成本为利润表中"营业成本"的数值。

存货周转天数是指存货周转一次(即存货取得到存货销售)所需要的时间。

计算公式为:

$$存货周转天数＝计算期天数÷存货周转次数$$
$$＝计算期天数×存货平均余额÷销售成本 \qquad (7.16)$$

【例 7-11】 由表 7-2 和表 7-3 可知,德胜达公司 2020 年销售成本为 13 230 万元,期初存货为 1 640 万元,期末存货为 605 万元,该公司存货周转率指标为:

$$存货周转次数＝\frac{13\ 230}{(1\ 640＋605)÷2}≈11.79(次)$$

$$存货周转天数＝360÷11.79≈30.53(天)$$

一般来讲,存货周转速度越快,存货占用水平越低,流动性越强,存货转化为现金或应收账款的速度就越快,这样会提高企业的短期偿债能力及盈利能力。通过存货周转速度分析,有利于找出存货管理中存在的问题,尽可能降低资金占用水平。在具体分析时应注意以下几点。

(1)存货周转率的高低与企业的经营特点有密切联系,应注意行业的可比性。

(2)该比率反映的是存货整体的周转情况,不能说明企业经营各环节的存货周转情况和管理水平。

(3)应结合应收账款周转情况和信用政策进行分析。

3. 流动资产周转率

流动资产周转率是反映企业流动资产周转速度的指标。流动资产周转率(次数)是一定时期销售收入净额与企业流动资产平均占用额之间的比率,其计算公式为:

$$流动资产周转次数＝销售收入净额÷流动资产平均余额 \qquad (7.17)$$

$$流动资产周转天数＝计算期天数÷流动资产周转次数$$

$$＝计算期天数×流动资产平均余额÷销售收入净额 \qquad (7.18)$$

式中:流动资产平均余额＝(期初流动资产＋期末流动资产)÷2。在一定时期内,流动资产周转次数越多,表明以相同的流动资产完成的周转额越多,流动资产利用效果越好。流动资产周转天数越少,表明流动资产在经历生产销售各阶段所占用的时间越短,可相对节约流动资产,提高企业盈利能力。

> **【例 7-12】**　由表 7-2 和表 7-3 可知,德胜达公司 2020 年销售收入净额 15 010 万元,2020 年流动资产期初数为 3 130 万元,期末数为 3 590 万元,该公司流动资产周转指标计算如下:
>
> $$流动资产周转次数＝\frac{15\ 010}{(3\ 130＋3\ 590)÷2}≈4.47(次)$$
>
> $$流动资产周转天数＝360÷4.47≈80.53(天)$$

(二) 固定资产营运能力分析

反映固定资产营运能力的指标为固定资产周转率。固定资产周转率(次数)是指企业年销售收入与固定资产平均额的比率,它是反映企业固定资产周转情况,从而衡量固定资产利用效率的一项指标,其计算公式为:

$$固定资产周转率＝销售收入÷平均固定资产 \qquad (7.19)$$

$$平均固定资产＝(期初固定资产＋期末固定资产)÷2 \qquad (7.20)$$

固定资产周转率高(即一定时期内固定资产周转次数多),说明企业固定资产投资得当,结构合理,利用效率高;反之,如果固定资产周转率不高,则表明固定资产利用效率不高,提供的生产成果不多,企业的营运能力不强。

> **【例 7-13】**　由表 7-2 和表 7-3 可知,德胜达公司 2019 年和 2020 年的销售收入分别为 14 260 万元、15 010 万元,2020 年年初固定资产为 4 775 万元,2020 年年末为 6 190 万元。假设 2019 年年初固定资产为 4 000 万元,则固定资产周转率计算如下:

$$2019 年固定资产周转率 = \frac{14\ 260}{(4\ 000 + 4\ 775) \div 2} \approx 3.25(次)$$

$$2020 年固定资产周转率 = \frac{15\ 010}{(4\ 775 + 6\ 190) \div 2} \approx 2.74(次)$$

通过以上计算可知,2020 年固定资产周转率为 2.74 次,2019 年固定资产周转率为 3.25 次,说明 2020 年度周转速度要比 2019 年慢,其主要原因在于固定资产增长幅度要大于销售收入增长幅度,说明企业营运能力有所减弱。这种减弱幅度是否合理,还要视公司目标及同行业水平的比较而定。

(三) 总资产营运能力分析

反映总资产营运能力的指标是总资产周转率。总资产周转率(次数)是企业销售收入与企业资产平均总额的比率,计算公式为:

$$总资产周转次数 = 销售收入净额 \div 平均资产总额 \tag{7.21}$$
$$平均总资产 = (期初总资产 + 期末总资产) \div 2 \tag{7.22}$$

计算总资产周转率时分子分母在时间上应保持一致。

这一比率用来衡量企业资产整体的使用效率。总资产由各项资产组成,在销售收入既定的情况下,总资产周转率的驱动因素是各项资产。因此,对总资产周转情况的分析应结合各项资产的周转情况,以发现影响企业资产周转的主要因素。

【例 7-14】 由表 7-2 和表 7-3 可知,德胜达公司 2019 年销售收入为 14 260 万元,2020 年销售收入为 15 010 万元,2020 年年初资产总额为 8 600 万元,2020 年年末为 10 200 万元。假设 2019 年年初的资产总额为 7 800 万元,则:

$$2019 年总资产周转率 = \frac{14\ 260}{(7\ 800 + 8\ 600) \div 2} = 1.74(次)$$

$$2020 年总资产周转率 = \frac{15\ 010}{(8\ 600 + 10\ 200) \div 2} = 1.60(次)$$

从以上计算可知,德胜达公司 2020 年总资产周转速度比 2019 年减慢,这与前面计算分析固定资产周转速度减慢结论一致。该公司应扩大销售额,处理闲置资产,以提高资产使用效率。

总之,各项资产的周转率指标用于衡量各项资产赚取收入的能力,经常和企业盈利能力的指标结合在一起,以全面评价企业的盈利能力。

二维码 7-4
盈利能力分析

三、盈利能力分析

企业是以营利为目的的,不论是投资人、债权人还是经理人员,都会非常重视和关心企业的盈利能力。盈利能力是企业获取利润、实现资金增值的能力。因此,盈利能力指标主要通过收入与利润之间的关系、资产与利润之间的关系反映。反映企业盈利能力的指标主要有销售毛利率、销售净利率、净资产收益率。

（一）销售毛利率

销售毛利率是销售毛利与销售收入之比，其计算公式如下：

$$销售毛利率＝销售毛利÷销售收入 \tag{7.23}$$

其中：销售毛利＝销售收入－销售成本。

销售毛利率反映产品每 1 元销售收入所包含的毛利润是多少，即销售收入扣除销售成本后还有多少剩余可以用于各项期间费用和形成盈利。销售毛利率是销售净利率的基础，销售毛利率越高，表明产品的盈利能力越强。将销售毛利率与行业水平进行比较，可以反映企业产品的市场竞争地位。

> **【例 7-15】** 根据表 7-3，可计算德胜达公司的销售毛利率如下：
>
> 2019 年销售毛利率＝（14 260－12 525）÷14 260≈12.17%
>
> 2020 年销售毛利率＝（15 010－13 230）÷15 010≈11.86%

（二）销售净利率

销售净利率是净利润与销售收入之比，其计算公式为：

$$销售净利率＝净利润÷销售收入 \tag{7.24}$$

销售净利率反映每 1 元销售收入最终赚取了多少利润，用于反映产品最终的盈利能力。在利润表上，从销售收入到净利润需要扣除销售成本、期间费用、税金等项目。因此，将销售净利率按利润的扣除项目进行分解可以识别影响销售净利率的主要因素。

> **【例 7-16】** 根据表 7-3，可计算德胜达公司的销售净利率如下：
>
> 2019 年销售净利率＝770÷14 260≈5.40%
>
> 2020 年销售净利率＝650÷15 010≈4.33%
>
> 从上述计算分析可以看出，2020 年各项销售利润率指标均比 2019 年有所下降，说明企业盈利能力有所下降，企业应查明原因，采取相应措施，提高盈利水平。

（三）净资产收益率

净资产收益率又叫权益净利率或权益报酬率，是净利润与平均所有者权益的比值，表示每 1 元股东资本赚取的净利润，反映资本经营的盈利能力，其计算公式为：

$$净资产收益率＝（净利润÷平均所有者权益）×100\% \tag{7.25}$$

该指标是企业盈利能力指标的核心，也是杜邦财务指标体系的核心，更是投资者关注的重点。一般来说，净资产收益率越高，股东和债权人的利益保障程度越高。如果企业的净资产收益率在一段时期内持续增长，说明资本盈利能力稳定上升。净资产收益率不是越高越好，分析时要注意企业的财务风险。

$$净资产收益率＝资产净利率权×权益乘数 \tag{7.26}$$

通过对净资产收益率的分解可以发现,改善资产盈利能力和增加企业负债都可以提高净资产收益率。而如果不改善资产盈利能力,单纯通过加大举债提高净资产收益率的做法则十分危险。因为企业负债经营的前提是有足够的盈利能力保障偿还债务本息,单纯增加负债对净资产收益率的改善只具有短期效应,最终将因盈利能力无法偿还增加的财务风险而使企业面临财务困境。因此,只有当企业净资产收益率上升的同时财务风险没有明显加大,才能说明企业财务状况良好。

【例 7-17】 由表 7-2 和表 7-3 可知,德胜达公司 2019 年净利润为 770 万元,年末所有者权益为 4 430 万元;2020 年净利润为 650 万元,年末所有者权益为 4 730 万元。假设 2019 年年初所有者权益为 4 000 万元,则德胜达公司净资产收益率为:

$$2019 \text{ 年净资产收益率} = \frac{770}{(4\,000 + 4\,430) \div 2} \times 100\% \approx 18.27\%$$

$$2020 \text{ 年净资产收益率} = \frac{650}{(4\,430 + 4730) \div 2} \times 100\% \approx 14.19\%$$

由于该公司所有者权益的增长快于净利润的增长,2020 年净资产收益率要比 2019 年低了 4 个百分点,从所有者的角度看,盈利能力明显降低。由前面的计算结果可以发现,企业权益乘数有所增加,但由于资产盈利能力下降较快导致了净资产收益率的下降。因此,德胜达公司盈利水平下降同时面临财务风险加大。企业应尽快改善盈利能力,通过提高产品竞争能力、加快资产周转的同时控制财务风险以改善企业所面临的问题。

四、发展能力分析

衡量企业发展能力的指标主要有销售收入增长率、总资产增长率、营业利润增长率等。

(一)销售收入增长率

该指标反映的是相对化的销售收入增长情况,是衡量企业经营状况和市场占有能力、预测企业经营业务拓展趋势的重要指标。在实际分析时应考虑企业历年的销售水平、市场占有情况、行业未来发展及其他影响企业发展的潜在因素,或结合企业前三年的销售收入增长率进行趋势性分析判断,其计算公式为:

销售收入增长率＝本年销售收入增长额÷上年销售收入×100%   (7.27)

式中,本年销售收入增长额＝本年销售收入－上年销售收入。

【例 7-18】 由表 7-3 可知,德胜达公司 2019 年销售收入为 14 260 万元,2020 年销售收入为 15 010 万元,则德胜达公司销售收入增长率为:

2020 年销售收入增长率＝(15 010－14 260)/14 260×100%≈5.26%

(二)总资产增长率

总资产增长率是企业本年资产增长额同年初资产总额的比率,反映企业本期资产规模

的增长情况,其计算公式为:

$$总资产增长率＝本年资产增长额/年初资产总额×100\% \tag{7.28}$$

式中,本年资产增长额＝年末资产总额－年初资产总额。

总资产增长率越高,表明企业一定时期内资产经营规模扩张的速度越快。但在分析时,需要关注资产规模扩张的质和量的关系,以及企业的后续发展能力,避免盲目扩张。

【例7-19】　由表7-2可知,德胜达公司2020年年初资产总额为8 600万元,2020年年末资产总额为10 200万元,则德胜达公司总资产增长率为:

$$2020年总资产增长率＝(10\ 200－8\ 600)/8\ 600×100\%＝18.60\%$$

(三) 营业利润增长率

营业利润增长率是企业本年营业利润增长额与上年营业利润总额的比率,反映企业营业利润的增减变动情况,其计算公式为:

$$营业利润增长率＝本年营业利润增长额÷上年营业利润总额×100\% \tag{7.29}$$

式中,本年营业利润增长额＝本年营业利润－上年营业利润。

【例7-20】　由表7-3可知,德胜达公司2019年营业利润为1 095万元,2020年营业利润为1 030万元,则德胜达公司营业利润增长率为:

$$2020年营业利润增长率＝(1\ 030－1\ 095)/1\ 095×100\%＝－5.94\%$$

(四) 资本保值增值率

资本保值增值率是指所有者权益的期末总额与期初总额之比,其计算公式为:

$$资本保值增值率＝期末所有者权益÷期初所有者权益×100\% \tag{7.30}$$

如果企业盈利能力提高,利润增加,必然会使期末所有者权益大于期初所有者权益,所以该指标也是衡量企业盈利能力的重要指标。这一指标的高低,除了受企业经营成果的影响外,还受企业利润分配政策的影响。

【例7-21】　根据前面净资产收益率的有关资料,德胜达公司资本保值增值率计算如下:

$$2019年资本保值增值率＝4\ 430/4\ 000×100\%≈111\%$$
$$2020年资本保值增值率＝4\ 730/4\ 430×100\%≈107\%$$

可见,该公司2020年资本保值增值率比2019年有所降低。

五、上市公司财务指标分析

每股指标分析是将公司财务报表的数据与公司发行在外的股票数、股票市价等资料结合分析,以便投资者对不同上市公司股票的优劣做出评估和判断,主要包括每股收益、每股净资产、市盈率、市净率等指标。

（一）每股收益

每股收益是综合反映企业盈利能力的重要指标，反映了公司每一股所具有的当前获利能力。考察历年每股收益的变化，是研究公司经营业绩变化最简单明了的方法。

每股收益的计算公式为：

每股收益＝净利润÷发行在外的普通股股数

$\qquad$＝（息税前利润－利息）×（1－所得税税率）÷发行在外的普通股股数 $\qquad$ （7.31）

存在优先股的，还应扣除优先股息。

【例7-22】 德胜达公司2020年归属于普通股股东的净利润为25 000万元。2020年年末的股数为8 000万股，2020年2月8日，经公司2019年度股东大会决议，以截至2019年末公司总股数为基础，向全体股东每10股送红股10股。工商注册登记变更完成后公司总股数变为16 000万股。2020年11月29日发行新股6 000万股。

$$每股收益＝\frac{25\,000}{8\,000＋8\,000＋6\,000×\dfrac{1}{12}}≈1.52（元/股）$$

在此例计算中，公司2020年分配10送10导致股数增加8 000万股，由于送红股是将公司以前年度的未分配利润转为普通股，转化与否都一直作为资本使用，因此新增的这8 000万股不需要按照实际增加的月份加权计算，可以直接计入分母；而公司发行新股6 000万股，这部分股份由于在11月底增加，对全年的利润贡献只有1个月，因此应该按照1/12的权数进行加权计算。

一般将每股收益视为企业能否成功地达到其利润目标的标志，也可以将其看成一家企业管理效率、盈利能力和股利来源的标志。理论上，每股收益反映了投资者可望获得的最高股利收益，因而是衡量股票投资价值的重要指标。每股收益越高，表明投资价值越大；否则反之。但是每股收益多并不意味着每股股利多，此外每股收益不能反映股票的风险水平。

（二）每股净资产

每股净资产又称每股账面价值，是指企业期末净资产与期末发行在外的普通股股数之间的比率。计算公式为：

$\qquad$每股净资产＝期末净资产 ÷期末发行在外普通股股数 $\qquad$ （7.32）

【例7-23】 德胜达公司2020年年末股东权益为15 600万元，全部为普通股，年末发行在外的普通股股数为12 000万股，则每股净资产计算如下：

$$每股净资产＝15\,600÷12\,000＝1.3（元）$$

每股净资产显示了发行在外的每一普通股股份所能分配的企业账面净资产的价值。这里所说的账面净资产是指企业账面上的总资产减去负债后的余额，即股东权益总额。每股净资产指标反映了在会计期末每一股份在企业账面上到底值多少钱，它与股票面值、发行价值、市场价值乃至清算价值等往往有较大差距,是理论上股票的最低价值。如果公司的股票价格低于每股净资产的成本,成本又接近变现价值,说明公司已无存在价值。

(三) 市盈率

市盈率是股票每股市价与每股收益的比率,反映普通股股东为获取 1 元净利润所愿意支付的股票价格。其计算公式如下:

$$市盈率＝每股市价÷每股收益 \tag{7.33}$$

【例 7-24】 沿用〖例 7-22〗的资料,同时假定该上市公司 2020 年年末每股市价 30.4 元,则该公司 2020 年年末市盈率计算如下:

$$市盈率＝30.4÷1.52＝20(倍)$$

市盈率是股票市场上反映股票投资价值的重要指标,该比率的高低反映了市场上投资者对股票投资收益和投资风险的预期。一方面市盈率越高,意味着投资者对股票的收益预期越高,投资价值越大;反之,投资者对该股票评价越低。另一方面,市盈率越高,也说明获得一定的预期利润投资者需要支付更高的价格,因此投资于该股票的风险也越大;市盈率越低,说明投资于该股票的风险越小。

(四) 市净率

市净率是每股市价与每股净资产的比率,是投资者用以衡量、分析个股是否具有投资价值的工具之一。市净率的计算公式如下:

$$市净率＝每股市价÷每股净资产 \tag{7.34}$$

【例 7-25】 沿用〖例 7-23〗的资料,同时假定该上市公司 2020 年年末每股市价为 3.90 元,则该公司 2020 年年末市净率计算如下:

$$市净率＝3.9÷1.3＝3(倍)$$

净资产代表的是全体股东共同享有的权益,是股东拥有公司财产和公司投资价值最基本的体现。一般来说,市净率较低的股票,投资价值较高;反之,则投资价值较低。但有时较低的市净率反映的可能是投资者对公司前景的不良预期,而较高市净率则相反。一般市净率达到 3,可以树立较好的公司形象。因此,在判断某只股票的投资价值时,还要综合考虑当时的市场环境以及公司经营情况、资产质量和盈利能力等因素。

任务三　综合财务能力分析

【任务描述】

偿债能力、营运能力、盈利能力和发展能力从不同角度揭示了该公司的财务状况。但公司是一个整体,各单项能力之间应该是一荣俱荣、一损俱损的关系。评价公司财务状况、经营成果及现金流量,不应将其割裂开来。公司综合财务能力分析和评价常见的方法有杜邦财务分析法。本任务主要介绍杜邦财务分析体系。

【知识准备】

二维码 7-5
杜邦财务分析

杜邦分析法又称杜邦财务分析体系,简称杜邦体系,是利用各主要财务比率指标间的内在联系,对企业财务状况及经济效益进行综合系统分析评价的方法。该体系是以净资产收益率为起点,以总资产净利率和权益乘数为基础,重点揭示企业盈利能力及权益乘数对净资产收益率的影响,以及各相关指标间的相互影响和作用关系。

杜邦分析法将净资产收益率(权益净利率)分解如图 7-1 所示。其分析关系式为:

$$净资产收益率=销售净利率×总资产周转率×权益乘数 \tag{7.35}$$

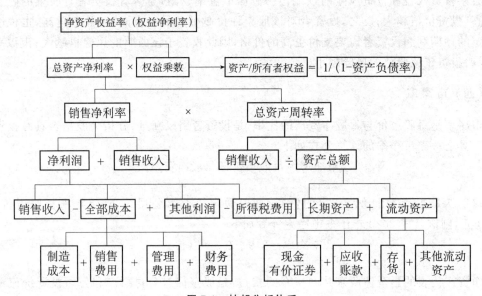

图 7-1 杜邦分析体系

注:① 销售净利率即营业净利率,销售收入即营业收入,销售费用即营业费用。

② 有关资产、负债与权益指标通常用平均值计算。

运用杜邦分析法需要抓住以下几点。

(1)净资产收益率是一个综合性最强的财务分析指标,是杜邦分析体系的起点。财务管理的目标之一是使股东财富最大化,净资产收益率反映了企业所有者投入资本的盈利能力,说明了企业筹资、投资、资产营运等各项财务及其管理活动的效率,而不断提高净资产收益率是使所有者权益最大化的基本保证。所以,这一财务分析指标是企业所有者、经营者都十分关心的。而净资产收益率高低的决定因素主要有 3 个,即销售净利率、总资产周转率和权益乘数。这样在进行分解之后,就可以将净资产收益率这一综合性指标发生升降变化的原因具体化,使得它比只用一项综合性指标更能说明问题。

(2)销售净利率反映了企业净利润与销售收入的关系,它的高低取决于销售收入与成本总额的高低。要想提高销售净利率,一要扩大销售收入,二要降低成本费用。扩大销售收入既有利于提高销售净利率,又有利于提高总资产周转率。降低成本费用是提高销售净利率的一个重要因素,从杜邦分析图可以看出成本费用的基本结构是否合理,从而找出降低成本费用的途径和加强成本费用控制的办法。如果企业财务费用支出过高,就要进一步分析其负债比率是否过高;如果管理费用过高,就要进一步分析其资产周转情况,等等。从图 7-1 中还可以看出,提高销售净利率的另一途径是提高其他利润。为了详细地了解企业成本费用的发生情况,在具体列示成本总额时,还可根据重要性原则,将那些影响较大的费用单独列示,以便为寻求降低成本的途径提供依据。

(3) 影响总资产周转率的一个重要因素是资产总额。资产总额由流动资产与长期资产组成,它们的结构合理与否将直接影响资产的周转速度。一般来说,流动资产直接体现企业的偿债能力和变现能力,而长期资产则体现了企业的经营规模、发展潜力,两者之间应该有一个合理的比例关系。如果发现某项资产比重过大,影响资金周转,就应深入分析其原因。例如,企业持有的货币资金超过业务需要,就会影响企业的盈利能力;如果企业占有过多的存货和应收账款,则既会影响盈利能力,又会影响偿债能力。因此,还应进一步分析各项资产的占用数额和周转速度。

(4)权益乘数主要受资产负债率指标的影响,资产负债率越高,权益乘数就越高,说明企业的负债程度比较高,给企业带来了较多的杠杆利益,同时也带来了较大的风险。

【例 7-26】 德胜达公司有关财务数据如表 7-5 所示。下面将分析该企业净资产收益率(见表 7-6)变化的原因。

表 7-5　基本财务数据　　　　　　　　　　　　　　单位:万元

年度	净利润	销售收入	平均资产总额	平均负债总额	全部成本	制造成本	销售费用	管理费用	财务费用
2019	10 284	411 224	306 223	205 677	403 968	373 535	10 203	18 668	1 562
2020	12 654	757 614	330 580	215 660	736 747	684 262	217 41	25 718	5 026

表 7-6　财务比率

年度	2019	2020
净资产收益率/%	10.23	11.01
权益乘数	3.05	2.88
资产负债率/%	67.2	65.2
总资产净利率/%	3.36	3.83
销售净利率/%	2.5	1.67
总资产周转率/次数	1.34	2.29

① 对净资产收益率的分析。该企业的净资产收益率在 2019 年至 2020 年间出现了一定程度的好转,从 2019 年的 10.23%增加至 2020 年的 11.01%。企业的投资者在很大程度上依据这个指标来判断是否投资或是否转让股份,考察经营者业绩和决定股利分配政策。这些指标对企业的管理者也至关重要。

根据净资产收益率＝权益乘数×总资产净利率可得：

2019 年：10.23％≈3.0456×3.358％

2020 年：11.01％≈2.8766×3.8278％

通过分解可以明显地看出，德胜达公司净资产收益率的变动是资本结构（权益乘数）变动和资产利用效果（总资产净利率）变动两方面共同作用的结果，而该企业的总资产净利率太低，显示出很差的资产利用效果。

② 对总资产净利率的分析。

总资产净利率＝销售净利率×总资产周转率

2019 年：3.36％≈2.5％×1.3428

2020 年：3.83％≈1.67％×2.2917

通过分解可以看出，2020 年该企业的总资产周转率有所提高说明资产的利用得到了比较好的控制，显示出比 2019 年较好的效果，表明该企业利用其总资产产生销售收入的效率在增加。总资产周转率提高的同时销售净利率减少，阻碍了总资产净利率的增加。

销售净利率＝净利润÷销售收入

2019 年：2.5％＝10 284÷411 224

2020 年：1.67％＝12 654÷757 614

该企业 2020 年大幅度提高了销售收入，但是净利润的提高幅度却很小，分析其原因是成本费用增多，从表 7-5 可知，全部成本从 2019 年的 403 968 万元增加到 2020 年的 736 747 万元，与销售收入的增加幅度大致相当。

③ 对全部成本的分析。

全部成本＝制造成本＋销售费用＋管理费用＋财务费用

2019 年：403 968＝373 535＋10 203＋18 668＋1 562

2020 年：736 747＝684 262＋21 741＋25 718＋5 026

本例中，导致该企业净资产收益率小的主要原因是全部成本过大。也正是因为全部成本的大幅度提高导致了净利润提高幅度不大，而销售收入大幅度增加，引起了销售净利率的降低，显示出该企业销售盈利能力的降低。总资产净利率的提高当归功于总资产周转率的提高，销售净利率的减少却起到了阻碍的作用。

④ 对权益乘数的分析。

权益乘数＝资产总额÷权益总额

2019 年：3.05＝306 223÷（306 223－205 677）

2020 年：2.88＝330 580÷（330 580－215 660）

该企业下降的权益乘数，说明企业的资本结构在 2019 年至 2020 年发生了变动，2020 年的权益乘数较 2019 年有所减小。权益乘数越小，企业负债程度越低，偿还债务能力越强，财务风险有所降低。这个指标同时也反映了财务杠杆对利润水平的影响。该企业的权益乘数一直处于 2～5，也即负债率在 50％～80％，属于激进战略型企业。管理者应该准确把握企业所处的环境，准确预测利润，合理控制负债带来的风险。

⑤ 结论。对于该企业，最重要的就是要努力降低各项成本，在控制成本上下功夫，同时要保持较高的总资产周转率。这样，可以使销售净利率得到提高，进而使总资产净利率有大的提高。

任务四　财务分析报告

【任务描述】

财务分析报告是财务分析工作的成果,是通过一定的格式揭示财务数据之间的内在联系,对企业的财务状况、经营成果及营运情况等做出客观、全面、系统的分析和评价的工作。本任务简要介绍财务分析报告的分类、内容及写作要求。

【知识准备】

一、财务分析报告分类

(一) 按内容、范围不同分类

财务分析报告按其内容、范围不同,可分为综合分析报告、专题分析报告和简要分析报告。

二维码 7-6
撰写财务分析报告

1. 综合分析报告

综合分析报告又称全面分析报告,是企业依据资产负债表、损益表、现金流量表、会计报表附表、会计报表附注及财务情况说明书、财务和经济活动所提供的丰富、重要的信息及其内在联系,运用一定的科学分析方法,对企业的财务状况、经营成果、营运情况做出客观、全面、系统的分析和评价,并进行必要的科学预测而形成的书面报告,它具有内容丰富、涉及面广,对财务报告使用者做出各项决策有深远影响的特点。

2. 专题分析报告

专题分析报告又称单项分析报告,是指针对某一时期企业经营管理中的某些关键问题、重大经济措施或薄弱环节等进行专门分析后形成的书面报告,它具有不受时间限制、一事一议、易被经营管理者接受、收效快的特点。

3. 简要分析报告

简要分析报告是对主要经济指标在一定时期内存在的问题或比较突出的问题,进行概要的分析而形成的书面报告。

简要分析报告具有简明扼要、切中要害的特点。通过分析,能反映和说明企业在分析期内业务经营的基本情况以及企业累计完成各项经济指标的情况并预测今后发展趋势,主要适用于定期分析,可按月、按季进行编制。

(二) 按分析时间分类

财务分析报告按其分析的时间,可分为定期分析报告与不定期分析报告两种。

1. 定期分析报告

定期分析报告一般是由上级主管部门或企业内部规定的每隔一段相等的时间应予编制和上报的财务分析报告，如每半年、年末编制的综合财务分析报告就属定期分析报告。

2. 不定期分析报告

不定期分析报告是从企业财务管理和业务经营的实际需要出发，不做时间规定而编制的财务分析报告，如上述的专题分析报告就属于不定期分析报告。

二、财务分析报告的基本格式及内容

财务分析报告没有统一或固定的格式规范，不同的公司或领导可能要求各有侧重，但基本的内容都须包括以下几点。

（一）基本情况

概括说明公司综合情况（主要是通过对公司的主要经济指标及财务指标的说明，概括说明公司整个经济形势及总财务状况的优劣及影响），让财务报告接受者对财务分析说明有一个总括的认识。

（二）公司财务状况运行情况说明

主要是对公司运营及财务现状进行具体的介绍，适当运用绝对数、比较数及复合指标数对经济指标进行说明。特别是要关注公司当前运作上的重心，对重要事项要单独反映。

（三）财务分析

主要是结合第二部分内容对公司的经营情况进行分析研究。在说明问题的同时还要分析问题，寻找问题的原因和症结，以达到解决问题的目的。要善于运用表格、图示，突出表达分析的内容。分析问题一定要抓住当前要点，多反映公司经营焦点和易于忽视的问题。

（四）财务评价

做出财务说明和分析后，对于经营情况、财务状况、盈利业绩，应该从财务角度给予公正、客观的评价和预测。财务评价不能是似是而非、可进可退、左右摇摆等不负责任的语言，评价要从正面和负面两方面进行，评价既可以单独分段进行，也可以将评价内容穿插在说明部分和分析部分。

（五）财务建议

财务建议即财务人员在对经营运作、投资决策进行分析后形成的意见和看法，特别是对运作过程中存在的问题所提出的改进建议。值得注意的是，财务分析报告中提出的建议不能太抽象，要具体化，最好有一套切实可行的方案。

三、如何写好财务分析报告

财务分析报告是财务工作一年的最终成果,也是管理层或领导层最关注的,提供一份领导满意的财务分析报告是财务工作者应该掌握的技能。如何写好没有一定之规,但需注意以下几点。

(1) 报告框架要完整,层次要清晰。

(2) 报告内容要文字数字相结合,深入分析,避免大量数字堆砌。报告要清楚明确地揭示出公司财务数据所反映的公司业务完成情况及内外原因,向管理者提供有决策参考价值的分析报告。

(3) 要注意内容精炼,重点突出,避免千篇一律,不能无病呻吟,不搞文字或数字游戏,要让使用者一目了然,把握重点。

(4) 要灵活使用 Excel 图表,趋势图、结构图、比例图、柱状图、饼图等,做到图文并茂,提高报告的可读性。

(5) 报告要有现象,有建议。财务分析报告不应仅局限于反映问题,要结合预算执行情况和公司业务发展,通过对问题的深入分析,提出可靠的建议措施。建议措施要避免泛泛而谈,要切实可行,要真正体现财务作为企业管理参谋和助手的价值。

【案例分析】

2020 年上市公司财务造假典型案例汇编

2020 年 8 月 7 日,证监会通报上半年案件办理情况,对 43 起虚假陈述案件作出行政处罚,部分案件市场影响恶劣;其中不乏通过虚构交易虚增利润、违规确认收入、虚增在建工程、虚增货币资金等财务造假案例。

财务造假的常见方式有如下几种:

- 收入造假:虚构交易、签订阴阳合同、提前确认收入
- 成本费用造假:低估成本、延期确认费用
- 政府补助造假:违规确认收入
- 关联交易:不当关联交易、制造交易闭环与资金闭环
- 虚增在建工程:洗白虚增收入、资本化利息陷阱

案例一:利用合同与发票,虚构交易,违规确认收入

2020 年 6 月 12 日,CYJT 收到深圳证监局《行政处罚及市场禁入事先告知书》(〔2020〕4 号),处罚拟决定:对 CYJT 给予警告,并处以 50 万元的罚款;对时任控股子公司董事长、总裁尹某给予警告,并处以 30 万元罚款;对时任 CYJT 监事会主席兼子公司财务总监、时任子公司董事会秘书及相关责任人给予警告,并处金额不等的罚款。此外,对其中 3 名高管采取 10 年、5 年证券市场禁入措施。

CYJT 控股子公司通过虚构交易、签订阴阳合同、不遵循会计准则确认收入等方式虚增业绩,导致 CYJT2016 年、2017 年年度报告中披露的财务数据存在虚假记载,具体情况如表 7-7 所示。

表 7-7　CYJT 财务数据违规事实

典型违规事实	收入造假手段	财务报表影响
① 在未签订书面合同的情况下,CYJT 子公司与客户仅口头约定客户将货物卖出以后再付款,未销售不用付款。该批货物出口报关后一直存储于该公司租赁的海外仓库,直至 2018 年 8 月 1 日运至国内。 ② 2016 年 6 月至 11 月,CYJT 子公司分别与多家柬埔寨客户签订产品销售合同,并按照合同金额确认了收入。经查,该公司与上述柬埔寨公司另签署了对应的备忘录、承诺函或声明,表示柬埔寨公司只是协助免税清关,不存在针对合同的付款义务	虚构海外销售,虚增应收账款与营业收入	① 虚增 2016 年度应收账款 870.41 万元 ② 虚增 2016 年度营业收入 5 662.91 万元,虚增 2016 年度利润总额 3 954.7 万元
2017 年 8 月至 11 月,CYJT 子公司之间签订设备购销合同,并为客户提供相应的融资租赁服务。在与客户签订的 21 份《融资租赁合同》中,每份合同均有高价、低价两个版本,21 份高价版《融资租赁合同》总金额为 10 043.20 万元(其中 HYZL 向 HYSB 采购设备成本共 8 511.15 万元,36 个月融资租赁利息共 1 532.05 万元),而低价版《融资租赁合同》总金额仅为 2 900.80 万元,除价格外其余合同内容完全相同。该公司依据高价版合同,按照合同全部商品已发货确认了 2017 年销售商品收入;但经查,其与客户实际按照低价版合同结算支付,且合同约定商品并未全部发货	签订阴阳合同,按照高价合同确认收入,按照低价合同实际执行,虚增营业收入和本年利润	虚增 2017 年度营业收入 5 259.17 万元,虚增 2017 年度利润总额 3 059.17 万元

案例二:虚增在建工程,"洗白"本期利润

在建工程在财务造假案例中频频出现,成为上市公司财务造假的优选科目。在建工程作为非流动资产科目,时间长,不易核查与审计,后期的折旧减值极易使得企业蒙混过关。

QST 及相关当事人于 2020 年 8 月 6 日收到中国证券会对公司及相关当事人的《行政处罚决定书》(〔2020〕32 号)及《市场禁入决定书》(〔2020〕10 号),处罚决定如下:

根据当事人违法行为的事实、性质、情节与社会危害程度,依据 2005 年《中华人民共和国证券法》第一百九十三条第一款的规定,处罚决定:对 QST 责令改正,给予警告,并处以 60 万元的罚款;对刘某华、刘某山给予警告,并分别处以 30 万元的罚款;对其余高管、相关责任人共计 11 人给予警告并罚款。

其违规事实描述如下:

2016 年 8 月,QST 子公司 QSMB 与长沙春华建筑有限公司(以下简称春华建筑)签订《建设工程施工合同》,合同全额为 1.8 亿元。QST 2016 年年报及相关账务记录显示 QST 2016 年代 QSMB 支付给春华建筑工程款 9 166.23 万元,其中以银行存款代付工程款 5 861.29 万元、以银行承兑汇票背书方式代付工程款 3 304.95 万元。

经查明,2016 年 QST 将实际支付给刘某华、刘某山所控制的陈某华账户 2 834.85 万元、湖南新中制药机械股份有限公司账户 3 000 万元及虚列的银行存款支出 26.44 万元,合计 5 861.29 万元记入在建工程;将通过虚构与浏阳市华冠出口花炮有限公司(以下简称华冠花炮)的交易,自华冠花炮获得的银行承兑汇票 2 130.96 万元、自广东南国药业有限公司获取的银行承兑汇票 1 173.99 万元,合计 3 304.95 万元,虚列背书支付给春华建筑,并记入在建工程。QST 2016 年年度报告以上述方式虚增在建工程 9 166.23 万元。

在该案例中,QST 首先通过虚构与华冠花炮的交易,违规确认销售收入,虚增利润,再将违规确认的部分收入及转出的自有资金,一并确认在建工程。这样既洗白了本期虚增的收入,又显示给投资者一种假象,即本期营业收入、利润稳定增长,公司又将经营成果投入在建工程,营造未来业绩利好的假象。

对于上市公司虚假记载、误导性陈述等违规行为,监管处罚力度也在逐渐加大。

资料来源:财融圈.2020 年上市公司财务造假典型案例汇编[EB/OL].(2020-09-28)[2021-10-23].http://www.cairongquan.com/Article/view/107418.html.

【拓展阅读】

巴菲特教你看年报

对一个投资者来说,当你在选择股票时,公司年报可以算作是一份"简历",你可以根据它来筛选信息。上市公司的年报在很多方面决定公司股票未来一年的走向,尤其是权重股的年报,甚至决定大盘重心的移动。当然,前提是年报可信,不是作假的"简历"。

巴菲特说:"投资人应把自己当成经理人,深入了解企业创造财富的活动。投资人可以从财报解析企业竞争力,或从企业公布的财务数据发现其不合理之处,从而做出正确的投资决策。"巴菲特一年要读上千份年报,算下来是一天读三份! 就这样他还抱怨自己的阅读速度不够快。

巴菲特认为,他的成功主要得益于反复阅读上市公司财务年报,年报是他股票投资的主要依据。在分析财务报表(资产负债表、损益表、现金流量表)时,需要留意一些重要指标,如利润表中的主营业务收入、毛利、主营业务利润、营业利润、净利润的增长率,资产负债表中的应收账款、存货绝对变化和相对主营业务收入的比例等。投资者可以利用主营业务收入、营业外收入、投资收益这 3 项在总收入中所占的比重,来了解上市公司利润的构成,同时与往年同类数据进行对比,并结合报告期内实际情况看每项指标增减幅度是否都符合情理,以便掌控上市公司利润增长的实际情况。

巴菲特认为,至少要关注到公司年报 3 个层面的问题。

首先,公司主业是什么,其主营业务构成是单一还是多元化。单一的主业还应看其产品的市场竞争能力、主业发展的资源可持续发展性和稀缺性,并了解和关注其市场份额占有率、产品的独创性和垄断性。对于多元化投资为主的上市公司,由于其主业不详,对其收入的评价应辩证分析。

其次,现金流量能说明很多问题。从财务报表看,部分上市公司的利润状况确实好,但一定要观察现金流量表,这非常关键。如果一家上市公司每股收益较高,主营业务利润又占较高比例,且每股现金流量金额又与每股收益相比差距不大,那么,从财务的角度讲,应是一家较好的上市公司。相反,如果在一家公司的利润构成中,主营业务所占比例较低,而投资收益和其他一次性收益占的比重很大,同时,每股现金流量金额又与每股收益相比差距很大,这样的公司业绩增长持续性难以保证,而且现金流不足,应收款过高,容易出现问题。

最后,财务费用与销售费用、管理费用有区别。上市公司年报有"三张表":销售费用、管理费用和财务费用。通过"三费"变化,可以考察公司的内部管理能力。通常报表体现较高

the财务费用不是好事，因为这意味着较高的有息负债，但考虑到企业扩张或收购等，只要企业保持正常经营状态，这种高财务费用状况有望在日后得到缓解，反而会成为来年企业经营的一大有利因素。但销售费用、管理费用的增幅高于净利润的增幅，则说明公司运营和管理有待加强。此外还要留意非经常性项目对净利润的影响。净利润指标是投资的重要参照，但并不是唯一的参照。在每股收益背后，还应看到其利润实现的增长周期。由于非经常性收益和损失不具备长期稳定性，对利润的影响也是阶段性和暂时的。

资料来源：合肥飞来石．企业重要指标不可不知［EB/OL］．（2013-01-10）［2021-10-23］．http://blog. eastmoney. com/fls218/blog_219020277. html.

【课证融通】

一、单项选择题

1. 财务分析的主要内容不包括（　　）。
A. 偿债能力分析　　B. 营运能力分析　　C. 盈利能力分析　　D. 融资能力分析

2. 所有者在进行企业的财务分析时最关注的是（　　）。
A. 企业支付能力　　　　　　　　B. 企业发展能力
C. 投资回报率　　　　　　　　　D. 企业社会贡献多少

3. 财务分析的对象是（　　）。
A. 财务报表　　　B. 财务报告　　　C. 财务活动　　　D. 财务效率

4. 从企业债权者角度看，财务分析的最直接目的是（　　）。
A. 企业盈利能力　　B. 企业营运能力　　C. 企业偿债能力　　D. 企业增长能力

5. 环比动态比率以每一分析期的（　　）数额为基期数额而计算出来的动态比率。
A. 当期　　　　　　　　　　　　B. 前一期
C. 前三期的平均值　　　　　　　D. 下一期的预测值

6. 效率比率是某项经济活动中所费与所得的比率，反映（　　）关系。
A. 投入与产出　　　　　　　　　B. 有关经济活动相互
C. 部分与总体　　　　　　　　　D. 不同活动对比

7. 对于连环替代法中各因素的替代顺序，传统的排列方法是（　　）。
A. 主要因素在前，次要因素在后
B. 影响大的因素在前，影响小的因素在后
C. 不能明确责任的在前，可以明确责任的在后
D. 数量指标在前，质量指标在后

8. 将不同时期财务报告中的相同指标或比率进行比较，直接观察其增减变动情况及变动幅度，考察其发展趋势，预测其发展前景的方法是（　　）。
A. 水平分析法　　B. 比率分析法　　C. 因素分析法　　D. 综合分析法

9. 会计报表的比较，具体包括（　　）比较。
A. 资产总额　　B. 利润总额　　C. 现金流量　　D. 资产负债表

10. 下列属于短期偿债能力指标的是（　　）。
A. 资产负债率　　B. 速动比率　　C. 利息保障倍数　　D. 产权比率

11. 下列各项中能提高企业已获利息倍数的是(　　　)。

　　A. 支付职工劳保用品费　　　　　　　　B. 发行长期债券

　　C. 成本降低、利润提高　　　　　　　　D. 赊购材料

12. 产权比率能反映(　　　)能力。

　　A. 盈利能力　　　　B. 营运能力　　　　C. 短期偿债能力　　　D. 长期偿债能力

13. 年初资产总额为 100 万元,年末资产总额为 140 万元,利润总额为 24 万元,所得税 8 万元,利息支出为 4 万元,则总资产报酬率为(　　　)。

　　A. 20%　　　　　　B. 13.33%　　　　　C. 23.33%　　　　　D. 30%

14. 净资产收益率是反映(　　　)的盈利能力的指标。

　　A. 全部资金　　　　B. 长期资金　　　　C. 债务资金　　　　D. 权益资金

15. 在杜邦分析体系中,假设其他情况相同,下列说法中错误的是(　　　)。

　　A. 权益乘数大则财务风险大　　　　　　B. 权益乘数大则净资产收益率大

　　C. 权益乘数等于产权比率加 1　　　　　D. 权益乘数大则资产净利率大

16. 净资产收益率在杜邦分析体系中是个综合性最强、最具有代表性的指标。通过对系统的分析可知,提高净资产收益率的途径不包括(　　　)。

　　A. 加强销售管理,提高营业净利率

　　B. 加强资产管理,提高其利用率和周转率

　　C. 加强负债管理,提高其利用率和周转率

　　D. 加强负债管理,提高产权比率

17. 某公司年初负债总额为 800 万元(流动负债 220 万元,长期负债 580 万元),年末负债总额为 1 060 万元(流动负债 300 万元,长期负债 760 万元)。年初资产总额 1 680 万元,年末资产总额 2 000 万元。则权益乘数为(　　　)。

　　A. 2.022　　　　　B. 2.128　　　　　　C. 1.909　　　　　　D. 2.1

18. 杜邦财务分析体系(简称杜邦体系)是利用各项财务指标间的内在联系,对企业综合经营理财及经济效益进行系统分析评价的方法。该体系以(　　　)为核心。

　　A. 销售收入　　　　B. 资产负债率　　　　C. 净利润　　　　D. 净资产收益率

二、多项选择题

1. 财务分析的内容包括(　　　)。

　　A. 偿债能力分析　　B. 营运能力分析　　C. 盈利能力分析　　D. 现金流量分析

2. 财务分析的依据包括(　　　)。

　　A. 资产负债率　　　　　　　　　　　　B. 利润表

　　C. 现金流量表　　　　　　　　　　　　D. 财务报告及其他相关资料

3. 由于财务报表存在下列问题导致财务分析具有局限性(　　　)。

　　A, 会计核算要求以历史成本报告资产

　　B. 会计规范要求按年度分期报告,只报告短期信息

　　C. 财务报告没有披露公司的全部信息

　　D. 管理层的各项会计政策选择,使财务报表扭曲公司的实际情况

4. 下列各项指标中,反映短期偿债能力的指标有(　　　)。

　　A. 流动比率　　　　B. 速动比率　　　　C. 资产负债率　　　　D. 现金比率

5. 下列指标能反映企业偿付到期长期债务能力方面的财务比率有( )。

A. 销售净利率
B. 盈余现金保障倍数

C. 已获利息倍数
D. 产权比率

6. 存货周转率偏低的原因可能是( )。

A. 企业为囤积货物,等待有利机会出售
B. 降价销售

C. 产品滞销
D. 产品过时

7. 财务报表分析的方法主要有( )。

A. 比率分析法
B. 量本利分析法
C. 因素分析法
D. 趋势分析法

8. 下列各项经济业务中不会使流动比率提高的经济业务是( )。

A. 购买股票作为短期投资
B. 用无形资产作为企业长期投资

C. 接受原材料捐赠
D. 出售固定资产并取得现金

9. 反映上市公司盈利能力的指标有( )。

A. 每股收益
B. 资产负债率
C. 已获利息倍数
D. 净资产报酬率

10. 下列项目中,属于速动资产的有( )。

A. 现金
B. 应收账款
C. 固定资产
D. 存货

11. 在计算速动资产时需要在流动资产中减掉( )。

A. 存货
B. 应付账款

C. 待摊费用
D. 待处理流动资产损失

12. 已获利息倍数指标所反映的企业财务层面包括( )。

A. 获利能力
B. 长期偿债能力
C. 短期偿债能力
D. 举债能力

13. 应收账款的周转速度快说明( )。

A. 收账迅速
B. 短期偿债能力强

C. 应收账款占用资金多
D. 可以减少收账费用

14. 成本利润率的计算公式中,成本费用总额包括( )。

A. 主营业务成本
B. 营业费用
C. 管理费用
D. 财务费用

15. 在流动资产的基础上减掉( )可以得到速动资产的数额。

A. 存货
B. 预付账款

C. 待摊费用
D. 待处理流动资产损失

16. 存货周转速度快( )。

A. 表明存货管理效率高
B. 会增强企业短期偿债能力

C. 会提高企业的获利能力
D. 会增加存货占用的资金

17. 影响净资产收益率的因素有( )。

A. 资产结构
B. 资金结构

C. 总资产净利率
D. 主营业务净利率

18. 用来分析资产净利率变化原因的指标有( )。

A. 销售收入
B. 资产周转率
C. 资产负债率
D. 销售利润率

19. 一个健全有效的综合财务指标体系必须具备以下基本要素( )。

A. 指标要素齐全适当
B. 主辅指标功能匹配

C. 满足多方信息需要
D. 对比项目的相关性

20. 财务分析的主体包括(   )。

A. 企业所有者或潜在投资者　　　　B. 企业债权人

C. 企业经营者　　　　　　　　　　D. 企业供应商和客户

三、判断题

1. 财务指标分析就是指财务比率分析。　　　　　　　　　　　　(   )

2. 对任何企业而言,速动比率应该大于 1 才是正常的。　　　　　(   )

3. 权益乘数越大,财务杠杆作用就越大。　　　　　　　　　　　(   )

4. 比率分析法能综合反映比率与计算它的会计报表之间的联系。　(   )

5. 运用差额计算法进行因素分析不需要考虑因素的替代顺序问题。(   )

6. 市盈率越高,说明企业盈利能力越好,企业股票投资风险越小。　(   )

7. 按照西方企业的一般公认标准,企业流动比率保持在 1 倍左右较好。(   )

8. 存货周转率(次数)越多,说明存货周转越快,在主营业务成本不变的情况下,存货的资金占用水平越高。　　　　　　　　　　　　　　　　　　　(   )

9. 流动比率越高,表明企业资产运用效果越好。　　　　　　　　(   )

10. 资产周转次数越多,周转天数越多,表明资产周转速度越快。　(   )

11. 在主营业务净利率、总资产周转率不变的情况下,提高资产负债率可以提高净资产收益率。　　　　　　　　　　　　　　　　　　　　　　　　(   )

12. 某公司今年与上年相比,销售收入增长 10％,净利润增长 8％,资产总额增加 12％,负债总额增加 9％。可以判断,该公司净资产收益率比上年下降了。　(   )

13. 资产负债率评价企业偿债能力的侧重点是揭示财务结构的稳健程度。(   )

14. 债权人通常不仅关心企业偿债能力比率,而且关心企业盈利能力比率。(   )

15. 流动比率较高时说明企业有足够的现金或存款用来偿债。　　(   )

【岗位能力检测】

1. 甲、乙两企业 2020 年年末的部分资产负债表内容如表 7-8 所示。

表 7-8　甲、乙两企业资产负债表部分资料　　　　　　　　　单位:万元

项目	甲企业	乙企业
货币资金	4 000	20 000
交易性金融资产	12 000	17 000
应收账款	14 000	24 000
存货	50 000	19 000
流动负债合计	64 000	64 000

要求:

(1)分别计算甲企业和乙企业的流动比率和速动比率;

(2)比较甲、乙企业的短期偿债能力。

2. 某企业年产品销售成本为 8 500 万元,年初存货余额为 2 850 万元,年末存货余额为 2 720 万元。要求:计算该企业存货的周转天数和周转次数。

3. A 公司 2019—2020 年有关资料如表 7-9 所示。

表 7-9 A 公司 2019—2020 年有关资料   单位:元

项目	2019 年	2020 年
净利润	400 000	500 000
发放的优先股股利	50 000	50 000
发放的普通股股利	300 000	400 000
股东权益平均额	3 200 000	3 600 000
发行在外的普通股平均数(股)	1 600 000	2 000 000
每股市价	8	9

要求:根据所给资料计算该公司 2019 年和 2020 年每股收益、普通股股东权益报酬率和市盈率指标。

4. 某公司年初应收账款额为 30 万元,年末应收账款额为 40 万元,本年净利润为 30 万元,销售净利率为 20%,销售收入中赊销收入占 70%。要求:计算该企业本年度应收账款周转次数和周转天数。

5. 某公司 2020 年年初存货为 15 000 元,年初应收账款为 12 700 元,2020 年年末计算出流动比率为 3,速动比率为 1.5,存货周转率为 4 次(按销售额计算),流动资产合计为 27 000 元。要求:(1) 计算该公司的本年销售额。(2) 如果除应收账款以外的速动资产是微不足道的,计算其平均收账期。

6. 某公司资产总额为 5 600 万元,负债总额为 2 800 万元,其中本期到期的长期债务和应付票据为 2 000 万元,流动负债 800 万元,股东权益中股本总额为 1 600 万元,全部为普通股,每股面值 1 元,每股现行市价 5 元。当年实现净利润 1 000 万元,留存盈利比率为 60%,股利发放均以现金支付。公司当年经营现金流量净额为 3 000 万元,销售收入(含税)12 000 万元。要求:计算下列指标:

(1) 产权比率、权益乘数、净资产收益率;

(2) 每股收益、每股股利、每股净资产;

(3) 股票获利率(股利报偿率)、股利支付率;

(4) 市盈率、市净率。

【小试牛刀】

模拟你的创业公司三年的经营活动,对三年的财务报表资料进行分析,形成对比式财务分析报告。

参考文献

[1] 中国注册会计师协会. 财务成本管理[M]. 北京:中国财政经济出版社,2020.

[2] 财政部会计资格评价中心. 财务管理[M]. 北京:经济科学出版社,2021.

[3] 荆新,王化成,刘俊彦. 财务管理学[M]. 6版. 北京:中国人民大学出版社,2012.

[4] 李瑾. 公司理财实务[M]. 北京:机械工业出版社,2018.

[5] 王巧英,杨金梅. 财务管理实务[M]. 北京:中国商业出版社,2016.

[6] 马忠. 公司财务管理[M]. 2版. 北京:机械工业出版社,2015.

[7] 闫华红. 中级财务管理应试指导[M]. 北京:北京科学技术出版社,2020.

[8] 高丽萍,迟丹凤,王岩. 财务管理[M]. 济南:山东人民出版社,2019.

附录 A

附表 A-1　复利终值系数表

期数	1%	2%	3%	4%	5%	6%	7%	8%	9%	10%
1	1.010 0	1.020 0	1.030 0	1.040 0	1.050 0	1.060 0	1.070 0	1.080 0	1.090 0	1.100 0
2	1.020 1	1.040 4	1.060 9	1.081 6	1.102 5	1.123 6	1.144 9	1.166 4	1.188 1	1.210 0
3	0.000 0	1.061 2	1.092 7	1.124 9	1.157 6	1.191 0	1.225 0	1.259 7	1.295 0	1.331 0
4	1.040 6	1.082 4	1.125 5	1.169 9	1.215 5	1.262 5	1.310 8	1.360 5	1.411 6	1.464 1
5	1.051 0	1.104 1	1.159 3	1.216 7	1.276 3	1.338 2	1.402 6	1.469 3	1.538 6	1.610 5
6	1.061 5	1.126 2	1.194 1	1.265 3	1.340 1	1.418 5	1.500 7	1.586 9	1.677 1	1.771 6
7	1.072 1	1.148 7	1.229 9	1.315 9	1.407 1	1.503 6	1.605 8	1.713 8	1.828 0	1.948 7
8	1.082 9	1.171 7	1.266 8	1.368 6	1.477 5	1.593 8	1.718 2	1.850 9	1.992 6	2.143 6
9	1.093 7	1.195 1	1.304 8	1.423 3	1.551 3	1.689 5	1.838 5	1.999 0	2.171 9	2.357 9
10	1.104 6	1.219 0	1.343 9	1.480 2	1.628 9	1.790 8	1.967 2	2.158 9	2.367 4	2.593 7
11	1.115 7	1.243 4	1.384 2	1.539 5	1.710 3	1.898 3	2.104 9	2.331 6	2.580 4	2.853 1
12	1.126 8	1.268 2	1.425 8	1.601 0	1.795 9	2.012 2	2.252 2	2.518 2	2.812 7	3.138 4
13	1.138 1	1.293 6	1.468 5	1.665 1	1.885 6	2.132 9	2.409 8	2.719 6	3.065 8	3.452 3
14	1.149 5	1.319 5	1.512 6	1.731 7	1.979 9	2.260 9	2.578 5	2.937 2	3.341 7	3.797 5
15	1.161 0	1.345 9	1.558 0	1.800 9	2.078 9	2.396 6	2.759 0	3.172 2	3.642 5	4.177 2

续表

期数	1%	2%	3%	4%	5%	6%	7%	8%	9%	10%
16	1.172 6	1.372 8	1.604 7	1.873 0	2.182 9	2.540 4	2.952 2	3.425 9	3.970 3	4.595 0
17	1.184 3	1.400 2	1.652 8	1.947 9	2.292 0	2.692 8	3.158 8	3.700 0	4.327 6	5.054 5
18	1.196 1	1.428 2	1.702 4	2.025 8	2.406 6	2.854 3	3.379 9	3.996 0	4.717 1	5.559 9
19	1.208 1	1.456 8	1.753 5	2.106 8	2.527 0	3.025 6	3.616 5	4.315 7	5.141 7	6.115 9
20	1.220 2	1.485 9	1.806 1	2.191 1	2.653 3	3.207 1	3.869 7	4.661 0	5.604 4	6.727 5
21	1.232 4	1.515 7	1.860 3	2.278 8	2.786 0	3.399 6	4.140 6	5.033 8	6.108 8	7.400 2
22	1.244 7	1.546 0	1.916 1	2.369 9	2.925 3	3.603 5	4.430 4	5.436 5	6.658 6	8.140 3
23	1.257 2	1.576 9	1.973 6	2.464 7	3.071 5	3.819 7	4.740 5	5.871 5	7.257 9	8.954 3
24	1.269 7	1.608 4	2.032 8	2.563 3	3.225 1	4.048 9	5.072 4	6.341 2	7.911 1	9.849 7
25	1.282 4	1.640 6	2.093 8	2.665 8	3.386 4	4.291 9	5.427 4	6.848 5	8.623 1	10.834 7
26	1.295 3	1.673 4	2.156 6	2.772 5	3.555 7	4.549 4	5.807 4	7.396 4	9.399 2	11.918 2
27	1.308 2	1.706 9	2.221 3	2.883 4	3.733 5	4.822 3	6.213 9	7.988 1	10.245 1	13.110 0
28	1.321 3	1.741 0	2.287 9	2.998 7	3.920 1	5.111 7	6.648 8	8.627 1	11.167 1	14.421 0
29	1.334 5	1.775 8	2.356 6	3.118 7	4.116 1	5.418 4	7.114 3	9.317 3	12.172 2	15.863 1
30	1.347 8	1.811 4	2.427 3	3.243 4	4.321 9	5.743 5	7.612 3	10.062 7	13.267 7	17.449 4
35	1.416 6	1.999 9	2.813 9	3.946 1	5.516 0	7.686 1	10.676 6	14.785 3	20.414 0	28.102 4
40	1.488 5	2.208 0	3.262 0	4.801 0	7.040 0	10.285 7	14.974 5	21.724 5	31.409 4	45.259 3
45	1.564 8	2.437 9	3.781 6	5.841 2	8.985 0	13.764 6	21.002 5	31.920 4	48.327 3	72.890 5
50	1.644 6	2.691 6	4.383 9	7.106 7	11.467 4	18.420 2	29.457 0	46.901 6	74.357 5	117.391
55	1.728 5	2.971 7	5.082 1	8.646 4	14.635 6	24.650 3	41.315 0	68.913 9	114.408	189.060

续表

期数	11%	12%	13%	14%	15%	16%	18%	20%	24%	28%
1	1.110 0	1.120 0	1.130 0	1.140 0	1.150 0	1.160 0	1.180 0	1.200 0	1.240 0	1.280 0
2	1.232 1	1.254 4	1.276 9	1.299 6	1.322 5	1.345 6	1.392 4	1.440 0	1.537 6	1.638 4
3	1.367 6	1.404 9	1.442 9	1.481 5	1.520 9	1.560 9	1.643 0	1.728 0	1.906 6	2.097 2
4	1.518 1	1.573 5	1.630 5	1.689 0	1.749 0	1.810 6	1.938 8	2.073 6	2.364 2	2.684 4
5	1.685 1	1.762 3	1.842 4	1.925 4	2.011 4	2.100 3	2.287 8	2.488 3	2.931 6	3.436 0
6	1.870 4	1.973 8	2.082 0	2.195 0	2.313 1	2.436 4	2.699 6	2.986 0	3.635 2	4.398 0
7	2.076 2	2.210 7	2.352 6	2.502 3	2.660 0	2.826 2	3.185 5	3.583 2	4.507 7	5.629 5
8	2.304 5	2.476 0	2.658 4	2.852 6	3.059 0	3.278 4	3.758 9	4.299 8	5.589 5	7.205 8
9	2.558 0	2.773 1	3.004 0	3.251 9	3.517 9	3.803 0	4.435 5	5.159 8	6.931 0	9.223 4
10	2.839 4	3.105 8	3.394 6	3.707 2	4.045 6	4.411 4	5.233 6	6.191 7	8.594 4	11.806
11	3.151 8	3.478 5	3.835 9	4.226 2	4.652 4	5.117 3	6.175 9	7.430 1	10.657	15.112
12	3.498 5	3.896 0	4.334 5	4.817 9	5.350 3	5.936 0	7.287 6	8.916 1	13.215	19.343
13	3.883 3	4.363 5	4.898 0	5.492 4	6.152 8	6.885 8	8.599 4	10.699	16.386	24.759
14	4.310 4	4.887 1	5.534 8	6.261 3	7.075 7	7.987 5	10.147 2	12.839	20.319	31.691
15	4.784 6	5.473 6	6.254 3	7.137 9	8.137 1	9.265 5	11.973 7	15.407	25.196	40.565
16	5.310 9	6.130 4	7.067 3	8.137 2	9.357 6	10.748 0	14.129 0	18.488	31.243	51.923
17	5.895 1	6.866 0	7.986 1	9.276 5	10.761 3	12.467 7	16.672 2	22.186	38.741	66.461
18	6.543 6	7.690 0	9.024 3	10.575 2	12.375 5	14.462 5	19.673 3	26.623	48.039	85.071

续表

期数	11%	12%	13%	14%	15%	16%	18%	20%	24%	28%
19	7.263 3	8.612 8	10.197	12.056	14.232	16.777	23.214	31.948	59.568	108.890
20	8.062 3	9.646 3	11.523	13.743	16.367	19.461	27.393	38.338	73.864	139.380
21	8.949 2	10.804	13.021	15.668	18.822	22.575	32.324	46.005	91.592	178.406
22	9.933 6	12.100	14.714	17.861	21.645	26.186	38.142	55.206	113.574	228.360
23	11.026	13.552	16.627	20.362	24.891	30.376	45.008	66.247	140.831	292.300
24	12.239	15.179	18.788	23.212	28.625	35.236	53.109	79.497	174.631	374.144
25	13.585	17.000	21.231	26.462	32.919	40.874	62.669	95.396	216.542	478.905
26	15.080	19.040	23.991	30.167	37.857	47.414	73.949	114.48	268.512	612.998
27	16.739	21.325	27.109	34.390	43.535	55.000	87.260	137.37	332.95	784.64
28	18.580	23.884	30.633	39.204	50.066	63.800	102.967	164.84	412.86	1 004.3
29	20.624	26.750	34.616	44.693	57.575	74.009	121.501	197.81	511.95	1 285.6
30	22.892	29.960	39.116	50.950	66.212	85.850	143.371	237.38	634.82	1 645.5
35	38.575	52.800	72.069	98.100	133.18	180.31	328.00	590.67	1 861.1	5 653.9
40	65.001	93.051	132.782	188.884	267.86	378.72	750.38	1 469.8	5 455.9	19 427
45	109.53	163.99	244.641	363.679	538.77	795.44	1 716.7	3 657.3	15 995	66 750
50	184.5€	289.00	450.736	700.233	1 083.7	1 670.7	3 927.4	9 100.4	46 890	229 350
55	311.00	509.32	830.452	1 348.2	2 179.6	3 509.0	8 984.8	22 645	137 465	788 040

附表 A-2　复利现值系数表

期数	1%	2%	3%	4%	5%	6%	7%	8%	9%	10%
1	0.990 1	0.980 4	0.970 9	0.961 5	0.952 4	0.943 4	0.934 6	0.925 9	0.917 4	0.909 1
2	0.980 3	0.961 2	0.942 6	0.924 6	0.907 0	0.890 0	0.873 4	0.857 3	0.841 7	0.826 4
3	0.970 6	0.942 3	0.915 1	0.889 0	0.863 8	0.839 6	0.816 3	0.793 8	0.772 2	0.751 3
4	0.961 0	0.923 8	0.888 5	0.854 8	0.822 7	0.792 1	0.762 9	0.735 0	0.708 4	0.683 0
5	0.951 5	0.905 7	0.862 6	0.821 9	0.783 5	0.747 3	0.713 0	0.680 6	0.649 9	0.620 9
6	0.942 0	0.888 0	0.837 5	0.790 3	0.746 2	0.705 0	0.666 3	0.630 2	0.596 3	0.564 5
7	0.932 7	0.870 6	0.813 1	0.759 9	0.710 7	0.665 1	0.622 7	0.583 5	0.547 0	0.513 2
8	0.923 5	0.853 5	0.789 4	0.730 7	0.676 8	0.627 4	0.582 0	0.540 3	0.501 9	0.466 5
9	0.914 3	0.836 8	0.766 4	0.702 6	0.644 6	0.591 9	0.543 9	0.500 2	0.460 4	0.424 1
10	0.905 3	0.820 3	0.744 1	0.675 6	0.613 9	0.558 4	0.508 3	0.463 2	0.422 4	0.385 5
11	0.896 3	0.804 3	0.722 4	0.649 6	0.584 7	0.526 8	0.475 1	0.428 9	0.387 5	0.350 5
12	0.887 4	0.788 5	0.701 4	0.624 6	0.556 8	0.497 0	0.444 0	0.397 1	0.355 5	0.318 6
13	0.878 7	0.773 0	0.681 0	0.600 6	0.530 3	0.468 8	0.415 0	0.367 7	0.326 2	0.289 7
14	0.870 0	0.757 9	0.661 1	0.577 5	0.505 1	0.442 3	0.387 8	0.340 5	0.299 2	0.263 3
15	0.861 3	0.743 0	0.641 9	0.555 3	0.481 0	0.417 3	0.362 4	0.315 2	0.274 5	0.239 4
16	0.852 8	0.728 4	0.623 2	0.533 9	0.458 1	0.393 6	0.338 7	0.291 9	0.251 9	0.217 6
17	0.844 4	0.714 2	0.605 0	0.513 4	0.436 3	0.371 4	0.316 6	0.270 3	0.231 1	0.197 8

续表

期数	1%	2%	3%	4%	5%	6%	7%	8%	9%	10%
18	0.836 0	0.700 2	0.587 4	0.493 6	0.415 5	0.350 3	0.295 9	0.250 2	0.212 0	0.179 9
19	0.827 7	0.686 4	0.570 3	0.474 6	0.395 7	0.330 5	0.276 5	0.231 7	0.194 5	0.163 5
20	0.819 5	0.673 0	0.553 7	0.456 4	0.376 9	0.311 8	0.258 4	0.214 5	0.178 4	0.148 6
21	0.811 4	0.659 8	0.537 5	0.438 8	0.358 9	0.294 2	0.241 5	0.198 7	0.163 7	0.135 1
22	0.803 4	0.646 8	0.521 9	0.422 0	0.341 8	0.277 5	0.225 7	0.183 9	0.150 2	0.122 8
23	0.795 4	0.634 2	0.506 7	0.405 7	0.325 6	0.261 8	0.210 9	0.170 3	0.137 8	0.111 7
24	0.787 6	0.621 7	0.491 9	0.390 1	0.310 1	0.247 0	0.197 1	0.157 7	0.126 4	0.101 5
25	0.779 8	0.609 5	0.477 6	0.375 1	0.295 3	0.233 0	0.184 2	0.146 0	0.116 0	0.092 3
26	0.772 0	0.597 6	0.463 7	0.360 7	0.281 2	0.219 8	0.172 2	0.135 2	0.106 4	0.083 9
27	0.764 4	0.585 9	0.450 2	0.346 8	0.267 8	0.207 4	0.160 9	0.125 2	0.097 6	0.076 3
28	0.756 8	0.574 4	0.437 1	0.333 5	0.255 1	0.195 6	0.150 4	0.115 9	0.089 5	0.069 3
29	0.749 3	0.563 1	0.424 3	0.320 7	0.242 9	0.184 6	0.140 6	0.107 3	0.082 2	0.063 0
30	0.741 9	0.552 1	0.412 0	0.308 3	0.231 4	0.174 1	0.131 4	0.099 4	0.075 4	0.057 3
35	0.705 9	0.500 0	0.355 4	0.253 4	0.181 3	0.130 1	0.093 7	0.067 6	0.049 0	0.035 6
40	0.671 7	0.452 9	0.306 6	0.208 3	0.142 0	0.097 2	0.066 8	0.046 0	0.031 8	0.022 1
45	0.639 1	0.410 2	0.264 4	0.171 2	0.111 3	0.072 7	0.047 6	0.031 3	0.020 7	0.013 7
50	0.608 0	0.371 5	0.228 1	0.140 7	0.087 2	0.054 3	0.033 9	0.021 3	0.013 4	0.008 5
55	0.578 5	0.336 5	0.196 8	0.115 7	0.068 3	0.040 6	0.024 2	0.014 5	0.008 7	0.005 3

续表

期数	11%	12%	13%	14%	15%	16%	18%	20%	24%	28%
1	0.900 9	0.892 9	0.885 0	0.877 2	0.869 6	0.862 1	0.847 5	0.833 3	0.806 5	0.781 3
2	0.811 6	0.797 2	0.783 1	0.769 5	0.756 1	0.743 2	0.718 2	0.694 4	0.650 4	0.610 4
3	0.731 2	0.711 8	0.693 1	0.675 0	0.657 5	0.640 7	0.608 6	0.578 7	0.524 5	0.476 8
4	0.658 7	0.635 5	0.613 3	0.592 1	0.571 8	0.552 3	0.515 8	0.482 3	0.423 0	0.372 5
5	0.593 5	0.567 4	0.542 8	0.519 4	0.497 2	0.476 1	0.437 1	0.401 9	0.341 1	0.291 0
6	0.534 6	0.506 6	0.480 3	0.455 6	0.432 3	0.410 4	0.370 4	0.334 9	0.275 1	0.227 4
7	0.481 7	0.452 3	0.425 1	0.399 6	0.375 9	0.353 8	0.313 9	0.279 1	0.221 8	0.177 6
8	0.433 9	0.403 9	0.376 2	0.350 6	0.326 9	0.305 0	0.266 0	0.232 6	0.178 9	0.138 8
9	0.390 9	0.360 6	0.332 9	0.307 5	0.284 3	0.263 0	0.225 5	0.193 8	0.144 3	0.108 4
10	0.352 2	0.322 0	0.294 6	0.269 7	0.247 2	0.226 7	0.191 1	0.161 5	0.116 4	0.084 7
11	0.317 3	0.287 5	0.260 7	0.236 6	0.214 9	0.195 4	0.161 9	0.134 6	0.093 8	0.066 2
12	0.285 8	0.256 7	0.230 7	0.207 6	0.186 9	0.168 5	0.137 2	0.112 2	0.075 7	0.051 7
13	0.257 5	0.229 2	0.204 2	0.182 1	0.162 5	0.145 2	0.116 3	0.093 5	0.061 0	0.040 4
14	0.232 0	0.204 6	0.180 7	0.159 7	0.141 3	0.125 2	0.098 5	0.077 9	0.049 2	0.031 6
15	0.209 0	0.182 7	0.159 9	0.140 1	0.122 9	0.107 9	0.083 5	0.064 9	0.039 7	0.024 7
16	0.188 3	0.163 1	0.141 5	0.122 9	0.106 9	0.093 0	0.070 8	0.054 1	0.032 0	0.019 3
17	0.169 6	0.145 6	0.125 2	0.107 8	0.092 9	0.080 2	0.060 0	0.045 1	0.025 8	0.015 0

续表

期数	11%	12%	13%	14%	15%	16%	18%	20%	24%	28%
18	0.152 8	0.130 0	0.110 8	0.094 6	0.080 8	0.069 1	0.050 8	0.037 6	0.020 8	0.011 8
19	0.137 7	0.116 1	0.098 1	0.082 9	0.070 3	0.059 6	0.043 1	0.031 3	0.016 8	0.009 2
20	0.124 0	0.103 7	0.086 8	0.072 8	0.061 1	0.051 4	0.036 5	0.026 1	0.013 5	0.007 2
21	0.111 7	0.092 6	0.076 8	0.063 8	0.053 1	0.044 3	0.030 9	0.021 7	0.010 9	0.005 6
22	0.100 7	0.082 6	0.068 0	0.056 0	0.046 2	0.038 2	0.026 2	0.018 1	0.008 8	0.004 4
23	0.090 7	0.073 8	0.060 1	0.049 1	0.040 2	0.032 9	0.022 2	0.015 1	0.007 1	0.003 4
24	0.081 7	0.065 9	0.053 2	0.043 1	0.034 9	0.028 4	0.018 8	0.012 6	0.005 7	0.002 7
25	0.073 6	0.058 8	0.047 1	0.037 8	0.030 4	0.024 5	0.016 0	0.010 5	0.004 6	0.002 1
26	0.066 3	0.052 5	0.041 7	0.033 1	0.026 4	0.021 1	0.013 5	0.008 7	0.003 7	0.001 6
27	0.059 7	0.046 9	0.036 9	0.029 1	0.023 0	0.018 2	0.011 5	0.007 3	0.003 0	0.001 3
28	0.053 8	0.041 9	0.032 6	0.025 5	0.020 0	0.015 7	0.009 7	0.006 1	0.002 4	0.001 0
29	0.048 5	0.037 4	0.028 9	0.022 4	0.017 4	0.013 5	0.008 2	0.005 1	0.002 0	0.000 8
30	0.043 7	0.033 4	0.025 6	0.019 6	0.015 1	0.011 6	0.007 0	0.004 2	0.001 6	0.000 6
35	0.025 9	0.018 9	0.013 9	0.010 2	0.007 5	0.005 5	0.003 0	0.001 7	0.000 5	0.000 2
40	0.015 4	0.010 7	0.007 5	0.005 3	0.003 7	0.002 6	0.001 3	0.000 7	0.000 2	0.000 1
45	0.009 1	0.006 1	0.004 1	0.002 7	0.001 9	0.001 3	0.000 6	0.000 3	0.000 1	*
50	0.005 4	0.003 5	0.002 2	0.001 4	0.000 9	0.000 6	0.000 3	0.000 1	*	*

附表 A-3　年金终值系数表

期数	1%	2%	3%	4%	5%	6%	7%	8%	9%	10%
1	1.000 0	1.000 0	1.000 0	1.000 0	1.000 0	1.000 0	1.000 0	1.000 0	1.000 0	1.000 0
2	2.010 0	2.020 0	2.030 0	2.040 0	2.050 0	2.060 0	2.070 0	2.080 0	2.090 0	2.100 0
3	3.030 1	3.060 4	3.090 9	3.121 6	3.152 5	3.183 6	3.214 9	3.246 4	3.278 1	3.310 0
4	4.060 4	4.121 6	4.183 6	4.246 5	4.310 1	4.374 6	4.439 9	4.506 1	4.573 1	4.641 0
5	5.101 0	5.204 0	5.309 1	5.416 3	5.525 6	5.637 1	5.750 7	5.866 6	5.984 7	6.105 1
6	6.152 0	6.308 1	6.468 4	6.633 0	6.801 9	6.975 3	7.153 3	7.335 9	7.523 3	7.715 6
7	7.213 5	7.434 3	7.662 5	7.898 3	8.142 0	8.393 8	8.654 0	8.922 8	9.200 4	9.487 2
8	8.285 7	8.583 0	8.892 3	9.214 2	9.549 1	9.897 5	10.259 8	10.636 6	11.028 5	11.435 9
9	9.368 5	9.754 6	10.159 1	10.582 8	11.026 6	11.491 3	11.978 0	12.487 6	13.021 0	13.579 5
10	10.462 2	10.949 7	11.463 9	12.006 1	12.577 9	13.180 8	13.816 4	14.486 6	15.192 9	15.937 4
11	11.566 8	12.168 7	12.807 8	13.486 4	14.206 8	14.971 6	15.783 6	16.645 5	17.560 3	18.531 2
12	12.682 5	13.412 1	14.192 0	15.025 8	15.917 1	16.869 9	17.888 5	18.977 1	20.140 7	21.384 3
13	13.809 3	14.680 3	15.617 8	16.626 8	17.713 0	18.882 1	20.140 6	21.495 3	22.953 4	24.522 7
14	14.947 4	15.973 9	17.086 3	18.291 9	19.598 6	21.015 1	22.550 5	24.214 9	26.019 2	27.975 0
15	16.096 9	17.293 4	18.598 9	20.023 6	21.578 6	23.276 0	25.129 0	27.152 1	29.360 9	31.772 5
16	17.257 9	18.639 3	20.156 9	21.824 5	23.657 5	25.672 5	27.888 1	30.324 3	33.003 4	35.949 7
17	18.430 4	20.012 1	21.761 6	23.697 5	25.840 4	28.212 9	30.840 2	33.750 2	36.973 7	40.544 7

续表

期数	1%	2%	3%	4%	5%	6%	7%	8%	9%	10%
18	19.614 7	21.412 3	23.414 4	25.645 4	28.132 4	30.905 7	33.999 0	37.450 2	41.301 3	45.599 2
19	20.810 9	22.840 6	25.116 9	27.671 2	30.539 0	33.760 0	37.379 0	41.446 3	46.018 5	51.159 1
20	22.019 0	24.297 4	26.870 4	29.778 1	33.066 0	36.785 6	40.995 5	45.762 0	51.160 1	57.275 0
21	23.239 2	25.783 3	28.676 5	31.969 2	35.719 3	39.992 7	44.865 2	50.422 9	56.764 5	64.002 5
22	24.471 6	27.299 0	30.536 8	34.248 0	38.505 2	43.392 3	49.005 7	55.456 8	62.873 3	71.402 7
23	25.716 3	28.845 0	32.452 9	36.617 9	41.430 5	46.995 8	53.436 1	60.893 3	69.531 9	79.543 0
24	26.973 5	30.421 9	34.426 5	39.082 6	44.502 0	50.815 6	58.176 7	66.764 8	76.789 8	88.497 3
25	28.243 2	32.030 3	36.459 3	41.645 9	47.727 1	54.864 5	63.249 0	73.105 9	84.700 9	98.347 1
26	29.525 6	33.670 9	38.553 0	44.311 7	51.113 5	59.156 4	68.676 5	79.954 4	93.324 0	109.182
27	30.820 9	35.344 3	40.709 6	47.084 2	54.669 1	63.705 8	74.483 8	87.350 8	102.723	121.100
28	32.129 1	37.051 2	42.930 9	49.967 6	58.402 6	68.528 1	80.697 7	95.338 8	112.968	134.210
29	33.450 4	38.792 2	45.218 9	52.966 3	62.322 7	73.639 8	87.346 5	103.966	124.135	148.631
30	34.784 9	40.568 1	47.575 4	56.084 9	66.438 8	79.058 2	94.460 8	113.283	136.308	164.494
35	41.660 3	49.994 5	60.462 1	73.652 2	90.320 3	111.435	138.237	172.317	215.711	271.024
40	48.886 4	60.402 0	75.401 3	95.025 5	120.800	154.762	199.635	259.057	337.882	442.593
45	56.481 1	71.892 7	92.719 9	121.029	159.700	212.744	285.749	386.506	525.859	718.905
50	64.463 2	84.579 4	112.797	152.667	209.348	290.336	406.529	573.770	815.084	1 163. 91

续表

期数	11%	12%	13%	14%	15%	16%	18%	20%	24%	28%
1	1.000 0	1.000 0	1.000 0	1.000 0	1.000 0	1.000 0	1.000 0	1.000	1.000 0	1.000 0
2	2.110 0	2.120 0	2.130 0	2.140 0	2.150 0	2.160 0	2.180 0	2.200 0	2.240 0	2.280 0
3	3.342 1	3.374 4	3.406 9	3.439 6	3.472 5	3.505 6	3.572 4	3.640 0	3.777 6	3.918 4
4	4.709 7	4.779 3	4.849 8	4.921 1	4.993 4	5.066 5	5.215 4	5.368 0	5.684 2	6.015 6
5	6.227 8	6.352 8	6.480 3	6.610 1	6.742 4	6.877 1	7.154 2	7.441 6	8.048 4	8.699 9
6	7.912 9	8.115 2	8.322 7	8.535 5	8.753 7	8.977 5	9.442 0	9.929 9	10.980 1	12.135 9
7	9.783 3	10.089 0	10.404 7	10.730 5	11.066 8	11.413 9	12.141 5	12.915 9	14.615 3	16.533 9
8	11.859 4	12.299 7	12.757 3	13.232 8	13.726 8	14.240 1	15.327 0	16.499 1	19.122 9	22.163 4
9	14.164 0	14.775 7	15.415 7	16.085 3	16.785 8	17.518 5	19.085 9	20.798 9	24.712 5	29.369 2
10	16.722 0	17.548 7	18.419 7	19.337 3	20.303 7	21.321 5	23.521 3	25.958 7	31.643 4	38.592 6
11	19.561 4	20.654 6	21.814 3	23.044 5	24.349 3	25.732 9	28.755 1	32.150 4	40.237 9	50.398 5
12	22.713 2	24.133 1	25.650 2	27.270 7	29.001 7	30.850 2	34.931 1	39.580 5	50.895 0	65.510 0
13	26.211 6	28.029 1	29.984 7	32.088 7	34.351 9	36.786 2	42.218 7	48.496 6	64.109 7	84.852 9
14	30.094 9	32.392 6	34.882 7	37.581 1	40.504 7	43.672 0	50.818 0	59.195 9	80.496 1	109.612
15	34.405 4	37.279 7	40.417 5	43.842 4	47.580 4	51.659 5	60.965 3	72.035 1	100.815	141.303
16	39.189 9	42.753 3	46.671 7	50.980 4	55.717 5	60.925 0	72.939 0	87.442 1	126.011	181.868
17	44.500 8	48.883 7	53.739 1	59.117 6	65.075 1	71.673 0	87.068 0	105.931	157.253	233.791

续表

期数	11%	12%	13%	14%	15%	16%	18%	20%	24%	28%
18	50.395 9	55.749 7	61.725 1	68.394 1	75.836 4	84.140 7	103.740	128.117	195.994	300.252
19	56.939 5	63.439 7	70.749 4	78.969 2	88.211 8	98.603 2	123.414	154.740	244.033	385.323
20	64.202 8	72.052 4	80.946 8	91.024 9	102.444	115.380	146.628	186.688	303.601	494.213
21	72.265 1	81.698 7	92.469 9	104.768	118.810	134.841	174.021	225.026	377.465	633.593
22	81.214 3	92.502 6	105.491	120.436	137.632	157.415	206.345	271.031	469.056	811.999
23	91.147 9	104.603	120.205	138.297	159.276	183.601	244.487	326.237	582.630	1 040.36
24	102.174	118.155	136.831	158.659	184.168	213.978	289.495	392.484	723.461	1 332.66
25	114.413	133.334	155.620	181.871	212.793	249.214	342.604	471.981	898.092	1 706.80
26	127.999	150.334	176.850	208.333	245.712	290.088	405.272	567.377	1 114.63	2 185.71
27	143.079	169.374	200.841	238.499	283.569	337.502	479.221	681.853	1 383.15	2 798.71
28	159.817	190.699	227.950	272.889	327.104	392.503	566.481	819.223	1 716.10	3 583.34
29	178.397	214.583	258.583	312.094	377.170	456.303	669.447	984.068	2 128.96	4 587.68
30	199.021	241.333	293.199	356.787	434.745	530.312	790.948	1 181.88	2 640.92	5 873.23
35	341.590	431.663	546.681	693.573	881.170	1 120.71	1 816.65	2 948.34	7 750.23	20 189.0
40	581.826	767.091	1 013.70	1 342.03	1 779.09	2 360.76	4 163.21	7 343.86	22 728.8	69 377.5
45	986.639	1 358.23	1 874.16	2 590.56	3 585.13	4 965.27	9 531.58	18 281.3	66 640.4	238 388
50	1 668.77	2 400.02	3 459.51	4 994.52	7 217.72	10 435.6	21 813.1	45 497.2	195 373	819 103

附表 A-4 年金现值系数表

期数	1%	2%	3%	4%	5%	6%	7%	8%	9%	10%
1	0.990 1	0.980 4	0.970 9	0.961 5	0.952 4	0.943 4	0.934 6	0.925 9	0.917 4	0.909 1
2	1.970 4	1.941 6	1.913 5	1.886 1	1.859 4	1.833 4	1.808 0	1.783 3	1.759 1	1.735 5
3	2.941 0	2.883 9	2.828 6	2.775 1	2.723 2	2.673 0	2.624 3	2.577 1	2.531 3	2.486 9
4	3.902 0	3.807 7	3.717 1	3.629 9	3.546 0	3.465 1	3.387 2	3.312 1	3.239 7	3.169 9
5	4.853 4	4.713 5	4.579 7	4.451 8	4.329 5	4.212 4	4.100 2	3.992 7	3.889 7	3.790 8
6	5.795 5	5.601 4	5.417 2	5.242 1	5.075 7	4.917 3	4.766 5	4.622 9	4.485 9	4.355 3
7	6.728 2	6.472 0	6.230 3	6.002 1	5.786 4	5.582 4	5.389 3	5.206 4	5.033 0	4.868 4
8	7.651 7	7.325 5	7.019 7	6.732 7	6.463 2	6.209 8	5.971 3	5.746 6	5.534 8	5.334 9
9	8.566 0	8.162 2	7.786 1	7.435 3	7.107 8	6.801 7	6.515 2	6.246 9	5.995 2	5.759 0
10	9.471 3	8.982 6	8.530 2	8.110 9	7.721 7	7.360 1	7.023 6	6.710 1	6.417 7	6.144 6
11	10.367 6	9.786 8	9.252 6	8.760 5	8.306 4	7.886 9	7.498 7	7.139 0	6.805 2	6.495 1
12	11.255 1	10.575 3	9.954 0	9.385 1	8.863 3	8.383 8	7.942 7	7.536 1	7.160 7	6.813 7
13	12.133 7	11.348 4	10.635 0	9.985 6	9.393 6	8.852 7	8.357 7	7.903 8	7.486 9	7.103 4
14	13.003 7	12.106 2	11.296 1	10.563 1	9.898 6	9.295 0	8.745 5	8.244 2	7.786 2	7.366 7
15	13.865 1	12.849 3	11.937 9	11.118 4	10.379 7	9.712 2	9.107 9	8.559 5	8.060 7	7.606 1
16	14.717 9	13.577 7	12.561 1	11.652 3	10.837 8	10.105 9	9.446 6	8.851 4	8.312 6	7.823 7
17	15.562 3	14.291 9	13.166 1	12.165 7	11.274 1	10.477 3	9.763 2	9.121 6	8.543 6	8.021 6

期数	1%	2%	3%	4%	5%	6%	7%	8%	9%	10%
18	16.398 3	14.992 0	13.753 5	12.659 3	11.689 6	10.827 6	10.059 1	9.371 9	8.755 6	8.201 4
19	17.226 0	15.678 5	14.323 8	13.133 9	12.085 3	11.158 1	10.335 6	9.603 6	8.950 1	8.364 9
20	18.045 6	16.351 4	14.877 5	13.590 3	12.462 2	11.469 9	10.594 0	9.818 1	9.128 5	8.513 6
21	18.857 0	17.011 2	15.415 0	14.029 2	12.821 2	11.764 1	10.835 5	10.016 8	9.292 2	8.648 7
22	19.660 4	17.658 0	15.936 9	14.451 1	13.163 0	12.041 6	11.061 2	10.200 7	9.442 4	8.771 5
23	20.455 8	18.292 2	16.443 6	14.856 8	13.488 6	12.303 4	11.272 2	10.371 1	9.580 2	8.883 2
24	21.243 4	18.913 9	16.935 5	15.247 0	13.798 6	12.550 4	11.469 3	10.528 8	9.706 6	8.984 7
25	22.023 2	19.523 5	17.413 1	15.622 1	14.093 9	12.783 4	11.653 6	10.674 8	9.822 6	9.077 0
26	22.795 2	20.121 0	17.876 8	15.982 8	14.375 2	13.003 2	11.825 8	10.810 0	9.929 0	9.160 9
27	23.559 5	20.706 9	18.327 0	16.329 6	14.643 0	13.210 5	11.986 7	10.935 2	10.026 6	9.237 2
28	24.316 4	21.281 3	18.764 1	16.663 1	14.898 1	13.406 2	12.137 1	11.051 1	10.116 1	9.306 6
29	25.065 8	21.844 4	19.188 5	16.983 7	15.141 1	13.590 7	12.277 7	11.158 4	10.198 3	9.369 6
30	25.807 7	22.396 5	19.600 4	17.292 0	15.372 5	13.764 8	12.409 0	11.257 8	10.273 7	9.426 9
35	29.408 6	24.998 6	21.487 2	18.664 6	16.374 2	14.498 2	12.947 7	11.654 6	10.566 8	9.644 2
40	32.834 7	27.355 5	23.114 8	19.792 8	17.159 1	15.046 3	13.331 7	11.924 6	10.757 4	9.779 1
45	36.094 5	29.490 2	24.518 7	20.720 0	17.774 1	15.455 8	13.605 5	12.108 4	10.881 2	9.862 8
50	39.196 1	31.423 6	25.729 8	21.482 2	18.255 9	15.761 9	13.800 7	12.233 5	10.961 7	9.914 8

续表

期数	11%	12%	13%	14%	15%	16%	18%	20%	24%	28%
1	0.900 9	0.892 9	0.885 0	0.877 2	0.869 6	0.862 1	0.847 5	0.833 3	0.806 5	0.781 3
2	1.712 5	1.690 1	1.668 1	1.646 7	1.625 7	1.605 2	1.565 6	1.527 8	1.456 8	1.391 6
3	2.443 7	2.401 8	2.361 2	2.321 6	2.283 2	2.245 9	2.174 3	2.106 5	1.981 3	1.868 4
4	3.102 4	3.037 3	2.974 5	2.913 7	2.855 0	2.798 2	2.690 1	2.588 7	2.404 3	2.241 0
5	3.695 9	3.604 8	3.517 2	3.433 1	3.352 2	3.274 3	3.127 2	2.990 6	2.745 4	2.532 0
6	4.230 5	4.111 4	3.997 5	3.888 7	3.784 5	3.684 7	3.497 6	3.325 5	3.020 5	2.759 4
7	4.712 2	4.563 8	4.422 6	4.288 3	4.160 4	4.038 6	3.811 5	3.604 6	3.242 3	2.937 0
8	5.146 1	4.967 6	4.798 8	4.638 9	4.487 3	4.343 6	4.077 6	3.837 2	3.421 2	3.075 8
9	5.537 0	5.328 2	5.131 7	4.946 4	4.771 6	4.606 5	4.303 0	4.031 0	3.565 5	3.184 2
10	5.889 2	5.650 2	5.426 2	5.216 1	5.018 8	4.833 2	4.494 1	4.192 5	3.681 9	3.268 9
11	6.206 5	5.937 7	5.686 9	5.452 7	5.233 7	5.028 6	4.656 0	4.327 1	3.775 7	3.335 1
12	6.492 4	6.194 4	5.917 6	5.660 3	5.420 6	5.197 1	4.793 2	4.439 2	3.851 4	3.386 8
13	6.749 9	6.423 5	6.121 8	5.842 4	5.583 1	5.342 3	4.909 5	4.532 7	3.912 4	3.427 2
14	6.981 9	6.628 2	6.302 5	6.002 1	5.724 5	5.467 5	5.008 1	4.610 6	3.961 6	3.458 7
15	7.190 9	6.810 9	6.462 4	6.142 2	5.847 4	5.575 5	5.091 6	4.675 5	4.001 3	3.483 4
16	7.379 2	6.974 0	6.603 9	6.265 1	5.954 2	5.668 5	5.162 4	4.729 6	4.033 3	3.502 6
17	7.548 8	7.119 6	6.729 1	6.372 9	6.047 2	5.748 7	5.222 3	4.774 6	4.059 1	3.517 7

续表

期数	11%	12%	13%	14%	15%	16%	18%	20%	24%	28%
18	7.701 6	7.249 7	6.839 9	6.467 4	6.128 0	5.817 8	5.273 2	4.812 2	4.079 9	3.529 4
19	7.839 3	7.365 8	6.938 0	6.550 4	6.198 2	5.877 5	5.316 2	4.843 5	4.096 7	3.538 6
20	7.963 3	7.469 4	7.024 8	6.623 1	6.259 3	5.928 8	5.352 7	4.869 6	4.110 3	3.545 8
21	8.075 1	7.562 0	7.101 6	6.687 0	6.312 5	5.973 1	5.383 7	4.891 3	4.121 2	3.551 4
22	8.175 7	7.644 6	7.169 5	6.742 9	6.358 7	6.011 3	5.409 9	4.909 4	4.130 0	3.555 8
23	8.266 4	7.718 4	7.229 7	6.792 1	6.398 8	6.044 2	5.432 1	4.924 5	4.137 1	3.559 2
24	8.348 1	7.784 3	7.282 9	6.835 1	6.433 8	6.072 6	5.450 9	4.937 1	4.142 8	3.561 9
25	8.421 7	7.843 1	7.330 0	6.872 9	6.464 1	6.097 1	5.466 9	4.947 6	4.147 4	3.564 0
26	8.488 1	7.895 7	7.371 7	6.906 1	6.490 6	6.118 2	5.480 4	4.956 3	4.151 1	3.565 6
27	8.547 8	7.942 6	7.408 6	6.935 2	6.513 5	6.136 4	5.491 9	4.963 6	4.154 2	3.566 9
28	8.601 6	7.984 4	7.441 2	6.960 7	6.533 5	6.152 0	5.501 6	4.969 7	4.156 6	3.567 9
29	8.650 1	8.021 8	7.470 1	6.983 0	6.550 9	6.165 6	5.509 8	4.974 7	4.158 5	3.568 7
30	8.693 3	8.055 2	7.495 7	7.002 7	6.566 0	6.177 2	5.516 8	4.978 9	4.160 1	3.569 3
35	8.855 2	8.175 5	7.585 6	7.070 0	6.616 6	6.215 3	5.538 6	4.991 5	4.164 4	3.570 8
40	8.951 1	8.243 8	7.634 4	7.105 0	6.641 8	6.233 5	5.548 2	4.996 6	4.165 9	3.571 2
45	9.007 9	8.282 5	7.660 9	7.123 2	6.654 3	6.242 1	5.552 3	4.998 6	4.166 4	3.571 4
50	9.041 7	8.304 5	7.675 2	7.132 7	6.660 5	6.246 3	5.554 1	4.999 5	4.166 6	3.571 4
55	9.061 7	8.317 0	7.683 0	7.137 6	6.663 6	6.248 2	5.554 9	4.999 8	4.166 6	3.5 714